Procédés annexes d'expression

Henri Bonnard

Agrégé de grammaire
Professeur à l'Université Paris X-Nanterre

Éditions Magnard. 122, boulevard Saint-Germain. Paris-6e

AVANT-PROPOS

L'auteur de ce livre a publié en 1953 un fascicule de *Notions de style, de versification et d'histoire de la langue française*, disparu avec la Société universitaire d'éditions qui l'avait fait naître, mais dont certains professeurs recommandent encore l'usage. L'idée d'une réédition s'est imposée avec la publication des nouveaux programmes de langue française pour les classes de seconde et première, dont est prévue l'extension aux classes terminales (français facultatif).

Rééditer ce livre, dont l'économie, paragraphe par paragraphe, était restée immuablement liée à celles d'une grammaire et d'un livre d'exercices de 1953 à 1977, devait être l'occasion de le rajeunir. L'attitude prescriptive qui répondait aux habitudes scolaires en 1953 a fait place à une attitude descriptive qui laisse toute liberté aux élèves, conseillés par les maîtres, de choisir selon leur goût. Surtout, l'auteur s'est vu amené par les nouveaux programmes à parfaire l'unité du livre en éliminant l'histoire de la langue, que remplace la rhétorique. Celle-ci, honnie en 1950, a connu entre-temps une renaissance fulgurante.

Une tâche délicate était d'abord de démêler l'écheveau des théories nouvelles. Le développement des mass media — principalement la radio, la télévision, la publicité —, joint à la stimulation créative qui a suivi la crue démographique, ont favorisé la prolifération des doctrines et des techniques dans le domaine de la communication. La science du langage s'intègre aujourd'hui dans une science du signe dont relèvent non seulement les cris des animaux, mais la transmission des idées et des sentiments par l'image, par la musique, par le cinéma. Cela ne va pas sans un foisonnement de mots et de locutions désignant des disciplines dont la hiérarchie reste floue aux non-spécialistes, comme la *sémiotique*, l'*analyse de discours*, la *rhétorique*, la *textologie*, les *techniques d'expression*, la *poétique*, refoulant la *stylistique* née avec le siècle. Une 1re Partie est consacrée dans notre livre à définir les compétences de ces disciplines qui se recoupent largement et dont le nom reste parfois attaché à l'école du maître qui les a baptisées.

Un tel défrichement serait inutile s'il n'ouvrait la voie vers le but pédagogique que se propose tout manuel scolaire. C'est ici de faire connaître et apprécier les mille et un *procédés annexes* grâce auxquels l'expression adapte à l'objectif pratique ou esthétique de chaque énonciation les formes autorisées par le code de la langue. La référence à une grammaire était inévitable : nous l'avons faite à notre *Code du français courant*, dont la doctrine s'harmonise naturellement avec celle du présent livre ; mais il n'est pas exclu que nos lecteurs utilisent telle autre grammaire qu'ils peuvent avoir sous la main.

L'harmonie, qui est profonde, entre nos deux manuels est symbolisée par l'harmonie qu'on observe entre les illustrations des deux couvertures, expliquée au paragraphe 13 de celui-ci.

Le renouveau de la rhétorique a conduit certains théoriciens modernes à exhumer quantité de termes oubliés, d'autres à en créer de plus satisfaisants, mais non encore homologués et tout aussi étrangers à l'usage et aux besoins pratiques des classes de lycée. L'index de ce livre contient beaucoup de tels termes que l'auteur aurait négligés s'il en était tenu à son goût, mais dont il a cru utile de placer la définition au fil du plan choisi, quitte à la reléguer — pour ceux qui s'imposent le moins — dans les tiroirs des remarques.

Peu de changements ont été apportés au traité de versification publié en 1953, puisque les règles du vers — désuètes depuis le début du siècle — appartiennent à l'histoire. Mais, considérant que la poésie, mourante d'avoir remplacé les contraintes phoniques par une contrainte sémantique d'hermétisme, a retrouvé un souffle en retournant à sa source musicale et en remplaçant la lyre symbolique par la guitare, le piano ou l'orchestre, nous avons ajouté un chapitre sur la Chanson — d'ailleurs mentionnée dans les programmes.

Il ne reste qu'à distribuer nos remerciements à ceux qui nous ont aidés, en particulier à Raymond Arveiller pour avoir amicalement lu et amendé notre manuscrit.

Henri BONNARD

à côté et au-delà

DU CODE DE LA PHRASE

1 DÉNOTATION ET CONNOTATION

Une même chose appelée *serpillière* [sɛrpijɛr] en français courant peut être appelée *wassingue* [wasɛ̃g] par les Français de la Somme. Ces deux mots ont un même signifié : ils « dénotent » une substance nombrable (C.F.C. § 113) qu'on peut définir « toile à mailles lâches servant aux gros nettoyages ». Ils diffèrent par le fait qu'ils appartiennent à deux codes différents : l'un au français du Nord, l'autre au français courant (parlé dans le reste du pays, et très répandu même dans le Nord).

Quand une personne d'Amiens dit à une autre personne d'Amiens : *« Passe-moi la wassingue »* ce mot est entre elles un *signal* (C.F.C. § 1) ayant pour **dénotation** le « référent », c'est-à-dire l'objet réel auquel est appliqué dans les circonstances de cette énonciation le signifié défini plus haut.

Si un locuteur amiénois prononce la même phrase devant un Parisien, celui-ci la recevra encore comme un signal, par sa dénotation, et de plus comme un *indice* de l'origine ou des attaches picardes du locuteur : c'est sa **connotation.**

La connotation n'est pas un « sème » complémentaire, c'est-à-dire une détermination ajoutée au signifié de *serpillière* et qui ferait de la wassingue une espèce dont la serpillière serait le genre (C.F.C. §§ 69, 70). L'information communiquée (consciemment ou non) concerne ici le locuteur et non le référent, et elle est marginale par rapport à la dénotation de l'énoncé.

2 DIVERS SIGNIFIANTS DE CONNOTATION

La connotation régionale de *wassingue* s'exprime à la faveur d'une dénotation **lexicale** (C.F.C. p. 82) : son signifiant est la différence entre le nom *wassingue* (de radical germanique) et le nom *serpillière* (de radical latin).

Mais n'importe quel mot du lexique français commun peut trahir l'origine du locuteur s'il est prononcé avec un « accent » régional : ainsi un Alsacien, habitué par son dialecte à articuler les consonnes sonores et sourdes selon un système différent de celui du français, produit des sons interprétés par un Parisien comme ★ *fifement* pour *vivement*. La marque de connotation est alors **phonétique**.

La courbe mélodique de la phrase, très variable selon les régions, est un autre signifiant phonétique notoire de connotation régionale.

Là où le français commun dit : « *Voilà des fruits que tu mangeras dans le train* », le français de Beauvais et de certains régions du Nord et de l'Est peut dire : « *Voilà des fruits pour toi manger dans le train.* » La marque de connotation régionale est alors **syntaxique**.

Tous les types de signifiants linguistiques peuvent en principe ajouter à leur sens dénoté un élément de sens connoté. L'inventaire que nous ferons, dans la IIe Partie, des marques de connotation pourra suivre l'ordre observé dans l'étude du *Code du français courant* : les sons et l'écriture, les mots, la phrase.

3 DIVERS SIGNIFIÉS DE CONNOTATION

La même personne peut être désignée par les mots *père* ou *papa* ; le second ajoute au dénoté « ascendant mâle au premier degré » une connotation de familiarité. Il existe un **français familier**, surtout oral, distinct du français commun « tenu » par sa prononciation *(M'dame* pour *Madame)*, son vocabulaire *(papa)*, sa syntaxe *(Y a du monde !)*.

On dit en français familier :

> — *Où j'habite, y a un square.*

Si une personne exprime la même idée sous la forme suivante :

> — *Où c'est qu'j'habite, y a un square.*

une connotation s'ajoute à la familiarité : l'énoncé relève du **français populaire** par le renforcement de l'adverbe *où* en *où c'est que.* Le niveau social du locuteur est un facteur important de différenciation du code, auquel s'intéresse une branche de la science du langage appelée **sociolinguistique**.

Les mots *bleuet* et *bouton d'or* désignent en français courant des fleurs qu'on nomme *centaurée* et *renoncule* au cours de botanique. L'emploi de ces derniers mots comportera toujours — sauf entre botanistes — une connotation **savante** dont l'effet peut être favorable (prestige de la culture) ou défavorable (pédantisme). Toute science dispose d'une abondante terminologie dénotant des substances ou des notions dont la majorité n'ont pas de signifiant en français courant. Dans une seule page du *Larousse du XXe siècle*, on peut relever une vingtaine de mots comme *ochine, ochne, ochotone, ochradène, ochrante, ochrocarpe, ochrosis,* connus des spécialistes de différentes disciplines, mais qui, pour les profanes, ont la connotation scientifique et n'ont pas de dénotation (sans que la connotation cesse pour autant d'être tenue pour marginale).

Il en est de même pour tous les vocabulaires de **métiers** : le lecteur d'un roman comme *Germinal* rencontre à chaque page des termes tels que *herscheur, chargeur, porion, goyot, bougnou,* empreints pour lui d'une forte connotation technique qu'ils n'ont pas pour les mineurs quand ils en usent entre eux.

L'emploi de *chef* au sens de *tête,* celui de *moult* pour *beaucoup,* la graphie *roy* avec *y,* l'emploi de *ne* sans *pas* et du nom sans article donnent à l'énoncé une connotation **archaïque** qui relève le plus souvent d'une visée littéraire (roman ou film à référence temporelle médiévale).

Mis à part les archaïsmes — propres au sujet traité — la langue **littéraire** perpétue l'usage d'un code lexical et grammatical qui fut pendant des siècles la marque la plus claire de « littérarité » : emploi de *car,* du Participe présent, du Passé simple, de l'Imparfait du Subjonctif, de la proposition participiale, de conjonctions comme *afin que, non que,* etc. Quoique beaucoup d'écrivains d'aujourd'hui s'expriment volontiers en français parlé ou même populaire, voire argotique, certains autres ne connaissent encore que l'usage littéraire, et la plupart savent au moins y recourir à l'occasion.

De la connotation relève l'emploi de certains suffixes exprimant à propos du référent dénoté le sentiment qu'éprouve le locuteur : dire *C'est un richard* au lieu de *C'est un riche,* c'est se montrer hostile aux riches ; dire d'un enfant *Il est pâlot,* au lieu de *Il est pâle,* c'est témoigner pour lui de la sympathie. Cette indication, qui n'ajoute rien à la caractérisation du référent, est du ressort de la connotation, et l'on remarquera qu'à la différence des autres signes de connotation jusqu'ici rencontrés, celui-ci a son signifiant propre, segmental (C.F.C. § 38), un suffixe *(-ard, -ot).*

Une connotation **affective** (c'est-à-dire sentimentale, émotionnelle) s'attache souvent aux mots sans cette marque. Au cours d'une émission télévisée en 1981, l'écrivain Patrick Segal, devenu infirme à 24 ans par accident, demandait que l'on cessât d'appeler ses semblables des *handicapés.* Leur handicap n'est pas discutable, mais il refusait la connotation de pitié que comporte ce mot dans la bouche des hommes valides, et le découragement qu'il tend à susciter dans l'esprit des invalides. Les mêmes personnes qui s'inscrivent joyeusement à un *club du 3e âge* n'iraient pas de bon cœur dans une *société de vieillards* ; la carte de réduction que leur accorde la S.N.C.F. est délicatement appelée *carte vermeille,* jalon sur la ligne qui mène des *noces d'argent* aux *noces d'or.* Comme les nuances affectives attachées aux mots *handicapés* ou *vieillards* concernent, à n'en pas douter, les référents de ces mots, on pourrait se demander s'il ne s'agit pas ici de dénotation ; il n'en est rien, car ces nuances, différemment senties par le locuteur ou le destinataire, pertinentes ou non selon les circonstances de l'énonciation, n'ont pas le caractère stable des sèmes dénotatifs enregistrables dans le dictionnaire. On peut parler sans nuance sentimentale de *compétitions sportives pour handicapés,* et de *retraite des vieux.* L'adjectif *vieux* lui-même, « péjoratif » quand il s'applique aux humains parce qu'il évoque les infirmités de l'âge, prend dans la bouche des antiquaires, appliqué aux meubles, une connotation favorable.

Décrivant une tempête d'une violence exceptionnelle, l'écrivain Jean Carrière montre les *« toitures bouleversées d'où s'envolaient des essaims d'ardoises »* (*L'épervier de Maheux*). Le mot *essaim* surprend, puisqu'il désigne normalement un « groupe d'abeilles ». Le contexte oblige ici à abstraire sa dénotation jusqu'à ne garder que l'idée de « multitude ». Mais à cette idée s'ajoute, en fonction du contexte, la vision d'un essaim tournoyant en ordre serré, analogie de mouvement qui justifie seule ici l'emploi d'*essaim* pour « multitude ». Cette feinte méprise, du type appelé *métaphore* (§ 34), si elle concerne au premier chef le référent dont elle donne une vue saisissante, ressortit pourtant à la connotation par le lien étroit et conjoncturel qui l'attache aux circonstances du discours (aucun dictionnaire ne peut prévoir que le mot *essaim* s'appliquera à des ardoises) et par le caractère variable, très lié à l'expérience du locuteur et du destinataire, de la vision connotée. Si la métaphore de Jean Carrière ne se veut que **descriptive** (mais à la façon d'une peinture impressionniste), d'autres ont une résonance **poétique** comme la désignation des yeux par les mots *étoiles* ou *lacs*, ou drôle comme celle des jambes par le mot *quilles*, déjà relevée chez Villon. Dans tous les cas, le mot employé est détourné de sa dénotation propre.

Ces quelques exemples suffiront à suggérer la diversité des signifiés de connotation, qu'aucun inventaire n'épuisera jamais et dont beaucoup n'ont pas de mots pour les définir.

4 LA « STYLISTIQUE » DU XXe SIÈCLE

A l'initiative de Charles Bally *(Précis de stylistique,* 1905, *Traité de stylistique française,* 1909), la linguistique, au XXe s., a étendu son ressort de la dénotation à la connotation, appelant *stylistique* la nouvelle discipline. Le mot *style*, désignant jusque-là les qualités d'expression caractéristiques de chaque écrivain (« Le style est l'homme même », Buffon), prenait un sens beaucoup plus général dont les paragraphes précédents ont permis d'évaluer l'étendue. Bally était à Genève l'élève de Ferdinand de Saussure dont il devait publier, après la mort du maître, le *Cours de linguistique générale* (1916). La nouveauté introduite en linguistique par Saussure était la méthode **structurale**, consistant à délimiter et caractériser les unités et leurs relations par l'étude des substitutions possibles de segments de discours à chaque place de l'énoncé, et des valeurs résultant de leur « opposition ». Saussure s'en tenant aux valeurs de dénotation, Bally s'intéressa aux valeurs de connotation identifiées de la manière montrée plus haut, et appelées par lui **effets de style**.

Comme on le voit, cette stylistique nouvelle ne recoupait que partiellement l'ancien **art du style** dont l'enseignement se perpétuait sous forme de traités empiriques offerts dans les librairies au même rayon que l'*Art de vivre*, l'*Art d'aimer*, l'*Art de commander*, l'*Art de rire et de faire rire*. Par réaction contre ce genre d'écrits, Bally voulut bannir de sa science nouvelle toute préoccupation esthétique ou littéraire, donnant priorité à l'étude des traits sociaux et affectifs du discours analysé, esquissant même une méthode de distinction des langues nationales par leurs caractères stylistiques. Toute connotation, voulue ou non, devenait fait de style dans son optique, le parfum régional de la *wassingue* comme l'effet pictural des *essaims* de Jean Carrière. Si, pour un moraliste, « il n'y a que l'intention qui compte », pour un stylisticien de l'école de Bally l'intention ne compte pas. La stylistique du XXe s. a pour critère l'impression du destinataire : c'est une **stylistique de la réception**, non de la conception, en quoi elle s'oppose à l'ancienne rhétorique, plus ou moins héritière des maîtres d'éloquence athéniens. Elle s'intéresse à la lourdeur comme à l'élégance, à l'indigence comme à l'exubérance, ne prétend conseiller ni l'une ni l'autre. Un tome d'*Exercices* qui accompagna le *Traité* de Bally proposait des substitutions de mots et de constructions sans les recommander ni les condamner (sauf quelques expressions vulgaires « devant être évitées à tout prix » comme : *Voilà les flics, cavalons ! Mort aux vaches !* Exercice 144). L'enseignement, en France, ignora ce manuel qui s'inscrivait mal dans le cadre des programmes officiels (classe par classe).

Bally eut pour principal disciple en France Jules Marouzeau, qui publia en 1946 le premier inventaire méthodique des marques de style du français (*Précis de stylistique française*, Masson). Cet ouvrage, suivi d'articles de lecture facile et fascinante écrits pour le plaisir par ce latiniste retraité (et recueillis en 1950 dans *Aspects du français* et en 1955 dans *Notre langue*), aurait eu dans l'enseignement une plus grande fortune s'il avait été accompagné d'exercices.

5 THÉORIES DE L'ÉCART ET DE LA SUBSTITUTION DE CODE

La théorie stylistique de Bally est fondée, dans la ligne du structuralisme saussurien, sur la notion de **différence** entre deux unités opposables entre elles par substitution en un point du discours. La différence devient **écart** si on la mesure à l'étalon d'une **norme**.

Beaucoup de stylisticiens se sont contentés de définir le style par l'écart.

Il est indéniable qu'un trait de style se signale le plus souvent à notre attention par un caractère insolite : *wassingue* étonne un Parisien, *essaim d'ardoises* surprend tout lecteur français. Mais le trait insolite ne suffit pas à expliquer la qualité de l'effet : la connotation picarde de *wassingue* n'existe que pour qui connaît l'origine du mot, et la connotation picturale serait nulle si Jean Carrière avait parlé de *troupeaux d'ardoises*, métaphore tout aussi surprenante. Une stylistique de pure opposition est aussi décevante que la linguistique d'opposition. D'essence négative, elle ressortit à l'éthique simpliste, voire dangereuse, qui fait de la différence la condition nécessaire et suffisante de la supériorité.

L'écart est-il même une condition nécessaire de l'effet stylistique ? Les mots comme *richard, rêvasser, pauvret, pâlot,* dotés de suffixes à valeur stylistique, n'ont rien d'anormal ; les considérer comme des altérations de *riche, rêver, pauvre, pâle* pourrait être une manière de les intégrer à la thèse de l'écart, mais alors tous les mots suffixés devraient être tenus pour anormaux, donc connotatifs !

Et que dire des mots sans suffixe auxquels s'attache une connotation affective, comme *handicapé, vieux, noces d'or* ? Il existe à côté de *vieux* un synonyme *âgé* sans connotation, qu'on pourrait appeler son **terme d'identification** si l'on voulait emprunter cette notion à Bally, selon qui il existerait, dans chaque série de synonymes, un mot ou une périphrase neutre pouvant être tenu pour le genre dont les équivalents connotatifs sont les espèces. Une pareille conception de la norme est une vue de l'esprit : c'est en faire le résidu fictif de la langue dépouillée de tout ce que l'intuition y découvre d'éléments stylistiques positifs, à partir du postulat discutable que le positif ne s'oppose bien qu'à du neutre.

Un postulat analogue fut professé en 1953 dans *le Degré zéro de l'écriture* par Roland Barthes, qui trouvait ce « degré zéro » chez André Gide, « le type même de l'écrivain sans style », et chez Camus *(L'étranger)* dont le style serait « presque une absence idéale de style ». A ces écritures « transparentes » il opposait l'« opacité » de Flaubert, Mallarmé, Proust, Céline, Queneau, Prévert, dont l'écriture « suppose une problématique du langage et de la société ». Comme on le voit, Barthes ne visait que la langue littéraire ; or cette « langue basique » d'un Gide, cette écriture parvenue « à l'état d'équation pure, n'ayant pas plus d'épaisseur qu'une algèbre », est pourtant fortement marquée en « littérarité » par rapport au français courant. Selon Barthes même, cette algèbre est insoutenable à l'écrivain : « rien n'est plus infidèle qu'un langage (...), une écriture renaît à la place d'un langage indéfini ». En fin de compte, le degré zéro de l'écriture ne serait-il pas un de ces « mythes » dont Barthes a proposé ailleurs un inventaire *(Mythologies)* ?

Le stylisticien américain Michael Riffaterre a combattu la théorie de l'écart en faisant ressortir le caractère subjectif, essentiellement variable, de l'idée de « norme linguistique » :

« Elle n'est pas pertinente parce que les lecteurs fondent leurs jugements (et les auteurs leurs procédés) non pas sur une norme idéale, mais sur leurs conceptions personnelles de ce qui est accepté comme norme » *(Essais de stylistique structurale,* trad. française 1971).

Partisan d'une stylistique de la réception, et refusant par principe de tenir pour critères valables les jugements de critiques plus lettrés, au goût plus subtil que la moyenne des lecteurs, il imaginait un *lecteur moyen* (ou *archilecteur*), nom donné en fait à un groupe d'informateurs tenu pour représentatif de l'ensemble des lecteurs (c'était introduire en stylistique la méthode des « sondages »). Mais le principe de ce choix tombait sous le coup de la même objection que Riffaterre opposait à l'idée de norme. Le lecteur zéro qu'est l'archilecteur n'est-il pas aussi mythique que l'écriture zéro ? Aussi l'idée en a-t-elle été abandonnée par son auteur.

Toute définition par l'écart étant négative, donc circulaire (pair = non impair ; impair = non pair), il faut bien arriver à définir positivement les traits stylistiques qui s'ajoutent à la dénotation de certains mots ou de certaines formes. L'idéal serait de découvrir la clé unique de toutes les connotations. Le linguiste danois Louis Hjelmslev en a proposé une dont R. Barthes s'est fait l'écho dans ses *Eléments de sémiologie* :

Dénotation

Sa1	Sé1	
Sa2		Sé2

Connotation

L'emploi d'un signe S1 (par exemple : Sa1 *wassingue* + Sé1 « toile à laver ») est le signifiant Sa2 d'un signe S2 dont le signifié Sé2 est une connotation (Sé2 = « locuteur du Nord »).
Cette formule, illustrée par cette figure, revient à dire que le recours au code « français du Nord » évoque le Nord, comme l'emploi d'un mot savant

donne l'air d'un savant et comme l'usage d'un Subjonctif imparfait donne l'air d'un écrivain. Est-il besoin de faire remarquer que cette clé perd toute pertinence dans des cas comme celui de la métaphore, ou des valeurs affectives attachées aux mots ? Même dans les cas les plus favorables, une analyse sérieuse doit dépasser la simple identification du code substitué (« français du Nord », « langue savante », etc.) et chercher, par exemple, si l'usager du mot *wassingue* veut ou non révéler ou afficher son origine, et, dans l'affirmative, s'il le fait par provocation, par conciliation, par blague ou par piété régionaliste. A de telles questions, le schéma barthien n'apporte aucune réponse, et l'on est forcé de conclure avec Georges Mounin, à propos des explications unitaires proposées jusqu'ici :

« Le style est un phénomène humain d'une grande complexité (...) Et toutes les réductions lapidaires de la définition du style seront et resteront des appauvrissements unilatéraux » (*Clés pour la linguistique,* 1968).

6 APPROCHE POSITIVE DES EFFETS DE STYLE

Quand il s'agit de la dénotation, l'approche la plus efficace est celle qui s'organise dans le cadre des moyens et des fins de la communication humaine (C.F.C., Ire Partie). Aucune autre ne met plus en lumière les ressources que la langue apporte à l'homme pour exprimer tel ou tel propos sur tel ou tel référent. Cette approche pragmatique est encore la plus naturelle quand il s'agit de la stylistique, dont l'objet est d'étudier **les effets marginaux produits par les différences de signifiants pour un même signifié dénoté.**

Mis à part le cas des suffixes péjoratifs ou mélioratifs nés par infiltration dans la langue de nuances propres au discours, tous les faits de style peuvent être envisagés comme des accidents de la **performance**, c'est-à-dire de la mise en œuvre, dans l'acte d'énonciation, des mots et des règles constituant la *compétence* du locuteur (C.F.C, § § 9 et 99). A la base de ces explications pragmatiques, plaçons deux schémas de la communication :

— celui de C.E. Shannon, ingénieur des téléphones, donné au § 6 du Code du français courant, et qui s'applique à toute espèce de communication :

Message ⟶ Emetteur ⟶ Canal ⟶ Récepteur ⟶ Message
(Codage)   ↑↑↑   (Décodage)

Bruit

— celui du linguiste Roman Jakobson, auquel se réfèrent la plupart des théoriciens de la littérature et de la poésie :

CONTEXTE
DESTINATEUR.......MESSAGE.......DESTINATAIRE
CONTACT
CODE

● 1° Le schéma de Shannon fait état du **canal** (C.F.C. § 6) qui, dans la communication humaine, est la voix ou l'écriture.

Il y a lieu de considérer les qualités des « unités distinctives » que sont les phonèmes (C.F.C. § 8), l'intonation, les lettres, les signes de ponctuation.

Dans ces vers de la *Jeune Parque* :

> *Rien ne me murmurait qu'un désir de mourir*
> *Dans cette blonde pulpe au soleil pût mûrir*

l'accumulation des consonnes labiales *(m, b, p)* et des voyelles labialisées *(u, un, ou, on, o)* ne peut être fortuite, et Paul Valéry semble l'avoir voulue en harmonie avec la sensualité que dénote le texte. Que l'effet reçu soit celui qu'il cherchait ou un autre, il est connotation et intéresse le style. Dans le vers bien connu de Voltaire :

> *Non, il n'est rien que Nanine n'honore*

aucune harmonie entre son et dénotation ne peut avoir été cherchée ; l'effet nasillard infailliblement senti et non interprétable, pure cacophonie, ressortit encore à la stylistique.

Il peut aussi exister ou non des rapports entre le sens dénoté et le graphisme, soit manuscrit, soit imprimé : les qualités esthétiques ou expressives des lettres, des couleurs et de la disposition sont souvent imposées par le texte, mais peuvent aussi en être indépendantes. Dans les deux cas, elles intéressent le stylisticien.

● 2° Les deux schémas distinguent avec raison les partenaires de la communication que nous avons appelés **locuteur** (même s'il s'agit d'un « scripteur ») et **destinataire**. Celui de Shannon a l'avantage de mettre en évidence la dualité du message émis et du message reçu : nous savons que les différences entre le code du locuteur et celui du destinataire sont cause de nombreux « effets de style ».

Les qualités personnelles du locuteur ont une influence certaine sur la réception. Ainsi, les mêmes promesses faites oralement (éventuellement à la radio ou à la télévision) par tel candidat à la députation ou à la présidence ou par tel autre n'ont pas le même « impact » sur l'électeur destinataire. La même chanson, avec tel interprète ou tel autre, connaît l'échec ou « fait un tube ».

La personnalité du destinataire a autant d'importance, et surtout le rapport qui s'établit entre les deux. Quelques mots de breton dans un discours prononcé à Quimper ont des chances de gagner la sympathie de l'auditoire ; le tribun d'un parti populaire n'aura garde de s'exprimer dans un registre d'éloquence bourgeoise fleurie de citations littéraires. Tout locuteur cherche à établir entre lui-même et son destinataire, indépendamment du signifié de son discours, une **connivence** fondée sur une communauté de région, de classe sociale, de profession, d'école, de sentiments ou de goûts.

Lorsque Jules Laforgue écrit :

> *Où vont les gants d'avril, et les rames d'antan ?*

il n'évoque pas seulement les promenades printanières en bateau avec une jeune fille gantée, il compte bien éveiller le souvenir de Villon et des *dames du temps jadis*, dont l'écho sentimental est une richesse de pure connotation. Appeler *os médullare* un os à moelle fait allusion au Prologue de *Gargantua*. L'évocation d'un texte littéraire connu est une fleur de style très appréciée... entre lettrés.

Toutes ces armes du style sont à double tranchant : un accent provincial a desservi maint orateur, un vulgarisme peut choquer autant qu'un prétentionnisme, le clin d'œil de la connivence peut rencontrer un mur, ou le faire surgir.

La communauté d'origine, de niveau social, de profession, de culture n'est pas forcément goûtée par le destinataire — auditeur ou lecteur. Beaucoup attendent du dialogue ou de la lecture qu'ils les arrachent à leur univers géographique ou social quotidien. Les accents régionaux, les registres inhabituels de vocabulaire et de syntaxe prennent alors une saveur de nouveauté, de dépaysement, d'étrangeté, de mystère. Le plaisir de la découverte ou du changement vaut celui de la connivence.

● 3° Jakobson fait état d'un facteur que Shannon pouvait négliger dans le cadre des transmissions de message de son ressort : c'est le **contexte**, c'est-à-dire la situation réelle ou fictive qui constitue le « référentiel » de l'énoncé, la référence ultime du locuteur étant son MOI-ICI-MAINTENANT (C.F.C., § 12).

Tout rédacteur d'un récit fictif, de la fable au roman, est contraint de situer son récit dans le cadre de ces coordonnées immédiates ou d'autres décalées en personne, en lieu, en temps. Une même suite d'événements peut être rapportée à la 1re personne du singulier, comme si elle était vécue par le locuteur — d'où, en même temps, par le lecteur — ou à la 3e. Une participation fictive à l'action peut être attribuée au destinataire par l'emploi du « datif éthique » (C.F.C., § 218), de certains adjectifs possessifs *(notre homme)*, ou même par la désignation du personnage principal à la 2e personne du pluriel (Michel Butor, *La modification*).

Le repère ICI joue aussi son rôle : l'emploi déictique (C.F.C., § 147) des démonstratifs dans un récit ou dans un poème transporte le lecteur sur la scène même de l'action. L'emploi des articles définis lui présente comme familier (ainsi qu'il se passe dans les rêves) l'univers que l'auteur lui découvre :

> *Ayant poussé **la** porte étroite qui chancelle,*
> *Je me suis retrouvé dans **le** petit jardin...*
>
> (Verlaine, *Après trois ans*).

A l'inverse, une absence de déterminants réduit le sens des noms à leur contenu pictural, allégé de toute prosaïque détermination :

> *Houblons et vignes,*
> *Feuilles et fleurs...*
>
> (Verlaine, *Paysages belges*).

Le repère MAINTENANT, base de l'actualisation temporelle, offre une latitude de choix dont les écrivains tirent les effets les plus variés, les temps du passé donnant le relief du dynamique sur le statique, le Présent allégeant la forme ou — lorsqu'il s'oppose aux temps passés — faisant croire à la réalité actuelle des faits (§ 56).

● 4° L'énonciation ne va pas sans la **motivation** (absente des deux schémas) et l'on sait comment la morphologie et la syntaxe de l'énoncé dénotent par les « modalités » du propos (déclaration, interrogation, volonté, exclamation) l'attitude mentale du locuteur (C.F.C., § 14, § 244-247). Or l'esprit, souvent, balance entre deux attitudes vis-à-vis du réel, et la prédilection pour l'une ou pour l'autre reflète une tendance intime caractéristique de la personne ou appropriée à son destinataire (questions socratiques du discours pédagogique, impératifs pressants du moraliste...), aussi bien qu'une émotion passagère liée au fait ou au jugement qu'énonce la chaîne propositionnelle.

Les modalités ne sont pas les seules manifestations linguistiques des dispositions affectives permanentes ou momentanées. Le choix des mots, l'emploi des suffixes y concourent comme il a été montré au § 3 (connotations péjoratives ou favorables).

● 5° La communication se fait au moyen du **code de la langue**, dont la mise en œuvre est la « performance » de l'énonciation.

A la base de tout code de communication, linguistique ou autre, réside la « loi d'économie » formulée au § 71 du *Code du français courant*, qui veut que le signe soit « bi-univoque » :

A chaque signifiant un seul signifié, et vice versa.

La **synonymie**, qui consiste en l'expression d'un même dénoté par deux signifiants phoniquement distincts, va-t-elle à l'encontre de ce principe ? Il est montré au § 74 du C.F.C. que l'infraction n'est qu'apparente, les signifiants appartenant le plus souvent à des codes différents (registre savant, registre courant, etc.) ; il existe entre les signifiants concurrents d'un même signifié des différences de connotation, dont l'inventaire sera fait dans la IIe partie, et qui justifient l'imputation de la synonymie au ressort de la stylistique.

Le cas inverse est représenté par l'**homonymie** et la **polysémie** (C.F.C., § 71), en infraction également apparente avec la loi de bi-univocité puisque des signifiants identiques au niveau du mot, par exemple *mère* et *maire* (en discours oral) sont distingués par le contexte à l'échelle de la phrase :

Ma mère est maire de son village.

Le rapprochement de deux signifiants plus ou moins identiques n'en a pas moins, comme dans l'ensemble donné, un effet amusant que toutes les langues connaissent et exploitent. Le jeu de mots devient jeu d'esprit (appelé *calembour*) quand le locuteur prétend suggérer un rapprochement de sens par le rapprochement des sons :

*Si vous voulez avoir des idées **propres**, changez-en comme de chemise.*

(Francis Picabia)

Une simple ressemblance phonique entraîne de pareils rapprochements d'idées où la fantaisie prime la raison : un journaliste parle des *palabres délabrées* d'un vieux politicien, le poète Tristan Corbière termine par *O lyre ! O délire* une recette (en vers) du sonnet *(Les amours jaunes)*. La rime, en poésie, est elle-même un demi-calembour imposé.

Ces jeux de mots ressortissent au style puisqu'ils agrémentent (plus ou moins) l'expression sans prétendre altérer la dénotation — même si elle sort momentanément gauchie de ces collisions fortuites.

● 6° La **métaphore**, dont il est parlé au § 3 et qu'il faut tenir pour un fait de style, même lorsqu'elle est purement descriptive comme dans le cas des *essaims d'ardoises*, s'inscrit dans le cadre de l'énonciation comme une véritable infraction au code, puisqu'elle porte atteinte à la dénotation conventionnelle des mots. C'est un cas particulier — mais le plus important — de la violation des rapports entre signifiés et référents (C.F.C., § 12) ; elle joue sur les signifiés grammaticaux comme sur les signifiés lexicaux, prenant son apport dans le système même du code linguistique.

7 STYLISTIQUE ET RHÉTORIQUE RESTREINTE

Le propos affiché par Bally de « séparer à tout jamais le style et la stylistique » est sans doute responsable de l'indifférence que rencontrèrent ses ouvrages en France chez les professeurs de lettres, tenus de pratiquer le commentaire de textes.

Marcel Cressot, dans l'Introduction de son manuel *Le style et ses techniques* (Presses universitaires de France, 1947), s'inscrivait en faux contre l'exclusive prononcée par Bally et prônait une étude des « styles littéraires » dépassant les simples faits d'expression. Non·content de rendre au mot *style* toute l'extension qu'il avait avant Bally, il souhaitait qu'on intégrât à ce domaine « toute la vie latente de l'œuvre depuis la naissance d'une vision confuse qui, peu à peu, a pris forme dans la conscience de l'écrivain, s'est clarifiée, stylisée pour devenir la chose qui sera l'objet de la rédaction ».

C'était réinventer la *rhétorique*. Pourtant Cressot se gardait de prononcer un nom qui depuis près d'un siècle ne soulevait que sarcasmes.

Le vocabulaire de la rhétorique classique, délimité et défini en 1821 par Pierre Fontanier dans un manuel, *Les figures du discours,* destiné aux collèges et adopté dès sa publication dans les classes de seconde des établissements publics (parce qu'il préparait à la Rhétorique et à la Philosophie), allait à l'encontre du goût romantique pour l'expression libre et naturelle. Victor Hugo le proclama en 1856 dans les *Contemplations* :

> *Aux armes, prose et vers ! formez vos bataillons !*
> *(...)*
> *Guerre à la rhétorique et paix à la syntaxe !*
> *Et tout quatre-vingt-treize éclata. Sur leur axe,*
> *On vit trembler l'athos, l'ithos et le pathos.*
> *(Réponse à un acte d'accusation)*

Le pathos rhétorique fut ensuite graduellement rejeté par l'enseignement, et en 1902 la classe de première cessa de s'appeler officiellement la « rhétorique ». Vers 1940, Charles Bruneau, dans ses cours à la Sorbonne, résumait sous le terme d'*images* les derniers « tropes » de l'armée qu'avait affrontée Hugo, la *métaphore*, la *synecdoque* et la *métonymie*.

Une réaction devait se produire, à laquelle Cressot resta étranger. Paul Valéry, professeur de poétique au Collège de France depuis 1938, écrivait en 1944 :

« Le domaine des « figures », dont s'inquiétait l'antique « Rhétorique » (...), est aujourd'hui à peu près délaissé par l'enseignement. Cet abandon est regrettable » *(Variétés V).*

Un professeur à l'Université de Genève, Henri Morier, avec beaucoup de goût et de talent, combla ce vœu en publiant un *Dictionnaire de poétique et de rhétorique* (P.U.F. 1961). Il y répertoriait et définissait non seulement les termes de la rhétorique classique et « ces secrets de poésie qu'on appelait jadis la Seconde Rhétorique », mais bien des effets littéraires ou poétiques non encore classés, auxquels il trouvait un nom, appelant de ses vœux une « rhétorique moderne ».

Inspiré peut-être par son exemple, ou par les travaux de chercheurs allemands et anglais parus dans le premier demi-siècle, Roland Barthes, en 1964, dans une conférence à la Société d'Etudes de Langue Française, demandait que la linguistique prît en charge cet **art de l'élocution** qui avait été enseigné de Gorgias à la fin du XIXᵉ siècle ; en effet, disait-il, « la **rhétorique** est une **linguistique de la connotation** ». Là prenait place la théorie de la connotation exposée plus haut (§ 5) en vertu de laquelle une métaphore est « signe de littérature ». Cette dénomination était appliquée à d'autres figures, énumérées avec les noms dont les avait dotés la rhétorique ancienne dans sa « rage de classement » : *antiphrase, hyperbole, litote, métonymie, anacoluthe, suspension, dubitation, ellipse, asyndète, amplification, catalepse, anadiplose, concaténation, anaphore, antithèse, chiasme, épanadiplose...*

La même année, Barthes consacrait son cours de l'Ecole Pratique des Hautes Etudes à une histoire de l'ancienne rhétorique qui fut publiée en 1970 dans un numéro (16) de la revue *Communications* avec un bouquet d'une dizaine d'articles sur la rhétorique signés entre autres de Jean Cohen, Tzvetan Todorov, Claude Bremond, Pierre Kuentz, Gérard Genette. Ce dernier montrait que le champ de la rhétorique, de l'antiquité à nos jours, s'est « restreint » jusqu'à ne couvrir que la partie nommée *elocutio* (v. § 70), l'étude des figures, centrée sur la *métaphore*. Précisément, un autre article était signé du « groupe μ », équipe de six professeurs de l'Université de Liège ayant choisi pour emblème la première lettre (en grec) de *métaphore*.

Ce groupe publiait la même année une *Rhétorique générale* (Larousse), théorie complète et modernisée des « figures du langage » appelées par eux *métaboles*. Ils retrouvaient plus ou moins le plan des stylisticiens en distinguant les *métaplasmes* (métaboles du phonétisme et de l'écriture), les *métasémèmes* (métaboles des sens lexicaux), les *métataxes* (métaboles de la phrase), à quoi ils ajoutaient les *métalogismes* (métaboles de la « logique » du discours) : dans ces cadres se répartissaient les termes de la rhétorique ancienne, et d'autres nouveaux, toute métabole étant expliquée par trois « opérations rhétoriques » : suppression, adjonction et permutation.

En 1975 paraissait la seconde édition du dictionnaire d'Henri Morier, qui passait de 491 pages à 1210 ; l'auteur y recensait encore des figures nouvelles, baptisées par lui de noms français comme l'*escamotage*, le *mordant*, la *sourdine*, l'*effeuillement*, le *clou d'or*, les *balises*.

Ces doctrines très novatrices, très élaborées, étaient trop originales, l'une par son architecture systématique, l'autre par la finesse de ses intuitions, pour réaliser l'unanimité. Trop d'idées couraient ou planaient, trop de brillants théoriciens participaient au débat soulevé par Barthes, pour qu'on aboutît à une doctrine commune. Mais le prestige de la rhétorique était restauré, avec celui de son arsenal terminologique. Cette discipline a fait sa réapparition sans provoquer d'émeute ni de surprise dans les programmes du français pour les classes de seconde et première publiés le 5 mars 1981.

Dans les limites définies par l'exposé qui précède, la rhétorique ressuscitée n'est autre chose qu'une tentative de classement et d'explication systématique des effets de style, appelés « figures » par la rhétorique ancienne, et cette entreprise continue sans le savoir ou sans le vouloir celle de la stylistique en y réintroduisant une terminologie longtemps proscrite. Un opuscule de la collection *Que sais-je ?* (P.U.F. 1981), par Henri Suhamy, donne sous le titre *Figures de style* la liste clairement et joliment commentée de quelque deux cents figures de rhétorique.

Dans la Seconde Partie de notre livre, on trouvera, réunis sous le chef de la *Stylistique* — dont les programmes conservent le nom — les faits d'« élocution » du ressort de cette « rhétorique restreinte » (Gérard Genette). Pour nous conformer à l'usage récemment rétabli, nous y avons admis les termes anciens, en les cantonnant dans des Remarques chaque fois qu'ils nous ont paru, selon l'expression de Morier, « hirsutes, noirâtres, barbus, épineux ».

8 DE LA RHÉTORIQUE A LA LINGUISTIQUE TEXTUELLE

La rhétorique dont Valéry et les professeurs de lettres avaient souhaité la restauration devait vite déborder le champ restreint de la stylistique rebaptisée.

La rhétorique ancienne ne bornait pas son champ aux faits de connotation. La dénotation était l'objet principal de son étude, dans la mesure où le sujet traité servait de base à la distinction des genres littéraires, discours ou poèmes ; le style n'était que la robe assortie à chaque genre.

La tâche descriptive des professeurs de lettres devait donc dépasser l'horizon de la phrase et le territoire de la langue, embrasser l'œuvre littéraire dans la finalité qui fait son unité, reconnaître et classer les référents dont elle fait sa matière, définir par des constantes les types d'œuvres, tout cela dans un esprit nouveau empruntant ses méthodes à la linguistique structurale : l'œuvre n'est-elle pas une **forme d'expression** justiciable à tous les niveaux de la science du langage ? Comme il existe une structure de la proposition, il doit exister une structure du conte, du roman, de la pièce de théâtre. L'esprit des maîtres s'ouvrant à des manifestations toujours plus étendues de la fonction communicative, il ne parut pas déplacé de faire état de types de discours qu'on aurait autrefois dédaignés comme genres mineurs : lettres personnelles, dialogues de films, reportages sportifs, etc.

Un regard particulièrement attentif s'est porté sur les **communications de masse**, appelées couramment **mass media** (ou simplement *médias*, C.F.C., § 117), qui sont tous les procédés utilisés pour agir sur les masses par des **campagnes** idéologiques, électorales ou publicitaires : harangues radiotélédiffusées, films, *spots* (courts messages), affiches, tracts, slogans, etc. Les médias jouent dans la société occidentale contemporaine le rôle que jouaient les discours politiques à la Pnyx ou au Forum du temps des premiers rhétoriciens.

La rhétorique ainsi affranchie des exclusives traditionnelles devenait une discipline ouverte que ses promoteurs appelèrent **analyse de discours** ou **de texte**, ou **linguistique textuelle**. La stylistique restait de son domaine, le *texte* étant (étymologiquement) un « tissu » où tout se tient, de la phrase au chapitre, de l'action aux personnages, de l'exposition à l'épilogue.

9 VISÉES PRATIQUES

Asseoir le sens critique des élèves sur une saine compétence littéraire est une des tâches du professeur de français. Une autre est de leur apprendre à se servir eux-mêmes de la langue, visée traditionnelle des exercices de « rédaction » et de « dissertation ».

La rhétorique ancienne et classique était résolument prescriptive ; la rhétorique moderne ne peut se satisfaire de la démarche descriptive d'une « science » : elle doit y ajouter un « art », celui de s'exprimer, oralement ou par écrit, dans les circonstances les plus variées de la communication. Une discipline nouvelle appelée **techniques d'expression**, offerte en option dans les facultés aux étudiants de DEUG et de licence, obtient un grand succès qu'explique l'importance prise par toutes les formes d'éloquence dans une société où la communication joue un rôle toujours croissant.

Il est impossible qu'au niveau des lycées ne s'instaure pas, en marge de l'exercice ancestral de dissertation littéraire, l'enseignement d'un art de parler et d'écrire axé sur des activités qu'une connaissance réaliste des besoins de la vie oblige à prévoir. Les Instructions accompagnant la publication des nouveaux programmes de français (le 5.3.81) recommandent les exercices oraux de libre dialogue, d'entretien, de débat, d'exposé, et les exercices écrits à objectif pratique : comptes rendus, rapports, notes documentaires, plans, notices d'information, dossiers, lettres de divers types.

10 POÉTIQUE

Une tradition qui remonte à la *Poétique* d'Aristote en passant par Paul Valéry, et qui se réclame entre autres de Roman Jakobson, fait qu'on appelle souvent *poétique* la « science de la littérature » — en prose ou en vers ; le mot serait un synonyme (un de plus) de *rhétorique.*

Quelques-uns appuient cette acception large d'un argument étymologique : *poésie* perpétue le grec *poïêsis*, nom d'action du verbe *poiein*, « faire » ; le poète est « créateur », la poésie « création ». Mais l'étymologie n'est jamais une garantie du sens moderne, et, le fût-elle, le champ de la « création » dépasse très largement celui de l'activité littéraire.

Dans un article célèbre intitulé *Linguistique et poétique* (1960), Jakobson, présentant le schéma de la communication reproduit ici au § 9, définissait une à une les « fonctions du langage » à partir de chaque facteur (destinateur, destinataire, contexte, etc.) en terminant par le facteur *message* :

« La visée du message en tant que tel, l'accent mis sur le message pour son propre compte, est ce qui caractérise la fonction poétique du langage. »

Si l'on s'en tenait à cette définition, la poétique embrasserait effectivement toute la littérature, et même plus (un calembour, une devinette, un mot croisé, une anecdote relèvent de cette poétique). Mais Jakobson ajoutait à cette formulation la mention, très restrictive, d'une **régularité phonique obligatoire** :

« En poésie, les séquences délimitées par des frontières de mots deviennent commensurables, un rapport est perçu entre elles, qui est soit d'isochronie, soit de gradation. »

C'était retrouver la définition traditionnelle du vers par le rythme. Cependant Jakobson donnait pour exemple d'isochronie (c'est-à-dire d'« égalité de durée ») la séquence *Veni, vidi, vici* — qui n'est pas d'un poète — et pour exemple de gradation la séquence *Jeanne et Marguerite* — tout à fait prosaïque.

Le problème qui se pose alors est de décider si l'on appellera poésie tout énoncé présentant une régularité phonique, fortuite ou voulue. Ce n'est pas ainsi que Jakobson paraissait l'entendre, puisqu'il écrivait, après avoir défini le vers français, anglais et russe : « A côté de ces caractéristiques **qui sont obligatoires** pour tout vers composé dans un mètre donné, il y a des éléments qui présentent une haute probabilité d'occurrence sans être constamment présents. »

La position qu'on adoptera sur ce problème ne peut que résulter d'un choix : la poésie n'est pas un donné que nous ayons à définir (comme la tortue, l'oxygène ou le courage) ; elle est un territoire dont nous avons à fixer les frontières par convention. La définition choisie dans ce manuel reposera sur le principe que la langue poétique présente **des régularités formelles** (phoniques ou autres) **imposées par une règle du vers**, et non par le sens à exprimer.

Guillaume Apollinaire, en garnison à Nîmes, écrivait :

      ┌ *a nuit descend*
      O *n y pressent*
      ⊂ *n long un long destin de sang*

Ces trois lignes remplissent les conditions obligatoires pour qu'on y reconnaisse des vers : la syllabe [sɑ̃] s'y présente trois fois sous l'accent tonique (C.F.C., § 39), découpant le texte en trois membres composés respectivement de 4, 4 et 8 syllabes, nombres associés par une relation (4 + 4 = 8) que l'oreille perçoit immédiatement.

Une régularité supplémentaire se remarque : la répétition de l'article et de l'adjectif *(un long un long)* devant *destin* ; régularité phonique que le poète ajoute librement non pour la beauté du rythme, mais pour la connotation de durée et de monotonie qui convient à l'évocation d'une interminable nuit des tranchées. Cette répétition, moins surprenante en vers qu'en prose, ne peut toutefois être tenue pour une marque suffisante de poésie.

La typographie nous signale que la pièce est un **acrostiche** : les lettres initiales des trois vers composent le nom de *Lou* (Louise de Coligny-Châtillon), à qui les vers (et le recueil) sont dédiés. Aucune règle de versification n'impose une pareille contrainte, qui ne suffirait pas à faire de ces trois lignes des vers.

On observera cependant que les contraintes conjuguées des trois initiales, de la rime et du mètre ont dû jouer un rôle primordial dans l'invention de ce poème. Un soir de janvier 1915, en garnison avant de partir au front, Apollinaire veut dédier un acrostiche à Lou, donc trois vers ; le premier vers est donné par la lettre *L* et les circonstances : *La nuit descend ;* la rime *sang* s'imposant pour la « chute », il songe tout naturellement aux combats des tranchées ; la lettre *O* inspire *on*, et la rime souffle *pressent* ; enfin l'idée d'une nuit au front suggère un troisième vers plus long que la répétition de l'épithète prolonge encore.

Cet exemple met en évidence le rôle que jouent en poésie les contraintes phoniques réglementées de la rime et du mètre, et les contraintes de toutes sortes que le poète choisit souvent d'y ajouter : la recherche de mots et de constructions qu'impose la forme suscite l'imagination du poète et la dirige dans des voies qui peuvent ne pas être celles de la raison, mais qui risquent peu d'être celles de la banalité.

Voici maintenant un texte de Nathalie Sarraute *(Le planétarium)* où des régularités phoniques et rythmiques peuvent être remarquées ; il est question de glaces déformantes :

> *Un instant ils se contemplent, presque attirés, un peu effrayés, mais juste un peu, c'est délicieux, ils savent bien que c'est un jeu, il suffit de détourner les yeux, leur miroir habituel est là, fort heureusement, pour remettre les choses en place, détruire toutes ces inquiétantes illusions... un miroir qui ne déforme pas, qui leur renvoie exactement l'image de ce qu'ils sont... pas si mal, après tout, qu'en dites-vous, pas mal du tout même, il faut le reconnaître...*

Des mots semblent se faire écho :

attirés	*un peu*	*un jeu*
effrayés	*délicieux*	*les yeux*

illusions	*après tout*
ce qu'ils sont	*qu'en dites-vous*

Pourquoi ne pas y voir des rimes, suivies d'une assonance :

tout de même
reconnaître ?

Ces finales identiques (ou presque) délimitent des membres de phrase bien équilibrés, sinon absolument isochrones. Or il s'agit de régularités fortuites, totalement déterminées par le sens. Le lecteur rapide ne les remarque pas, l'auteur en serait la première surprise, ne recherchant jamais ce genre d'effet. Le hasard seul a désigné son livre, sans plus de recherches, pour cette démonstration.

Il y a discours poétique seulement lorsqu'un écrivain se soumet à une règle formelle reçue de la tradition ou même librement choisie par lui, ce qui n'est pas le cas de Nathalie Sarraute.

Par la « libération » du vers au XIXe siècle, les poètes ont acquis le droit de choisir eux-mêmes la contrainte qu'ils opposeront au flux oral de leur inspiration. Rien n'empêche qu'ils choisissent des régularités visuelles ou grammaticales, pourvu que la forme choisie prenne un caractère contraignant. L'acrostiche devient alors poème, sans la rime et sans le mètre. Aussi libres sont les lecteurs de ne pas goûter son choix.

Un théoricien moderne (Jean Cohen, *Structure du langage poétique*, 1966) a défini la langue poétique comme l'*antiprose*, c'est-à-dire un discours en infraction délibérée avec les règles ou les habitudes de la prose. C'est retrouver la notion d'*écart* (§ 5), invoquée par d'autres pour définir le style — qui n'est pas la poésie.

On échappe à cette confusion — qui est celle de la rhétorique avec la poétique — si l'on retient pour critère de cette dernière l'élément positif d'une **contrainte formelle**, acceptée ou choisie.

 SÉMIOTIQUES

Le mot *sémiotique*, équivalent américain de *sémiologie* (C.F.C., § 1), désigne la science des « signes » et, dans un sens plus particulier, toute science d'un système de signes : sémiotique de la signalisation routière ou maritime, sémiotiques de la danse, du costume, de la sculpture, de la peinture, de la musique. On désigne souvent par **sémiotique littéraire** la science définie plus haut sous le nom de *rhétorique moderne* (§ 8) et quelquefois de *poétique* (§ 10) ; le terme *sémiotique* a l'avantage de reclasser cette discipline dans un ensemble plus étendu.

Parmi les procédés d'expression humains, il n'est pas inutile d'évoquer ici les sémiotiques paralinguistiques dont l'objet est l'expression corporelle, l'image, le son.

12 SÉMIOTIQUE DU GESTE ET DE LA MIMIQUE

Les rapports souvent établis entre le physique et le caractère d'une personne (front volontaire, mains d'artiste, etc.) sont de peu d'intérêt pour qui recherche les procédés intentionnels ou du moins conscients d'expression des pensées ou des sentiments.

Il est plus pertinent de noter que la douleur fait pleurer, la peur trembler, car ces indices communiquent une information de circonstance, et sont d'ailleurs susceptibles d'être imités pour tromper. Incoercible, le rire est un indice ; forcé, un signal.

La plupart des signes gestuels ont pour origine une manifestation naturelle : un des premiers acquis par l'enfant est le mouvement négatif qui détourne la tête à gauche et à droite, d'abord pour échapper au biberon ; l'accolade spectaculaire au sportif qui a marqué un but témoigne pour l'assistance l'esprit d'unité de l'équipe. De tels signes sont motivés (C.F.C., § 2), on peut les tenir pour des « symboles ».

Un indice physique est souvent **polysémique** (C.F.C., § 4) : on pleure de tristesse ou de joie, on rougit de honte ou d'orgueil.

La **synonymie** (C.F.C., § 74) règne aussi dans le code des gestes. Le dessin publicitaire de la page 25 montre qu'il existe au moins 38 attitudes de l'hôtelier qui « reçoit bien » son client.

Ce grand nombre, et le sentiment qu'il peut être accru à l'infini, donnent à penser qu'il serait bien difficile d'identifier par des « traits pertinents » les unités distinctives ou significatives gestuelles (C.F.C., § 2). Elles sont rarement des unités « discrètes » comme les phonèmes ou comme les lettres : une lettre est T ou D, jamais entre les deux, alors qu'il y a d'insensibles degrés entre la moue et le sourire.

Il existe pourtant des mouvements qu'on peut tenir pour des signaux discrets, composant un code : le haussement d'épaules, le pied de nez, le « bras d'honneur », la poignée de mains, le salut militaire, le V des doigs ou des bras, le signe de croix.

38 Mercure,
pour bien vous recevoir

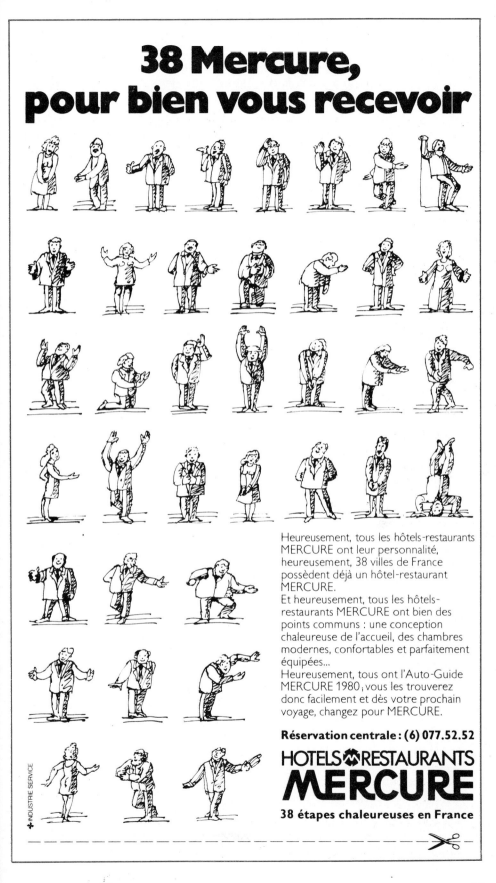

Heureusement, tous les hôtels-restaurants MERCURE ont leur personnalité, heureusement, 38 villes de France possèdent déjà un hôtel-restaurant MERCURE.
Et heureusement, tous les hôtels-restaurants MERCURE ont bien des points communs : une conception chaleureuse de l'accueil, des chambres modernes, confortables et parfaitement équipées...
Heureusement, tous ont l'Auto-Guide MERCURE 1980 ; vous les trouverez donc facilement et dès votre prochain voyage, changez pour MERCURE.

Réservation centrale : (6) 077.52.52

HOTELS ▲▲ RESTAURANTS
MERCURE

38 étapes chaleureuses en France

+ INDUSTRIE SERVICE

Le langage des sourds-muets est un système de fonction surtout **dénota-tive**. Il mêle — comme les hiéroglyphes — des signes d'idées et des signes de lettres. Il est codifié, avec de nombreuses variantes pour les signes d'idées d'un groupe d'usagers à l'autre (par exemple, entre les élèves de telle école, le signe « week-end » est le geste de prendre une valise, dans telle autre le geste de fumer).

Dans le langage normal, le geste est incontestablement un procédé annexe d'expression du discours oral, conjuguant les fonctions dénotative et connotative. Le locuteur établit le contact en se tournant vers le destinataire et en le regardant. La main, le doigt tendus appuient les mots **déictiques** (adverbes de lieu, pronoms et adjectifs démonstratifs) ou **personnels** *(moi, toi)*. Le froncement des traits, l'écarquillement des yeux, les bras tour à tour ouverts ou croisés ajoutent à chaque énonciation mille nuances **modales**. Une relation existe, que doit permettre de formuler l'observation méthodique d'un orateur au magnétoscope, entre les gestes de la main (dont personne ne s'abstient tout à fait) et la structuration de la phrase en **thème** et **propos** (C.F.C., §§ 14-15), ou la saisie lexicale du mot juste. Le jeu des deux mains est aussi descriptif : souvent il dessine les contours du référent, évoque par l'écartement son volume, mesure sa hauteur.

La science des gestes en tant que signes existe, elle s'appelle la **kinésique** (mot formé sur le grec *kinêsis*, « mouvement »), et son promoteur, l'Américain Birdwhistell, s'efforce depuis 1950 de la construire selon les principes structuralistes qu'ont appliqués les phonéticiens. Mais il paraît difficile de distinguer nettement dans le langage gestuel une double articulation analogue à celle du langage oral (C.F.C., § 8).

Remarque :
Une remarque du prochain paragraphe appréciera la **danse** comme procédé d'expression.

13 SÉMIOTIQUES DE L'IMAGE ET DU SON

Au seuil d'une sémiotique de l'image, il faut abandonner un préjugé très répandu et très naturel selon lequel l'image serait un signe simple dont le signifiant serait la matière que façonne l'artiste (peinture et toile, encre et papier, argile, marbre...) et le signifié un référent du monde de notre expérience (ou d'un monde fictif).

Un exemple très démonstratif est fourni par l'image de la couverture de ce livre. Elle reproduit un tableau de Claude Monet ayant pour titre *Madame Monet sous les saules*. Ce serait une erreur fondamentale de prendre cette toile pour un portrait de la femme du peintre : les traits du visage n'y sont pas reconnaissables, on ne distingue même pas une bouche, un nez, des yeux. Le titre du tableau n'est qu'un nom donné pour le distinguer, lorsqu'on en parle, de toutes les autres œuvres de Monet.

On comprend mieux cette œuvre, et la peinture en général, si l'on pose avec l'équipe du groupe μ (voir § 7) que toute image est un double signe (*Rhétoriques, sémiotiques*, 1979). On distinguera dans le tableau de Monet :

1° **Un signifié figuratif** (les théoriciens du groupe belge disent *iconique*, le mot *icône* étant en sémiotique un synonyme de *symbole* dans le sens défini au § 2 du *Code du français commun* : « signifiant non arbitraire »).

Par là, le tableau « représente » effectivement une femme, qui peut bien être Mme Monet, au milieu de saules bordant un fleuve qui a de bonnes chances d'être la Seine, près de Vétheuil où Monet habitait quand il peignit cette toile (1880).

Les mots de la phrase précédente définissent le « signifié figuratif » du tableau. Ceux qui n'y voient et n'y cherchent pas autre chose risquent d'être fort déçus — et l'on s'explique le scandale provoqué par l'exposition des premières toiles impressionnistes. Une photographie aurait donné une vue beaucoup plus ressemblante et détaillée du personnage et du paysage.

La couverture du *Code du français courant* est un calque du tableau de Monet où l'on a voulu exprimer de la façon la plus claire, la plus neutre, son signifié figuratif. Le travail du dessinateur qui a réalisé ce calque a consisté à **interpréter** les formes en leur donnant des contours discrets (tâche difficile pour l'herbe, les feuillages, le chapeau, la robe). Or cette interprétation est celle qu'opère inconsciemment notre sens de la vue dans l'acte de **perception** : nous voyons des êtres, des choses que nous assimilons à des modèles dès longtemps acquis ; nous retrouvons le monde plutôt que nous ne le découvrons ; les **mots** sont des moules pour ces « concepts » préfabriqués.

Une image **dénote** un signifié figuratif dans la mesure où le signifiant constitué par l'ensemble des lignes et des couleurs éveille chez celui qui la regarde la perception claire et précise d'êtres ou de choses dont il a le concept.

2° **Un signifié plastique**

C'est le terme du groupe μ , proposé en attendant un progrès de la théorie des sémiotiques non verbales et de leur terminologie. Le message plastique varie peu entre ce tableau et les fameuses toiles représentant la cathédrale de Rouen, la gare Saint-Lazare, les nymphéas de Giverny, etc. On a dit : « Monet, ça n'est qu'un œil, mais quel œil ! » C'est en effet en revenant à la sensation visuelle brute, avant toute interprétation, toute généralisation cérébrale, qu'il a créé, sans le vouloir et sans jamais s'en targuer, l'école « impressionniste » (d'après le titre d'un tableau peint au Havre : *Impression, soleil levant*). Pas une teinte « plate » dans son paysage de saules : les touches de teintes mêlées, largement brossées, ne veulent rendre que les rayons ou faisceaux lumineux qui ont impressionné son œil. Toute couleur est composite. La robe de Mme Monet était-elle rose ? jaune ? ocre ? bleue ? simplement blanche ? Les peintres savent comme les physiciens — et par d'autres voies — que le blanc est un composé de toutes les couleurs. Quant aux lignes, aux contours par lesquels un dessinateur figuratif évoque habituellement êtres et choses conformément au code conceptuel qu'il partage avec ses destinataires, Monet les ignore puisque la sensation pure ne les connaît pas. Tel est le « message plastique » de sa peinture, largement indépendant du sujet traité, et l'on doit éviter tous les commentaires à visée « iconique », appréciant par exemple dans cette toile-ci la volonté d'exprimer quelque sentiment conjugal, quelque rêve écologique, quelque penchant romantique pour les saules.

Le message de Monet — comme de tout autre grand peintre — est difficile, sans doute impossible à exprimer par des mots. Les théoriciens du groupe μ répugnent à user, pour le désigner, du mot *signe*. Son signifié n'est pas conventionnel, enregistrable dans un code ; il est propre à chaque artiste et se nuance à l'occasion de toute œuvre nouvelle : tel tableau recherche un certain équilibre, une harmonie, un rapport entre les parties qu'aucun autre n'a présentés ni ne présentera. Quant aux signifiants, ils ne sont pas des marques discrètes comme sont par exemple les mots ou les signifiants « iconiques » (un Christ, des pommes, un panneau indicateur de virage), ils sont des **graduations** sans paliers théoriques, des différences entre couleurs et tons, entre courbes, entre angles, avec tous les intermédiaires réalisables. Ces caractères distinguant le signe plastique (signifiant et signifié) du signe de langue (codifiable) amènent à conclure que le « langage plastique » est perpétuelle création — à moins que l'artiste ne copie un autre ou ne se copie, ne se répète identiquement lui-même.

Il est possible à des théoriciens comme ceux du groupe μ de distinguer dans le signe figuratif comme dans le message plastique un signifié de dénotation et un signifié de connotation. Pratiquement, dans l'exemple du tableau de Monet, une fois bien admis qu'il y a deux signifiants dont le second (plastique) ne se manifeste que par-dessus le premier (comme un signe *suprasegmental*, C.F.C. § 38), on doit reconnaître que la fonction dénotative domine dans le premier, et qu'on peut tenir le second pour connotatif : il définit le **style** du peintre.

L'existence d'une dénotation purement plastique est prouvée par la peinture non figurative (dite **abstraite**), comme le dessin de Vasarely représenté ci-après, qui orne la couverture de la revue *Degrés*. Il y a dénotation de carrés et de ronds, n'évoquant aucun référent, et dont la connotation est une sensation lumineuse particulière provoquant le vertige vasarelyen.

Le signifié figuratif n'est souvent qu'une concession faite à l'amateur moyen (un client zéro ?) par un peintre qui veut vendre ses toiles ; la dénotation, alors, peut être tenue pour nulle, le sujet pour indifférent, et pour vaines toutes les appréciations concernant la ressemblance, la vérité anecdotique, la visée sociale ou métaphysique (qu'on pense à tant de « natures mortes »). Il est d'ailleurs manifeste que la peinture documentaire (celle des Callot, des David) se fait rare au XXe s., évincée par la photographie.

Reconnaître l'indépendance théorique du signifié figuratif et du message plastique n'interdit pas de croire possible (et même souhaitable) une harmonie entre le « sujet » traité et le « style » du peintre. Celui de Monet convient aux fêtes de la lumière et de la couleur, du soleil levant ou couchant, des feuillages, des herbages et des jardins luxuriants. Les lignes sèches définitives de Bernard Buffet conviennent aux gratte-ciel new-yorkais, aux péniches et remorqueurs des pays plats, à l'espada du matador guindé, à la rose verticale toute épines.

Il arrive que l'illustration d'un récit ou d'un poème n'ait aucun rapport avec le texte, surtout quand on l'a confiée à un artiste connu dont le nom doit gonfler le prix d'une édition de luxe ; des images non figuratives, interprétables *ad libitum*, seront même congruentes aux poèmes hermétiques. Mais il serait incongru d'illustrer Jules Verne de dessins abstraits. En principe, l'illustration d'un texte est un procédé annexe d'expression d'une connotation aussi fidèle que possible à l'esprit de l'écrivain. Les éditions Hetzel de Jules Verne ont si bien réalisé cette harmonie que les originaux sont recherchés des bibliophiles et qu'on en tire indéfiniment des copies. Rabelais, La Fontaine illustrés par Gustave Doré ont connu des fortunes semblables. La

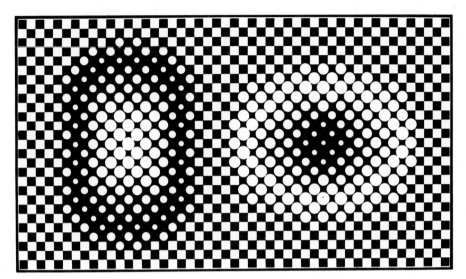

Composition de Vasarely.

plus parfaite adéquation de l'image au texte est obtenue quand l'écrivain se fait lui-même son illustrateur, comme Christophe, Alain Saint-Ogan, Hergé dans leurs albums enfantins, et tant d'excellents dessinateurs humoristiques que se disputent les journaux.

Au double talent de ces derniers la presse demande une double connotation, comme on le voit par le dessin de Piem reproduit ci-contre, illustrant dans un quotidien l'annonce du championnat européen de patinage artistique. L'événement du jour devient le prétexte d'une situation comique jouant sur la polysémie du mot *patins* : le contraste entre les semelles de feutre imposées au Chrysale minable et les prestigieuses lames d'acier des candidats au

Dessin de Piem paru dans **Le Figaro** du 5 février 1981.

podium est la connotation « figurative ». Le « message plastique » est la vision pessimiste du physique humain qui émane de tous les dessins de Piem, et qui dans celui-ci n'épargne même pas le patineur virtuose, malgré le contraste suggéré.

Toutes ces considérations sur l'image sont-elles applicables à la musique ?

La musique instrumentale est comparable à la peinture abstraite : elle n'a rien de figuratif. Mais les notes de la gamme sont des unités discrètes, et non des « graduations ». Comme les signifiés « plastiques » des images, les signifiés esthétiques de la mélodie, du rythme et du timbre ont leur effet propre, dont la rhétorique est encore mystérieuse : on comprend bien comment un rythme de marche agit sur les nerfs et les muscles, mais le rythme ne suffit plus à expliquer le charme du *Tango* d'Albeniz. Aucune application inconsciente de formules mathématiques ne rendrait compte du plaisir physiologique que procure l'audition d'une *toccata* de Bach. Et quels mots exprimeraient les différentes qualités de mélancolie que dégagent la *Valse des Regrets* de Brahms, la 3e étude de l'opus 10 de Chopin (dont un arrangement est connu sous le nom de *Tristesse*) ou la *Symphonie pathétique* de Tchaïkovsky — pour prendre les exemples les plus célèbres.

S'il existe incontestablement des modèles préétablis de rythme — que les danseurs reconnaissent intuitivement aux premières mesures — les signifiés mélodiques sont, comme les signifiés plastiques de l'image, toujours nouveaux : aucun des thèmes de la *Rhapsody in blue* ne rappelle un motif attendu, chacun agit comme un sortilège nouveau, dont le commentaire désespère la plume des critiques.

L'équivalent du **signifié figuratif** de l'image pourrait être cherché dans une musique imitative : quelques symphonistes ont tenté d'imiter les bruits naturels du vent, de la mer, de l'orage. Les plus grands ont complètement rejeté cet art de l'onomatopée. Quelques-uns ont trouvé, comme Prokofiev dans *Pierre et le loup*, Debussy dans *la Mer*, des correspondances plus subtiles que l'imitation.

Mais le **chant** offre le meilleur équivalent du double signifié de l'image : les paroles y ont un signifié propre, qui peut être sans rapport avec le signifié musical. L'indépendance de l'un et de l'autre est démontrée par des exemples comme le chant grégorien — dont la mesure modèle celle du texte, mais dont la mélodie épouse n'importe quel contenu. Un exemple analogue est offert par les paroles chantées du film *les Parapluies de Cherbourg*.

Pourtant, l'harmonie dont la possibilité s'est révélée entre le sujet d'un tableau ou d'une illustration et sa connotation plastique existe plus souvent encore entre les paroles et la musique d'une chanson. Les exemples abondent dans l'opéra : invocation à l'étoile de *Tanhauser*, désespoir de Mario dans *La Tosca*, etc. Au niveau, plus récent, de la comédie musicale, l'air de *Maria* dans *West Side story* est une émouvante réussite. Faut-il rappeler que notre hymne national en est une autre ? On reviendra sur ce problème au chapitre de la Chanson (IVe Partie).

Remarques

a) Il sera parlé de la **bande dessinée** au prochain paragraphe, à l'occasion du cinéma.
b) Rien n'a été dit de la **danse** à propos de la sémiotique du geste ; c'est qu'elle met en jeu principalement les qualités plastiques du corps et est inséparable de la musique.

Comme l'image, la danse chorégraphique a son signifié figuratif, l'argument du ballet. Cet argument, conte de fées, allégorie, légende folklorique, invariablement irrationnel, est moins un texte qu'un prétexte : les spectateurs qui ne le connaîtraient pas d'avance (ou par le programme) ont d'autant plus de mal à l'imaginer et à le suivre que les acteurs sont muets.

Le message plastique a pour signifiants un certain nombre de figures connues (que certains chorégraphes notent sur des portées), et quelques-unes nouvelles. La dénotation plastique est « pointe », « demi-pointe », « arabesque », « brisé », « coupé », « jeté », « écart », « pirouette », « entrechat », etc. La connotation plastique de grâce, de beauté, de virtuosité fait oublier l'argument. La chorégraphie et la danse artistique (éventuellement sur patins) n'ont donc guère leur place dans un ouvrage consacré aux procédés auxiliaires du langage.

Il y a encore moins à dire de la danse pratiquée en société, qui exprime souvent la personnalité des danseurs, mais n'a aucun rapport de principe avec les propos qu'ils échangent en dansant.

14 SÉMIOTIQUES DE LA PHOTOGRAPHIE ET DU FILM

La **photographie** est une image. Elle joint à sa fonction figurative, évoquée plusieurs fois au paragraphe précédent, une fonction plastique qu'aucun photographe n'ignore : le choix du sujet, la distance de prise de vue, l'angle, la profondeur de champ, le choix de l'objectif, du diaphragme, du temps de pose, des filtres, celui du papier et de la couleur du tirage sont autant d'éléments qui font de la photo un art d'interpréter le réel.

Un **film cinématographique** est fait de photos, et par là justiciable de la même analyse. Soit une scène d'un film policier se passant sur le quai d'un port commercial : la vue du dock est le signifié **dénoté** ; l'éclairage photographique fait luire les pavés gras et l'eau noire : ambiance sinistre **connotant** l'angoisse des personnages. Toute photo est un signe à deux degrés, comme toute image figurative.

Mais une sémiotique propre au cinéma, et dont les pionniers ont été Christian Metz et Jean Mitry, dépasse le niveau de l'image fixe : le film est une **succession d'images**. Trait observable même si le référent est fixe :

« Une maison, au cinéma, ce sera une vue d'escalier, puis un des murs pris de l'extérieur, puis un plan rapproché de fenêtre, puis une brève vue d'ensemble du bâtiment » (C. Metz).

Cette articulation filmique est un « langage » dont l'unité est le « plan », plus ou moins long (le même référent, par exemple la « maison », pouvant être dénoté par un plan unique ou par un montage de plusieurs plans).

Aux deux degrés sémiotiques de la photographie, le film ajoute donc deux degrés propres, dans le plan temporel :

● Son signifié **figuratif** est, par exemple (et le plus souvent) un récit, éventuellement tiré d'un roman ou d'une pièce de théâtre ; il peut être aussi un match, un événement historique, etc.

On pourrait se contenter de braquer une caméra sur la scène d'un théâtre et de filmer toute une pièce sans déplacer l'objectif. Un match de tennis pourrait aussi être filmé par une caméra fixe embrassant tout le court. Dans ces deux cas, le signe filmique serait à un seul degré, au degré figuratif (que les sémioticiens du cinéma appellent souvent *diégétique*, ou *analogique* pour reprendre un terme de Ch.S. Peirce), et les connotations éventuelles en seraient celles que provoquent directement chez les spectateurs la pièce et le match.

● L'équivalent du message « plastique » de l'image est ce que nous appellerons, dans le cas du film, message **chronoplastique** en attendant que les théoriciens se soient mis d'accord sur un autre terme.

En fait, le film d'une pièce de théâtre est une suite de plans montrant chaque personnage au moment où il parle ou quand sa mimique supplée la parole. Le passage d'un plan à l'autre, du gros plan au plan d'ensemble, la division éventuelle de l'écran en deux images confrontées, sont autant de signifiants dont le choix opportun et instantané requiert du cameraman ou du sélecteur d'images des qualités d'artiste. La connotation en est la vision chronoplastique propre au film, qui s'affranchit des contraintes de la situation réelle du spectateur, le place toujours au meilleur point de vue, et, s'il s'agit d'un match retransmis, lui épargne les temps faibles, sélectionne les temps forts, les repasse au ralenti, insiste sur le champion vedette.

Le langage filmique se distingue du linguistique sur le plan du réel :

1° Le repère MOI disparaît, ainsi que son corrélatif TOI. La vue filmique est essentiellement tournée **vers l'extérieur**. Le roman à la 1re personne n'a pas d'équivalent au cinéma. Si une « voix-off » parle à la 1re personne pour un narrateur supposé, le personnage qu'elle manifeste, restant hors du champ, aura pour le spectateur moins d'existence que tous les autres.

2° Le film n'est pas attaché au piquet du repère ICI. Le repère spatial, unique pour toute la pièce dans le théâtre classique et pour tout un tableau dans le théâtre moderne, change dans un film à chaque plan et même au cours d'un plan par la vertu des signifiants appelés *travelling* (la caméra se déplaçant sur des rails), *panoramique* (la caméra tournant sur place), *trajectoire à la grue, caméra à la main, travelling optique* (avec un zoom, objectif modifiant en apparence et progressivement la distance de l'objet filmé).

3° Le repère MAINTENANT présente-t-il plus de constance, lié qu'il est à la succession des plans ? En fait, de longs intervalles peuvent être franchis d'un plan à l'autre, et des retours en arrière *(flash-back)* ne sont pas rares. Il est devenu banal de raconter la vie d'un homme comme elle peut se présenter dans ses souvenirs, c'est-à-dire totalement libérée de la chronologie. Un film se termine souvent sur une image arrêtée, suggérant l'éternité.

La succession des plans du film prend différentes formes, qu'on a comparées à la ponctuation du discours écrit. Le passage d'un plan à un autre sans effet optique est appelé *coupe franche*. Divers effets optiques peuvent nuancer la transition, appelés *iris, volet, rideau, cache, fondu au noir, fondu enchaîné, travelling subjectif, panoramique filé* (Metz, *Essais sur la signification au cinéma*, II, 133). A chacun s'attache la dénotation « coupure » et une connotation particulière ; par exemple, Metz écrit à propos du fondu enchaîné :

« Il établit un mixte indiscernable et équitablement réparti de séparation et de fusion. C'est de lui, plus que de toute autre ponctuation, que l'on peut dire qu'il sépare toujours en reliant, qu'il relie toujours en séparant. Les deux images au cœur desquelles il s'entremet, et qui pendant un instant apparaissent l'une et l'autre à l'écran — coprésence hésitante, sorte de politesse exquise — sont ainsi surchargées de la forte présomption d'un lien intime et profond (...) : l'enchaîné nous mène doucement d'une scène printanière à une scène hivernale (dans le même paysage), d'un visage rêveur à un acte rêvé, de la figure du jeune homme à celle du vieillard qu'il est devenu, du sourire de l'amant à celui de l'amante. »

Peut-on parler de code ? Certes, les signifiants sont « discrets » et catalogués, mais les signifiés ne sont guère codifiables : l'impression ressentie par chaque spectateur (comme par Christian Metz) devant un fondu-enchaîné est aussi peu conventionnelle que le goût de l'orange ou du chocolat.

Il est indéniable que l'art du cinéaste s'exerce dans le plan chronologique : la pellicule est linéaire comme la chaîne de la parole. De là, pour les théoriciens, la possibilité de construire une « grammaire » du film, essentiellement composée d'une « syntagmatique ». Metz distingue 8 types de *syntagmes* (c'est-à-dire de *séquences*, unités de groupement des plans) : le *plan autonome*, les *syntagmes a-chronologiques parallèle* et *en accolade*, le *syntagme chronologique descriptif*, les *syntagmes chronologiques narratifs alterné, linéaire continu, linéaire discontinu inorganisé* (ou *séquence ordinaire*), *linéaire discontinu organisé* (ou *séquence par épisodes*).

On n'entrera pas ici dans l'explication de ces termes : Metz le fait dans ses différents ouvrages, et donne pour certain que son inventaire sera indéfiniment repris et amélioré. Il suffisait de montrer qu'il se construit une rhétorique du cinéma, d'évoquer les réflexions et les recherches nouvelles que suscite cet art encore nouveau, et de caractériser dans le cadre sémiotique appliqué aux autres arts un procédé d'expression qui les rassemble tous, conjuguant les ressources du discours, du geste, de l'image et du son.

Remarque

La bande dessinée (ou BD) est née au XXe s. des albums illustrés, par intégration du texte dans l'image sous forme de « bulles » pour évoquer le cinéma. La BD est en quelque sorte un « dessin animé » fixe. Elle a sa « syntagmatique » propre, où une variable s'ajoute à celles du cinéma : la forme de chaque plan.

Le dialogue en bulles n'exclut pas les commentaires d'auteur en *voix-off*, distingués dans l'exemple ci-dessous par un encadrement rectangulaire.

La BD, qui a suscité de nombreuses études sémiotiques, a pour pendant le roman-photos dont le commerce est prospère, mais qui, requérant moins de talent, a mérité moins d'égards.

stylistique   Stylistique

stylistique   STYLISTIQUE.   stylistique

Stylistique   stylistique   stylistique

Stylistique   Stylistique

STYLISTIQUE   stylistique

stylistique   Stylistique

Stylistique   stylistique   stylistique

STYLISTIQUE STYLISTIQUE ST

stylistique stylistique sty

STYLISTIQUE STYLISTIQUE STYLIS

stylistique stylistique stylistique styli

stylistique stylistique

STYLISTIQUE STYLISTIQUE

STYLISTIQUE STYLISTIQUE STYLISTIQUE STY

stylistique stylistique stylistiqu

stylistique stylistique styli

Chapitre 1 :
Les sons
et l'écriture

A. Phonèmes

15 EUPHONIE ET CACOPHONIE

Deux exemples de **cacophonie** ont été donnés au § 6 : une phrase de Paul Géraldy, un vers de Voltaire : deux suites de phonèmes dont le rapprochement entraîne une difficulté d'articulation ou une monotonie auditive.

Au contraire, le vers de Racine

La fille de Minos et de Pasiphaé

offrant une suite variée de consonnes et de voyelles est **euphonique** (Théophile Gautier y voyait le plus beau vers de la langue française). Le phonéticien Pierre Delattre a trouvé une différence analogue entre des séquences dénuées de sens, comme *sapanayaka*, « autrement riche et varié en sonorité que *pabamavawa* dont toutes les consonnes ont les mêmes lieux d'articulation, ou *vazajalara* », dont toutes les consonnes sont constrictives et sonores (C.F.C. § 32).

Des suites malheureuses comme *si c'était cet été, en en entendant parler, un coussin sur chaque siège* passent inaperçues dans la conversation, où l'oreille du destinataire, seule en jeu, n'est attentive qu'au sens. Elles choquent plus dans un texte littéraire que le destinataire tend à prononcer et à relire. Un lecteur sourcilleux remarque des inadvertances chez maint homme de plume :

*Quand elle a **su s**'asseoir toute seule, elle a **su** aussi assez vite **se** retourner.* (A. Lichtenberger)

Les plus grands n'y échappent pas :

*Ne souffre **qu'**à regret **qu'**un autre **t'**entretienne. (Racine)*
Je vais m'exercer seul à ma fantasque escrime. (Baudelaire)

Un adversaire de Victor Hugo, jugeant ses vers cacophoniques, lui adressa par dérision, au début de sa gloire, l'épigramme suivante :

Où, ô Hugo, huchera-t-on ton nom ?
Justice enfin que faite ne t'a-t-on ?
Quand donc au pic qu'Académie on nomme
De roc en roc grimperas-tu, rare homme ?

La répétition d'un phonème n'est pas toujours fautive. On verra au § 18 qu'elle peut avoir une connotation en harmonie avec le sens à exprimer ; mais indépendamment du sens dénoté, elle peut prendre une valeur esthétique — comparable à la valeur « plastique » des images (§ 13) — en devenant un jeu littéraire, appelé **allitération**, comme dans ce vers de Mallarmé :

Aboli bibelot d'inanité sonore.

La difficulté (relative) de l'allitération en fait une contrainte recherchée de certains poètes (très commune par exemple chez les comiques latins).

Les phonéticiens qui se sont penchés sur le problème de l'euphonie comparée des langues ont souvent conclu à la supériorité (esthétique) de celles où prédominent les syllabes ouvertes (terminées par une voyelle), c'est-à-dire des langues où le rapport voyelles/consonnes approche de 50 % ; c'est le cas de l'italien (47,7), du français et de l'espagnol (46). En allemand, où le pourcentage des voyelles est de 38, abondent les syllabes fermées (C.F.C. § 34), qui ne sont bienvenues que lorsqu'elles conviennent au sens comme dans l'adjectif *schlecht*, « mauvais ».

Seules les consonnes *r, l, m, n*, appelées « sonantes » parce que leur émission prolonge la sonorité de la voyelle qui les précède, terminent sans heurt une syllabe. Pierre Delattre ajoute d'ailleurs à l'actif des sonantes le fait qu'elles ne font pas entendre de bruits de friction comme les constrictives de *fou, sous, chou, vous, joug*.

Ainsi des raisons physiologiques tenant à la nature propre du « canal » humain de communication peuvent justifier mieux que des jugements subjectifs une préférence accordée à certaines langues sur les autres et, dans une langue, à certains mots, indépendamment de leur dénotation.

Remarque :

La répétition d'un phonème en fin de mots est appelée **homéotéleute** (en grec : « fin semblable ») ; exemple : *deux bœufs vigoureux*. L'assonance et la rime en ont été des variétés successivement imposées aux poètes dans l'évolution historique du vers français régulier (§ 97).

16 FACTEURS PERSONNELS, SOCIAUX ET REGIONAUX DE L'ARTICULATION

La personnalité du locuteur se manifeste dans sa manière d'articuler. « La quantité des mots est bornée, celle des accents est infinie. » (Diderot)

Certaines personnes, pour parler plus vite ou par nonchalance (quand il ne s'agit pas d'une malformation ou de l'effet passager du froid), « mangent des lettres » sans pitié pour leur destinataire, prononçant par exemple indifféremment [aikal] les mots *amical* et *radical*.

Il est des suppressions codifiées, usuelles en français familier ou populaire :

● simplification de diphtongues : *ben* (bien), *pi* (puis) ;

● simplification de groupes consonantiques : *quat'francs* (quatre), *ouv'la f'nêt'* (ouvre la fenêtre), *estrême* (extrême), *congession* (congestion), *quéque* (quelque), *artisse* (artiste), *aimab'* (aimable) ;

● effacement d'un ou plusieurs phonèmes intérieurs **(syncope)** : *m'sieur* (monsieur), *c't enfant* (cet), *m'n ami* (mon), *çui-là* (celui-là), *siouplaît* (s'il vous plaît) ;

● amputation initiale **(aphérèse)** : *s'pas* (n'est-ce pas), *mande pardon* (je vous demande) ;

● effacement de nombreux « *e* muets » que la prononciation tenue s'efforce de maintenir au bénéfice de la clarté (C.F.C. § 33) :

> *Où as-tu ach'té l'pain ? — Quoi ? — Où as-tu acheté le pain ?*

en revanche, addition d'un « *e* muet » :

— au début d'un mot commençant par *s* + consonne **(prothèse)** : *estatue* (statue), *escarole* (scarole) ;
— au milieu d'un mot **(épenthèse)** : *teinturerier* (teinturier) ;

● élision de *tu*, de *qui* et des finales en -*s* ou -*t* devant consonne (C.F.C. § 35, Rem. c) :

> *T'as raison* (Tu as), *Celle qu'aura la fève* (qui aura), *Vous êt' imprudent* (êtes), *les ancienn'auberges* (anciennes), *Ces faits donn'à réfléchir* (donnent) ;

● omission ou production analogique de certaines liaisons :

[avɑ̃   ø] (avant eux) [me sɛ̃k zɑ̃fɑ̃] (mes cinq enfants)

La plupart de ces usages sont pratiqués ou évités à volonté selon les circonstances et le destinataire.

Une prononciation relâchée a souvent sa valeur expressive, qu'un écrivain observateur sait noter :

> *Nous accourons près d'elle et lui souhaitons la bienvenue de l'air des écolières sages « ... jour, Mmmselle ! ... Zallez bien, Mmmselle ? »*
>
> (Willy et Colette Willy)

Certains la prennent à leur compte :

> *C'est d'un' maladie d'cœur*
> *Qu'est mort', m'a dit l'docteur*
>   *Tir-lan-laire !*
>   *Ma pauv'mère ;*
> *Et que j'irai là-bas,*
> *Fair'dodo z'avec elle.* (Jules Laforgue)

Le relâchement a pour contraire une prononciation « châtiée » que les convenances imposent dans certaines professions ou devant certains publics, mais qui verse dans la prétention quand le locuteur la conserve dans les rapports familiers. Elle abuse notamment des liaisons :

[ty   ɛmzakurir]   (Tu aimes à courir)
[il   sɔ̃   mɔ̃tezogrɔnje]   (Ils sont montés au grenier)

·et du doublement des consonnes :

[sɔ   gamɛ̃   ɛ   tɛ̃tɛllizɑ̃]   (Ce gamin est intelligent).

Le ridicule est assuré quand la prétention s'allie à l'ignorance, comme il se produit dans le **pataquès** (liaison fausse) :

[vu   zɛt   trozɛgzizɑ̃]   (Vous êtes trop exigeant).

On donne parfois pour un trait de la langue vulgaire certaines permutations de consonnes (**métathèses**) qui relèvent plutôt de l'ignorance à tous les niveaux : *infractus* (infarctus), *hynoptiser* (hypnotiser), *aréoplane* (aéroplane), *aéropage* (aéropage).

L'articulation ne révèle pas seulement le caractère ou la classe sociale du locuteur, on sait qu'elle trahit son origine, régionale ou nationale. Associée à l'intonation, elle constitue l'« accent » dont écrivains et acteurs tirent parti pour évoquer les « types » du Marseillais qui « prononce toutes les lettres », du « Bougna » qui confond *sou* et *chou*, de l'Alsacien amateur de *« ponne pière »*. Voici les Normands, entendus par Maupassant :

— *Qué qu'il avait, ton pé ?*
— *Un vent dans l'dos, qui n'en pouvait r'muer pied ni gambe.*

Beaucoup de provinciaux s'efforcent, à Paris, de perdre leur accent. D'autres s'en font un trait personnel, savoureux chez certains acteurs (films de Pagnol), et chez certains chanteurs (les *Marchés de Provence* chantés par Gilbert Bécaud).

Il en est de même des accents étrangers : celui des pays du Nord ou de l'Est a probablement part au succès de certains artistes comme Jane Birkin, Marthe Keller, Hardy Krüger ; le comique de Laurel et Hardy est inséparable de l'accent anglo-saxon du doublage ; l'accent valorise aussi le charme folklorique du répertoire des chanteurs québécois.

17 SYMBOLISME DES SONORITÉS

Le code de la langue française est à « double articulation » (C.F.C. § 8 et § 30 Rem. a). Les phonèmes en sont les unités **distinctives**, dont les groupements seuls produisent un sens. Les plus petits groupements **significatifs** sont les unités appelées mots ; ainsi l'opposition [l] / [k] n'a pas de sens en elle-même, mais fait distinguer des mots comme *sol* et *soc*.

On dit que la fonction distinctive d'une opposition de phonèmes est **arbitraire** (C.F.C. § 2) : le choix du *l* dans *sol* et du *c* dans *soc* n'est justifié par aucune valeur de sens propre à l'une ou à l'autre de ces consonnes ; sinon, la même différence de sens se retrouverait dans d'autres paires comme *bol/bock, col/coq, fol/foc* ; or il n'en est rien. L'existence de plusieurs milliers de langues différentes en est une autre preuve. Il pourrait paraître naturel, par exemple, d'expliquer le sens de l'adverbe *vite* par un sens attaché au son des phonèmes [v], [i] et [t] qu'on retrouve dans des onomatopées exprimant la vitesse comme *vt !, ziiiii* ! Mais l'anglais dénote la même idée par *quickly* ou *fast*, l'allemand par *schnell*, l'espagnol par *pronto*, l'italien par *presto*.

Le dogme de l'arbitraire du phonème admet deux exceptions :

● L'**onomatopée** (C.F.C. § 27) est composée de phonèmes choisis de manière à imiter des bruits naturels : *boum* (tambour), *dong* (cloche), *tic-tac* (horloge). Certes, le linguiste danois Kr. Nyrop a fait remarquer depuis longtemps le caractère arbitraire des onomatopées elles-mêmes, puisque le cri du canard est en français *coin coin*, en danois *rap rap*, en allemand *gack gack* ou *was was*, en roumain *mac mac*, en italien *qua qua*, en russe *kriac*, etc. Par ailleurs, il est aisé de constater que l'*i* et l'*a* de *tic-tac* représentent un seul et même son. Pourtant il faut bien admettre que l'onomatopée **vise** — avec plus ou moins de succès — l'imitation exacte d'un bruit au moyen des sons disponibles dans le système phonétique de chaque langue (et quelquefois de sons qui n'y figurent pas, comme en français le [b] vibrant de *brr* ! ou la triphtongue de *miaou*).

Mais les onomatopées ne peuvent passer pour des signes au même titre que les autres mots du lexique. Elles sont des bruits intégrés à la chaîne orale, leur signifié se confond avec leur signifiant, lequel est entièrement motivé par son effet **acoustique** (il faut que le destinataire reconnaisse le bruit). Au contraire, le signifié du mot *horloge* n'est pas un bruit, ni celui de l'adverbe *vite*, ces mots ont une dénotation conventionnelle indépendante du phonétisme de leur signifiant ; si ce phonétisme est « congruent » à l'idée qu'ils dénotent (comme celui de *vite*, comme celui de *cloche* par exemple), cette harmonie est un luxe, une **connotation.**

● Certaines **interjections** paraissent avoir une motivation non plus acoustique, mais articulatoire, comme il est montré au § 27 du C.F.C. : leur timbre est modelé par la position que l'émotion ou le sentiment imprime momentanément aux organes de la parole ; ainsi, la notation du rire par la voyelle écartée [i] est liée à l'écartement naturel des lèvres dans le rire ; la notation du dégoût par [b] ou [p] résulte de la moue de nausée que provoque ce sentiment. Comme les onomatopées, les interjections de ce type ne peuvent être tenues pour des mots ordinaires, de sens défini par convention. Leur graphie est relativement libre, et elles ont des équivalents souvent très semblables d'une langue à l'autre.

Un cas voisin de l'interjection s'observe dans une certaine prononciation de mots ordinaires altérée par l'émotion : un renforcement de l'émission se traduit à l'initiale vocalique de certains mots par une **aspiration** ; on a pu écrire avec deux *h* le mot *honte* pour transformer la disjonction (C.F.C. § 31 Rem. a) en aspiration véritable ; *énorme* est écrit *hénaurme* dans la correspondance de Flaubert ; Théophile Gautier disait qu'on n'aime véritablement que si l'on prononce *Je vous haime*. Cette aspiration peut être parente de celle qu'on écrit *h* dans beaucoup d'interjections *(ah, oh, eh, hi, hue)* ; ou peut-être n'est-elle qu'une disjonction par refus de pratiquer la liaison qui altère le début du mot. C'est dans les deux cas un phénomène relevant moins de la phonématique que de l'intonation (comparer l'accent d'insistance, § 19).

Mis à part ces cas accidentels, n'existe-t-il aucune motivation des phonèmes dans le matériel lexical ?

Une croyance à la valeur significative immédiate des phonèmes a toujours eu des tenants, doctrine appelée **cratylisme** parce qu'on en lit la première formulation dans le *Cratyle*, dialogue de Platon. Le philosophe Cratyle soutenait que les noms avaient été donnés aux choses de manière que le son des lettres exprimât leur essence ; par exemple, la lettre *rô*, qui fait trembler la langue, exprimait le « tremblement » (grec *tromos*). L'observation des différences dans l'expression d'une même idée d'une langue à l'autre *(vite/fast/pronto)* et le désaccord total entre le signifié sonore de certains mots et le phonétisme de leur signifiant (ex. : *horloge, mine, revolver, fusil, salve, amorce)* nous ont amenés plus haut à penser que le cratylisme est un mythe. C'est ce que démontrait, par les mêmes arguments, l'adversaire de Cratyle, Hermogène, appuyé par Socrate.

Henri Morier, à l'article *Correspondances* de son dictionnaire (cf. § 7), montre comment s'est répandue au XVIIIe et au XIXe s., principalement sous l'influence de Swedenborg, la croyance à une harmonie entre les formes, les couleurs, les sons, les parfums, les idées, les caractères. Pour Baudelaire,

> *Les parfums, les couleurs et les sons se répondent.*
> *(Les fleurs du mal, Correspondances,* 1857)

Rimbaud, en 1871, écrivit le sonnet des *Voyelles* associant avec fantaisie une couleur au son de chaque lettre :

> *A noir, E blanc, I rouge, U vert, O bleu : voyelles...*

Ces associations de sensations (ou *synesthésies*) fondaient un **symbolisme** des sons du langage.

Au début du XXe s., un phonéticien, Maurice Grammont (*Le vers français,* 1904), a proposé une table précise d'interprétation sémantique des phonèmes, fondée sur son intuition et appuyée d'exemples. Voici son classement qualitatif des voyelles :

1° Voyelles **claires** (les plus antérieures) :

> aiguës : [i], [y];
> autres : [e], [ɛ], [ɛ̃], [ø];

2° Voyelles **graves** :

> éclatantes : [a], [ɑ], [ɔ], [œ], [œ̃], [ə];
> sombres :   [o], [ɔ̃], [u]

A ces valeurs encore abstraites, Grammont associe des nuances diverses : les voyelles aiguës [i] et [y] expriment adéquatement l'acuité d'un bruit, d'un cri, ou d'un sentiment qui pourrait arracher des cris :

> *Pourquoi l'assassiner ? Qu'a-t-il fait ? A quel titre ?*
> *Qui te l'a dit ?*   (Racine, *Andromaque*)

Pour les consonnes, le classement de Grammont ne diffère pas du classement habituel des phonéticiens distinguant occlusives et constrictives, orales et nasales. Morier, lui, emprunte à Lucien Rudrauf le tableau suivant :

Masculines	[p], [t], [k] [f], [s], [ʃ]	Terriennes
	[b], [d], [g]	
Féminines	[l], [r] [m], [n] [ɲ]	Marines
	[j] [v], [z], [ʒ]	Aériennes

Paul Delbouille, dans *Poésie et sonorités*, a soumis à une critique sévère un grand nombre d'appréciations stylistiques inspirées du symbolisme phonétique. Il n'est pas question de résumer ici ses développements qui ne sont que spirituelles discussions de détail. Un exemple donnera le ton de l'ensemble ; Grammont cite deux vers de Musset successivement pp. 286 et 290 du *Vers français* :

> *Il détourna la rue à grands pas, et le bruit*
> *De ses éperons d'or se perdit dans la nuit. (Don Paez)*

Or la première fois ces vers sont donnés comme un exemple de suggestion du silence obtenue par l'opposition entre voyelles éclatantes ou sombres et voyelles claires ou aiguës, la seconde fois comme un exemple de suggestion du bruit sec et répété des éperons. Ces impressions contradictoires ne sont-elles pas dans les deux cas suggérées par le sens plutôt que par les phonèmes ?

Mallarmé dit dans *Crise de vers* sa « déception devant la perversité conférant à *jour* comme à *nuit*, contradictoirement, des timbres obscur ici, là clair » (cité par Jacques Pohl, *L'homme et le signifiant*).

R. Etiemble, polémiste mordant, s'en est pris dans *le Mythe de Rimbaud* au symbolisme des couleurs représenté dans le sonnet des *Voyelles* : une enquête sur 240 sujets l'a amené à la conclusion que toutes les couleurs peuvent être attribuées à toutes les voyelles.

Th. de Banville trouvant que *citadelle* est « un grand mot terrible », Nyrop lui objectait *mortadelle*, qui serait plus terrible encore s'il ne désignait un gros saucisson.

A ces critiques négatives s'opposent des expériences positives qui se sont multipliées depuis une cinquantaine d'années.

En 1929, Sapir soumit à des sujets américains des syllabes dénuées de sens comme *mil/mal*, opposées phonétiquement deux à deux par une seule voyelle, en leur demandant d'attribuer à chacune d'elles des qualités comme « grande » ou « petite ». Or les réponses furent concordantes : [i] est « petit », [a] est « grand ».

W. Köhler soumettait les consonnes à une expérience semblable : deux dessins abstraits, l'un très anguleux, l'autre curviligne, étaient présentés à de très nombreux sujets à qui l'on demandait de faire correspondre à l'un et à l'autre les suites de phonèmes *takete* et *maluma*. La majorité rapportait *takete* aux lignes brisées, *maluma* aux lignes courbes.

Des expériences semblables ont été faites sur des sujets de toutes les parties du monde, avec des mots et des dessins différents, des « paires d'appréciation » différentes (clair/sombre, léger/lourd, vite/lent, haut/bas, près/loin...). La constance des résultats oblige à remettre en question le principe de l'arbitraire du phonème.

Mais si le phonème est motivé, c'est-à-dire déterminé par le sens à exprimer, on doit s'attendre à ce que le lexique vérifie ce symbolisme. Et en effet, *petit* contient un *i, grand* un *a* nasal ; la loi est magnifiquement vérifiée par l'opposition des adjectifs grecs *mikros* (petit) et *makros* (grand) élus comme préfixes dans la langue scientifique universelle. L'opposition [i] « près »/[a] « loin » explique la fortune, en français, de *ci* et *là* dans le système démonstratif.

Une enquête statistique a été faite dans les dictionnaires français et anglais par le psychologue Maxime Chastaing, en tenant compte de la fréquence d'emploi des mots donnée par les « dictionnaires de fréquence » (C.F.C. § 100). Les résultats sont très significatifs :

— En français, 93 %, en anglais 87 % des mots exprimant la petitesse contiennent des voyelles antérieures ;
— En français 84 %, en anglais 77,5 % des mots exprimant la grandeur contiennent des voyelles postérieures.

La différence entre les deux langues tient vraisemblablement à la fréquence, en anglais, de l'opposition *small*, « petit »/*big*, « gros » (aussi « perverse » que *jour/nuit* pour Mallarmé).

Malheureusement ces résultats favorables ne se retrouvent pas en allemand. L'exploitation par les langues de la valeur connotative des phonèmes n'est pas aussi constante que cette valeur même.

La constance du symbolisme des sonorités ne peut guère s'expliquer que par la conformation universelle des organes de la parole. Ainsi, dans tous les pays du monde, la caisse de résonance qui détermine le timbre des voyelles dans le canal buccal est plus petite pour [i] que pour [a] ; les points d'articulation consonantiques sont des surfaces dures pour [t] et [k] palatal et molles pour [m].

Morier distingue plus précisément cinq facteurs du symbolisme des voyelles :

● **Effets de hauteur :**

Les résonances élevées [i] et [y] et, à un moindre degré, [e] et [ɛ] sont propres à traduire des sons aigus : *cri, fifre, sifflet, clochette, sonnette.*

Les résonances basses [u], [o], [ɑ], [ɔ], [ɑ̃], [œ̃], [ɛ̃] conviennent :

— aux sons bas : *ronron, bourdon, grondement, ronfler, rauque, sourd ;*
— aux sensations correspondantes de l'ordre visuel : *ombre, sombre, charbon, goudron, foncé, trouble, noirâtre ;*
— aux lieux et objets sombres et sales : *décombres, catacombes, égout, antre, boue, tourbe, excrément, fange ;*

— aux sentiments, aux choses, aux actes en rapport avec l'ombre et le mal : *mensonge, affront, offense, venin, poison, souiller, brouille.*

● **Effets d'aperture** (= ouverture, C.F.C. § 32) :
Les petites ouvertures conviennent :
— aux petites dimensions : *petit, minime, menu, minuscule, fil, fétu, aiguille, pygmée, puce ;*
— aux sensations apparentées : *piquer, subtil, minutie, vétilleux, méticuleux, scrupule, raffiné, futilité, peccadille, mesquinerie.*

Les grandes apertures conviennent :

— aux grandes dimensions : *vaste, lâche, bâiller, grand, immense, énorme, géant, béant, océan, montagne, tas, espace ;*
— aux états ou sentiments apparentés : *grand, grandiose, triomphal, éclat, faste, gloire, pompe, apparat, parade, nabab.*

● **Effets d'intensité :**
Les voyelles [ɑ] [a], [œ] , [ɔ] et, à un moindre degré, [ɛ] sont plus audibles que d'autres, à force d'émission égale ; elles conviennent :

— à l'intensité sonore : *patatras ! fracas, tapage, vacarme, tam-tam, ram-dam, tintamarre, sabbat, bacchanale, fanfare, clameur, sonore, résonne, cogne, tonne ;*
— à la brutalité : *rage, orgueil, bataille, carnage, horreur, terreur, attaque, éclate, sabre, cravache, Satan ;*
— à la couleur rouge (la plus dynamique) : *laque, tanagra, magenta, cinabre, santal, carmin, grenat, cramoisi, cardinal, incarnat, écarlate.*

Les voyelles [u] , [ɛ̃] , [œ̃] , [ɑ̃] , de faible intensité, conviennent :

— aux sons faibles : *sourd, étouffé, doucement, silence, froufrou ;*
— aux sentiments correspondants : *indolent, nonchalant, mou ;*
— à tout ce qui évoque la douceur : *doux, mousse, velours, bourre, pelouse, fourré, emmitouflé.*

● **Effets de forme :**

Les voyelles arrondies (C.F.C. § 32) conviennent :

— à la rondeur même : *rond, tube, trou, tunnel, lune, ovale, tour, roue, couronne, rouler, courber, boule, bol, bulle, pomme, paume, pôle, dodu, joufflu, bombe, bonbonne, tortueux ;*
— à l'affection (par la mimique du baiser) : *amour, minou, nanou, mon petit chou/loup, bout de chou ;*
— au dégoût (par la mimique de la moue) : *moue, dégoût, écœurer, odieux, maussade, vomir, nausée, pouah ! peuh ! bof ! huer, morveux, répugnant.*

Les voyelles écartées expriment les sentiments gais (par la mimique du *rire* et du *sourire*) : *hilare, plaisir, aise, délire, ivre, malice, humoristique, ravi, guilleret, fantaisie, facétie, plaisanterie.*

● **Effets de nasalité :**

Les voyelles nasales sont dites « voilées » par Grammont : l'interférence du son nasal et du son buccal provoque effectivement une baisse d'intensité produisant un son « indéterminé, voilé, obscur » (Pierre Delattre).

Cette pédale sourde convient :

— aux couleurs sombres et atténuées : *brun, marron, blond, châtain, bronze, airain, ambre* ;
— à la tristesse : *plainte, dolent, mélancolie, chagrin, affliction, abattement, souffrance, tourment, sanglot, accablement, inconsolable, angoisse, ennui, langueur.*

Toutes ces listes de mots ne représentent qu'un choix, et tout aussi nombreux, souvent plus, sont les mots dont le phonétisme n'est pas congruent au sens. On peut seulement présumer que les premiers ont une plus grande qualité expressive, puisque la connotation et la dénotation s'y additionnent. L'écrivain, subtil peseur de mots, connaît et exploite à bon escient les fines suggestions attachées au phonétisme. Claude Lévi-Strauss écrit dans *Anthropologie structurale* que, quand il prononce *fromage*, il s'imagine une « pâte grasse », assez lourde, onctueuse, peu friable, de saveur épaisse ; avec l'équivalent anglais *cheese*, le fromage s'allège ; il devient frais, un peu aigre et s'escamote sous la dent. En fait, *cheese* est gai parce que son [i] écarte les lèvres (propriété connue des photographes anglo-saxons).

18 RÉPÉTITION DE SONS

Le recours volontaire ou instinctif d'un écrivain au symbolisme des sonorités n'est prouvé que lorsqu'il emploie un certain phonème avec une fréquence dépassant la normale.

Avant d'expliquer l'effet produit par la répétition d'un phonème dans un énoncé, pour ne pas s'exposer à donner, comme dit Fontenelle, la cause de ce qui n'est pas (la « dent d'or »), il faut s'assurer que la fréquence du phonème y dépasse la fréquence moyenne. Pour cela, on dispose de tableaux établis par J.-Cl. Lafon (*Message et phonétique,* 1961), donnant les pourcentages normaux d'emploi de chaque phonème « dans la conversation ». Les voici, mis dans l'ordre où sont présentés les phonèmes au § 31 du C.F.C. :

VOYELLES				CONSONNES			
[i]	5,6	[œ]	0,3	[p]	4,3	[f]	1,3
[y]	2	[œ̃]	0,5	[t]	4,5	[v]	2,4
[u]	2,7	[o]	1,7	[k]	4,5	[s]	5,8
[e]	6,5	[ɔ]	1,5	[b]	1,2	[z]	0,6
[ɛ]	5,3	[ɔ̃]	2	[d]	3,5	[ʃ]	0,5
[ɛ̃]	1,4	[a]	8,1	[g]	0,3	[ʒ]	1,7
[ɔ]	4,9	[ɑ]	0,2	[m]	3,4	[l]	6,8
[ø]	0,6	[ɑ̃]	3,3	[n]	2,8	[r]	6,9
				[ɲ]	0,1		

SEMI-CONSONNES	
[j]	1
[ɥ]	0,7
[w]	0,9

Une fréquence anormale d'un phonème quelconque peut avoir trois motivations :

1° **Jeu** phonétique de l'allitération (§ 15).

2° Motivation **auditive**, comme dans le cas de l'onomatopée ; la répétition du phonème évoque un bruit ; c'est l'effet appelé **harmonie imitative** ; l'exemple fameux des serpents siffleurs de Racine a inspiré à son tour Hugo :

> *Semblaient un glissement sinistre de vipères.*

Paul Valéry imite avec des *m* le murmure des feuillages :

> *Vous **me** le **m**urmurez, ramures, ô rumeurs !*

Jules Renard évoque le pas de l'âne avec des consonnes occlusives et des voyelles très fermées :

> *Un petit pas sec et dru.*

3° Motivation expressive appelée **harmonie suggestive**, renforçant par une sorte de résonance la valeur symbolique du phonétisme d'un ou plusieurs mots.

Ainsi, la densité des nasales connote la tristesse dans ces vers d'Apollinaire ;

> *Mon automne éternelle, ô ma saison mentale*
> *Les mains des amantes d'antan jonchent ton sol (Alcools)*
>
> *Les vendredis sanglants et lents d'enterrement* (ibid.)

La répétition d'un son peut mettre en relief un **mot clé** qui le contient : ainsi le phonème [i] apparaît 35 fois dans le sonnet de Mallarmé évoquant le *Cygne* (et se terminant par ce mot). Paul Delbouille lui-même (cf. p. 42) estime que les *l* soulignent l'adverbe *lentement* dans ces vers d'Hugo :

> *Seul, et derrière lui, dans les nuits éternelles,*
> *Tombaient plus lentement les plumes de ses ailes.*
> *(La Fin de Satan)*

B. Éléments prosodiques d'expression

19 INTONATION

Tout énoncé oral comporte des marques « **prosodiques** », ou « **supraseg-mentales** » (C.F.C. § 38), c'est-à-dire émises — tels l'accent et la mélodie — au cours de l'articulation des segments que sont les phonèmes.

● L'accent tonique, totalement déterminé en français courant par la structure syntaxique de l'énoncé (C.F.C. § 39), n'a pas plus de fonction connotative que dénotative. Mais il manifeste pour l'oreille le découpage du texte en membres dont la durée comparée produit le rythme (§ 20).

Des dérogations à la loi fixant la place de l'accent tonique peuvent révéler un milieu social ou une origine provinciale ou étrangère propres au locuteur. Ainsi, l'accent populaire de Paris se signale (entre autres) par un report de l'accent tonique sur l'avant-dernière syllabe prononcée des mots :

Tous les matins, j'prends l'métro à République.

● L'accent d'insistance (C.F.C. § 40) est libre, donc significatif :

— accent **affectif** renforçant la première consonne du mot :
ce mmisérable...   *C'est imppossible !*
— accent **intellectuel** soulignant une syllabe importante pour la détermination du sens :

*Peut-on récupérer ce pétrole ? — C'est **im**-possible.*

*J'ai dit « Le chef est im**pass**ible », je n'ai pas dit : im**poss**ible.*

L'accent affectif, comme l'accent d'« aspiration » signalé au § 17 *(hénaurme)*, n'ajoute rien à la dénotation du mot sur lequel il porte, mais il connote l'importance sentimentale que le locuteur attache à son signifié.

L'accent intellectuel ne vise qu'à éviter une erreur de dénotation.

● Il est dit au § 13 que les sortilèges de la musique sont infinis et mystérieux. La mélodie du langage a aussi d'infinis secrets. Que de sentiments divers peuvent être exprimés rien qu'en variant la modulation de deux syllabes : *Bonjour. Mon Dieu ! Merci ! Pardon !* Les interjections monosyllabiques reçoivent souvent leur sens de la répétition instituant une mélodie : *Eh eh ! Oh la la !* Un discours monocorde ennuie, une voix aux fortes inflexions a plus de chances de persuader.

La fonction dénotative de la mélodie, montrée au § 41 du C.F.C., laisse une marge immense à des indications sur la personne du locuteur, son origine (il y a des régions de France où l'on « chante » en parlant), sa classe sociale, son état d'âme momentané.

Les marques mélodiques dénotatives ne sont pas universelles : une question posée par un Russe en hongrois est souvent prise par les Hongrois pour une exclamation ; une phrase déclarative prononcée par un Français en hongrois peut être prise pour une question.

Mais certaines marques connotatives sont communes à un grand nombre de langues. Selon le phonéticien hongrois Ivan Fónagy, dans beaucoup de langues non apparentées, « la joie se reflète dans un palier mélodique élevé », « la tristesse dans une faible intensité, un palier mélodique bas, une ligne mélodique descendante » ; en français, en anglais, en allemand, en hongrois, la plainte a une marque régulière : « le ton monte à intervalles rythmiques d'un demi-ton pour retomber toujours au niveau du départ ». Ces secousses rythmiques sont liées aux contractions du diaphragme au cours du sanglot. « La plainte est un sanglot domestiqué et intégré à la parole », « les configurations prosodiques sont des projections sonores d'attitudes émotives » *(La linguistique,* 1972, fasc. 2).

De la dénotation à la connotation, en matière de modalité, la frontière n'est pas nette (C.F.C. § 14, Rem. b).

20 DÉBIT ET PAUSES

La vitesse du **débit** est également à considérer. Elle caractérise les locuteurs, même les orateurs. Elle s'assortit éventuellement au message. Un débit lent est solennel ou mélancolique, un débit accéléré peut marquer une émotion vive, l'exaltation ou la gaieté. Jules Marouzeau, dans son *Précis de stylistique française*, observe que ces vers de La Fontaine, tous octosyllabes, prendront le relief que l'auteur a désiré si l'on sait lire les deux premiers en traînant, les deux derniers en courant :

> *Un mort s'en allait tristement*
> *S'emparer de son dernier gîte ;*
> *Un curé s'en allait gaiement*
> *Enterrer ce mort au plus vite. (Fables, VII, 11)*

C'est par un débit anormal dans la lenteur et dans la rapidité que Molière oppose le docteur Macroton et le docteur Bahys dont Sganarelle dit :

> *L'un va en tortue, et l'autre court la poste. (L'Amour méde-*
> *cin, II, 5)*

Une marque prosodique importante est la **pause**, dont les signifiés syntaxiques relèvent de la dénotation. Mais, à dénotation égale, des pauses prennent une valeur expressive, qu'un orateur habile sait exploiter : elles donnent au destinataire le temps de peser le sens des mots (ce qui leur ajoute éventuellement du poids) ; elles peuvent aussi trahir l'embarras du locuteur à formuler son message. Dans l'écriture d'un poème, des points de suspension, marques de pause, invitent à partager la rêverie de l'auteur.

Si Apollinaire n'avait pas banni la ponctuation, de longs silences pourraient être marqués entre tous les vers de son *Adieu :*

> *J'ai cueilli ce brin de bruyère*
> *L'automne est morte souviens-t'en*
> *Nous ne nous verrons plus sur terre*
> *Odeur du temps brin de bruyère*
> *Et souviens-toi que je t'attends (Alcools)*

21 RYTHME

Définition : **Le rythme est donné par le retour d'un phénomène à intervalles comparables** (Mario Roques).

Le rythme est un jeu de l'**art** : rythme visuel des frises décoratives, rythme musculaire de la danse, rythme auditif de la musique.

Le rythme peut être égal comme :   3 + 3 + 3 + 3
                    inégal comme :   3 + 2 + 3 + 2
                    croisé comme :   3 + 2 + 2 + 3
                    croissant comme :   2 + 4 + 6 + 8
                    décroissant comme :   8 + 6 + 4 + 2

Le rôle du rythme est fondamental dans les vers ; il est considérable — quoique moins évident et moins connu — dans la prose littéraire.

● Le discours oral français est essentiellement rythmé par le retour de l'**accent tonique** (C.F.C. § 39).

Ainsi, on observe une succession régulière de deux syllabes atones suivies d'une syllabe tonique dans ce membre de phrase de Chateaubriand :

> *sur lesquels elles jettent des ponts et des arches de fleurs.*

La **syllabe** est le métronome du rythme, où les syllabes toniques représentent les temps forts.

Dans cet exemple, la connotation du rythme est figurative, l'égalité des mesures évoquant l'uniformité des arches. Dans celui qu'on va lire, Chateaubriand suggère la monotonie vallonnée du désert par un rythme à trois temps heureusement élargi aux derniers mots :

> *Le désert déroulait maintenant devant nous ses solitudes démesurées.*

● L'accent tonique frappant, comme on le sait, la dernière syllabe non muette des groupes syntaxiques, un accent se trouve nécessairement devant chaque **pause**, puisque les pauses marquent la structure syntaxique de l'énoncé. Les pauses viennent donc souvent souligner le rythme accentuel, et éventuellement instituer un niveau supérieur de rythme :

> *Oh ! je voudrais me perdre / dans la brume des nuits, dans le flot des fontaines, dans la sève des arbres.* (Flaubert)

Les deux dernières virgules et le point délimitent dans cet énoncé trois membres de six syllabes, dont chacun est subdivisé par l'accent en deux segments de trois syllabes ; le rythme perçu est :

$$(3 + 3) + (3 + 3) + (3 + 3)$$

Certes, l'égalité de structure grammaticale suffirait pour diviser ces 18 syllabes en trois membres de six (trois groupes nominaux compléments circonstanciels) ; mais le rythme est affaire d'oreille plus que d'intelligence, même si les deux peuvent s'accorder comme ici.

Le texte suivant est une description en prose d'un paysage d'Italie par André Gide. Les points-virgules y marquent de fortes pauses, délimitant d'abord, par trois fois, des membres de 8 syllabes ; le rythme octosyllabique ainsi institué se retrouve ensuite, marqué par une virgule après *épaisse*, et par de nouveaux points-virgules :

> *On rêve, sous cette ombre verte ;*
> *le feuillage est épais, pesant ;*
> *pas un rayon franc ne pénètre ;*
> *comme des gouttes de cire épaisse,*
> *les citrons pendent, parfumés ;*
> *dans l'ombre ils sont blancs et verdâtres ;*
> *ils sont à portée de la main... (L'immoraliste)*

Volontairement ou non, l'auteur a écrit là une suite de vers blancs (§ 97), dont la cadence berceuse crée une ambiance de torpeur. Cinq points-virgules et une virgule délimitent les membres dont l'accent final scande le rythme majeur octosyllabique (la séparation des membres par des alinéas n'est pas de l'auteur : nous l'avons ajoutée pour montrer combien cette prose se rapproche des vers).

Hormis les cas où, comme ici et dans les exemples de Chateaubriand, un tel rythme convient au signifié dénoté, le retour uniforme des accents et des pauses n'est pas un ornement recherché. Des essais de prose mesurée ont été faits sans grand succès au XVIIIe s. : le procédé est mécanique, banal, et faux — tombant dans les rails de la poésie. Mais la prose a ses rythmes propres, inégaux, comme il apparaît dans la phrase d'*Atala* citée dans le C.F.C. (§ 58, Rem.) où trois virgules, l'une incorrecte et les deux autres pour le moins facultatives, marquent le découpage de l'énoncé en membres équilibrés quoique inégaux (10 + 9 + 9 + 10) :

> *Bientôt elle répandit dans les bois, ce grand secret de mélancolie, qu'elle aime à raconter aux vieux chênes, et aux rivages antiques des mers.*

Il sera reparlé de ces cadences à propos de la période (§ 69) et du vers libre (§ 118).

● A côté du rythme des accents que peut renforcer celui des pauses, il existe un **rythme des timbres** qui peut en être plus ou moins indépendant.

Certains mots et locutions sont expressifs par la répétition d'une voyelle ou d'une consonne ou des deux à la fois : *monotone, barbouiller, ratatouille, froufrou, raplapla, du tac au tac...* ; souvent une même consonne répétée est suivie de *i* puis de *a* : *tic-tac, zigzag, Ric et Rac, prendre ses cliques et ses claques.*

Le rythme des timbres a été peu étudié dans la prose. Dans les vers, on sait qu'il constitue la rime (§ 97), mais il produit aussi, à l'intérieur du vers, des effets qui ont été étudiés méthodiquement par M. Grammont ; aux exemples donnés au § 18, ajoutons ceux-ci :

> *Vous mourûtes aux bords où vous fûtes laissée.* (Racine)
>   ou   ou u   ou ou u
> *Elle a vu ta blessure et n'a pu la fermer.* (Musset)
>   a u a è   a u a è

C. Graphisme

22 QUALITÉS FONCTIONNELLES, PLASTIQUES ET SUGGESTIVES DES LETTRES

On sait que l'alphabet latin, usité en France et dans une grande partie du monde, est **arbitraire** : par exemple, le signifiant A n'a aucun trait qui convienne au phonème [a] plutôt qu'à [b] ou [k], etc. Au contraire, la tradition chinoise use de « caractères » qui remontent à des « idéogrammes », tracés stylisés évoquant la forme de la chose dénotée. Il se peut que chaque lettre de l'alphabet latin remonte à un idéogramme très ancien (par exemple A au dessin renversé d'une « tête de bœuf », nommée *alef* en phénicien), mais ces origines perdues dans la nuit des temps n'ont aucune survivance dans la conscience des scripteurs d'aujourd'hui.

Des poètes ont observé une valeur symbolique de certaines lettres en accord avec le sens de certains mots : pour Claudel, le mot **locomotive** évoque les roues, la cheminée, l'abri ; l'*y* dans **lys** est indispensable pour figurer la fleur. Pour Hugo, **NUIT** est un paysage : « N, c'est la montagne ; U, la vallée ; I, le clocher ; T, le gibet ; et le point, c'est la lune » (cité par J.-Cl. Coquet, *Poétique,* N° 11). Aucune de ces connotations n'ayant de grandes chances de se retrouver dans une longue série d'autres mots, elles ne remettent pas en question le caractère arbitraire de l'alphabet latin.

La première qualité de l'écriture — comme de la diction — est d'être **intelligible.** Trop de candidats à un examen ne soupçonnent pas le poids de ce facteur dans la notation de leurs copies ; le déchiffrement d'une dissertation de huit pages mal écrite est pour le correcteur (toujours talonné par le calendrier) une épreuve si déprimante qu'elle risque d'occulter les plus brillantes qualités du style et de la pensée. En dépit d'un préjugé étayé sur l'éthique de l'écart (§ 5), la lisibilité de l'écriture n'exclut nullement la force ou l'originalité du caractère, et elle est un symptôme d'intelligence quand la simplification — indispensable à la rapidité — réduit les lettres à leurs **traits pertinents** (C.F.C. § 2), en en sacrifiant le moins possible.

Chez tous ceux qui écrivent beaucoup, simplicité et lisibilité sont les vertus cardinales. L'élégance est un luxe. Une belle écriture naturelle tend à se gâter dans la précipitation, encore que bien des hommes ou des femmes célèbres aient donné la preuve du contraire. La beauté plastique est à l'écriture ce qu'est l'euphonie (§ 15) au discours oral.

L'écriture comme l'articulation exprime la personnalité, le niveau social de l'émetteur du message. L'analyse des rapports entre le graphisme et le caractère du scripteur est devenue au XXe s. une science assez rigoureuse du plus haut intérêt, la *graphologie,* dont on ne peut faire plus ici que de conseiller l'étude. A la différence de l'articulation, l'écriture ne marque pas l'appartenance régionale. Elle peut être révélatrice de l'état moral momentané (écriture optimiste montante, pessimiste tombante) et des états physiques affectant les mécanismes moteurs (fatigue, maladies nerveuses ou cardiaques).

En typographie, la lisibilité est toujours recherchée au premier titre dans un texte suivi (« caractères de labeur »). Les lettres, de « familles » très nombreuses, sont toutes très reconnaissables et ne fatiguent la vue que si elles sont trop petites. Deux éléments président au choix entre les familles :

● **La qualité esthétique :**

La lettre, comme toute image (§ 13), connote un « message plastique ». Le lecteur moyen ne remarque guère la beauté des caractères employés dans les livres ou les revues pour le texte même. Pourtant le choix en a souvent fait l'objet d'hésitations de la part de l'éditeur, éventuellement de l'auteur. Les noms des créateurs tels que Garamond, Baskerville, Bodoin, Didot, Fournier, Renner, Gill, Morison, Zopf, Frutiger ne figurent pas dans les livres imprimés avec les caractères qu'ils ont créés. Le lecteur moyen discerne mal les différences entre les familles de lettres auxquelles ils ont donné leurs noms. Il ignore que l'*elzévir* est à empattement triangulaire, le *didot* à empattement filiforme, l'*égyptienne* à empattement rectangulaire, l'*antique* sans empattement.

La figure qui suit, empruntée à un article d'Albert Hollenstein dans la revue *Communication et Langages* (mai 1971), réunit les plus grandes antiques créées depuis un siècle :

abcdefghijkl	Akzidenz-Grotesk	Berthold creation maison 1890
abcdefghijk	mono grotesque 215	Monotype creation maison 1920
abcdefghijklmn	Futura	Bauer Paul Renner 1928-1930
abcdefghijklm	Gill	Monotype Eric Gill 1928-1930
abcdefghijkl	Helvetica	Haas Max Miedinger 1957-1970
abcdefghijkl	Univers	Deberny-Peignot Adrian Frutiger 1961
abcdefghij	Olive	Olive Roger Excoffon 1965
abcdefghijk	Syntax	Stempel Hans Eduard Meyer 1970

Il est clair que le choix d'une antique ou d'une autre est affaire de goût sans rapport avec la dénotation du texte à imprimer. Le « message plastique », des plus discrets, vise un confort oculaire permanent, n'affleurant pas à la conscience.

On attend un effet plus immédiat et plus clairement perçu du choix des lettres de titrage, telles que celles, aux noms éloquents, réunies ci-dessous, qui sont dues à des créateurs américains :

● Le pouvoir suggestif :

Une harmonie peut exister entre le signifié dénoté et la forme des caractè-res. Les lettres droites (« romaines ») conviennent mieux à des textes de lois ou de sciences, les « italiques » à des œuvres de sentiment, épistolaires ou poétiques. « Amour ne s'écrit pas comme Acier » disait en 1947 le publici-taire Louis Ferrand. La majorité des « slogans » sont imprimés en lettres manuscrites, pour favoriser une pénétration affective dans le subconscient du lecteur. La figure ci-dessous reproduit une page de *La Bohème et mon cœur* (Francis Carco) composée et illustrée par J.-G. Daragnès.

MONTMARTRE

ontmartre a connu d'autres jeux,
D'autres voix, d'autres rires jeunes,
Mais cela n'importe, le jaune
Matin brille dans les carreaux.

Chaque « édition d'art » pose un problème de typographie dont la solution intéresse au premier chef l'auteur. Dans une page de journal, dans un pla-card publicitaire, dans une affiche (même électorale), le corps (c'est-à-dire la hauteur), l'épaisseur (gras ou maigre) et la famille de chaque caractère sont choisis selon la valeur d'information des mots, le choc qu'ils doivent provoquer.

Il se crée, tous les jours, pour les titres de magazines et les annonces publici-taires, des « caractères de mode », souvent sans lendemain, appelés par exemple *western style, baroque, Dada, psychedelic, op' et pop', 1900,* etc., « tourbillon décontracté de nouveautés ou encore de modes anciennes remises au goût du jour » (A. Hollenstein). La collection ci-après en est empruntée au même article que les précédents exemples :

23 MISE EN PAGE, ILLUSTRATION VISUELLE ET SONORE

La forme des lettres (manuscrites ou imprimées) ne joue pas le seul rôle dans la présentation graphique du texte. La ligne graphique occupe dans la page une place qui peut être plus ou moins joliment mesurée, et plus ou moins en rapport avec le sens dénoté.

Il existe une architecture typographique dont un ouvrage entier ne suffirait pas à dire l'essentiel : les principes et les secrets en sont pratiqués à profusion dans notre société où les médias (§ 8) exercent la puissance que l'on sait. Les règles mêmes en sont mises en échec par les modes et par les trouvailles des créateurs de la Publicité, cet art nouveau où Aldous Huxley découvrait la forme littéraire la plus passionnante, Blaise Cendrars la plus belle expression de notre époque, et dont on dirait plus justement, en l'intégrant au ressort de la linguistique, qu'elle est comme la langue la meilleure et la pire des choses.

La valorisation qu'un texte peut recevoir de la mise en page est si bien à considérer que la formulation même du texte peut en être conditionnée. Bernard Grasset raconte comment Blaise Cendrars, qui avait titré son livre le plus célèbre « La merveilleuse histoire du général Johann August Suter », consentit sur ses instances à résumer son titre en trois lettres, grâce à quoi il eut « l'une des plus belles couvertures du monde » (ci-dessous).

On sait combien d'art et de soins étaient consacrés au Moyen Age à la décoration des livres d'heures. Lettres ornées, dorures, rubriques et miniatures en faisaient des œuvres d'art somptueuses et uniques. Avec l'imprimerie, la couleur disparut. Elle est revenue en force au cours du XXᵉ s. et donne au texte des livres les moins luxueux le relief qu'on n'obtenait au siècle précédent que par les oppositions de caractères. Outre sa valeur contrastive, la couleur est sensoriellement agréable, et peut prendre une valeur symbolique, comme dans les deux placards publicitaires reproduits ci-après :

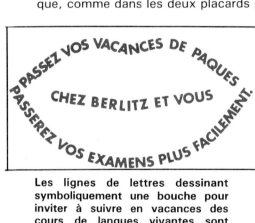

Les lignes de lettres dessinant symboliquement une bouche pour inviter à suivre en vacances des cours de langues vivantes sont imprimées en rouge.

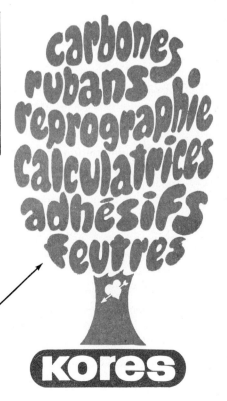

Les lettres fantaisistes imitant les frondaisons d'un arbre pour énumérer les produits aimés des dactylos sont imprimées en vert.

Depuis la vulgarisation de la radio et le passage du monde occidental de la « galaxie Gutenberg » à la « galaxie Marconi » (selon les termes de Mc Luhan), les médias sonores ont été mis à profit pour diffuser largement et inculquer par la répétition des messages publicitaires ou autres, éventuellement chantés. A la télévision, ce « matraquage » conjugue les effets du texte, de l'image, du son et du mouvement, avec des succès empiriques que les sémioticiens justifient par des formules, vite dépassées.

Remarques :

L'exploitation par les poètes (Mallarmé, Apollinaire) des variations de caractères, de la disposition et de l'orientation des lignes, sera étudiée dans la IVe partie.

24 ORTHOGRAPHE

Si la diversité des écritures est infinie, il n'existe en principe qu'une orthographe, et la seule manière de se distinguer sous ce chef est de s'en écarter plus ou moins, par ignorance, par négligence ou par fantaisie.

Ecrire *plasse* pour *place* est un indice d'ignorance.

Ecrire *les arbre* sans *s* relève de la négligence.

Ecrire *Nouillorque* pour *New York* est une manière de franciser le nom d'une ville étrangère dont on rabaisse le prestige en évoquant le péjoratif *nouille*.

Ecrire *spiqueur* pour *speaker* est une manifestation non violente d'engagement dans les forces libres des sauveteurs du français en détresse.

Quand Raymond Queneau écrit, parodiant Ronsard ou Horace :

> *Si tu t'imagines*
> *xa va xa va xa*
> *va durer toujours*
> *la saison des za*
> *la saison des za*
> *saison des amours...*

il accumule les effets comiques ; en effet :

● A la justification grammaticale et lexicale de l'orthographe française qui fait écrire *que ça* comme *que tu*, et *des amours* comme *un amour*, il substitue la justification phonétique et conjoncturelle pertinente pour la transcription d'une langue inconnue. Le lecteur s'amuse d'identifier les mots défigurés comme de reconnaître ses amis dans un bal masqué.

En introduisant cette écriture phonétique dans les vers, Queneau résout l'incompatibilité entre le mètre (ici pentasyllabique), l'orthographe traditionnelle et la prononciation réelle ; ailleurs, il écrit *représentasillon* pour marquer la diérèse (§ 96) nécessaire au mètre choisi.

C'est justifier le mot d'un de ses personnages : « N'oubliez pas l'art tout de même. Y a pas que la rigolade, y a aussi l'art » (*Zazie dans le métro*, 1959). Il formulait dès 1947 la même profession en d'autres termes :

> *Epui sisaférir, tan mye : jécripa pour anmiélé lmond*
> *(Bâtons, Chiffres et Lettres).*

Mais, en prose, le procédé manquait de nouveauté. Parmi d'innombrables exemples échelonnés depuis l'époque où l'orthographe s'est soumise à des règles, citons seulement ce « dialogue tropical » paru dans un Vermot des années 30 :

> Komensavaty ? — Pâmalétoi. — Oskyfécho. — Sépâkroyabastépoxy.

● L'effet produit par l'interruption du mot *amours (des za/ des za/ des amours)* relève d'un comique exploité aussi en 1930 dans un succès du chanteur Alibert : *Mes yeux sont mou sont mou sont mou sont mouillés d'larmes, Car je suis sous j'suis sous j'suis sous j'suis sous son charme... (Rosalie est partie)*

Dans la chanson *Rosalie*, l'auditeur est fourvoyé par des calembours ; dans la chanson de Queneau, par l'écriture du *z* de liaison (effet graphique : le *z* écrit est insolite en début de mot).

Les écarts d'orthographe sont justifiés chez les écrivains quand ils notent une particularité de prononciation :

> « *Je suis enrhubé du cerveau* » (E. Augier)

> « *Ah ! le Chaint-Nectairre, commpagnon ! cha ch'est du forrmage ! Meilleurr que la fourrme* » (Jean Dutourd)

Remarque :

De même qu'une connotation affective s'attache à certains mots sans possibilité de choix (*handicapé, vieillard*, § 3), il s'attache aux digraphes *ph, th, ch* des mots comme *pharmacie, théorie, chronomètre* une connotation étymologique. L'espagnol en a fait le sacrifice *(farmacia, teoria, cronometro)*. Jarry, dans *Ubu roi*, écrit *phynance* pour rendre le mot plus... imposant.

25 PONCTUATION

Comme l'orthographe, la ponctuation est fixée par des règles strictes, et les choix qu'elle offre au scripteur relèvent surtout de la dénotation.

La frontière entre dénotation et connotation étant incertaine dans le domaine des modalités (§ 19, fin), quelque liberté est laissée au tempérament de l'auteur dans l'emploi des points d'exclamation, que certains sèment généreusement, en les doublant ou en les triplant à l'occasion.

Dans *Plumons l'oiseau* (« divertissement sur l'orthographe »), Hervé Bazin propose d'ajouter à l'arsenal traditionnel six points à signifié modal : le point d'ironie Ψ , le point de doute ⸮ , le point de certitude † , le point d'acclamation ∨ , le point d'amour ♡ , le point d'autorité ↑ . C'est trop peu si l'on veut couvrir la palette des nuances modales. C'est trop si l'on estime que ces points sont redondants au texte (exemple : *Vive Untel* ∨) ou, dans le cas de l'ironie, en détruisent l'effet.

L'excès inverse est la suppression de toute ponctuation, inaugurée en poésie par Mallarmé pour qui seul comptait le rythme du mètre (§ 91), mais étendue à la prose par des auteurs contemporains tels que Robert Pinget :

> *Pourquoi l'observiez-vous lui spécialement*
>
> *Je n'ai pas dit ça*
>
> *Qui étaient ces acteurs liés d'amitié avec vos patrons*
>
> *Douglas Hotcock Michel Donéant Ralf Morgione Sylvie Lacruseille Babette Saint-Foin et aussi le petit Jean Duval quand il était de passage il est presque établi à Hollywood maintenant celui-là je l'ai vu naître pour ainsi dire sa pauvre mère est morte de chagrin on peut dire quand il s'est accointé avec des gens de cinéma elle était sûre qu'il tournerait mal*
>
> (L'Inquisitoire)

A lire ce texte, il apparaît que l'absence de ponctuation ne dénote rien et que la connotation qu'elle peut apporter n'enrichit pas le message. Ce retour à l'usage médiéval connote exclusivement la personnalité de l'auteur, qui se situe au-dessus des mesquineries de l'écriture. Voltaire affichait le même dédain ; au bas d'une lettre à un ami qui était son imprimeur, il écrivit un jour une ligne de virgules en lui demandant de les placer partout où le texte en réclamait : « Ce petit peuple vous appartient. » Du moins ne s'opposait-il pas à ce que ses ouvrages fussent ponctués. Dans le cas de Pinget, une superconnotation est à prendre en compte : le propos de se ranger sous l'étiquette du Nouveau Roman, affranchi de toute règle classique.

La majorité des écrivains d'aujourd'hui, selon une enquête de 1978, attachent au contraire beaucoup d'importance à la ponctuation et veillent à faire respecter par les éditeurs leur usage propre. L'auteur de l'enquête, Annette Lorenceau, observe en effet que « la plus grande partie d'entre eux demandent à la ponctuation de les aider à faire passer dans l'écriture beaucoup plus que la grammaire et la syntaxe : ils parlent de respiration, de rythme, de cadence, de musique, de mélodie, de souffle, de serpentement, de mouvement, de gestes, d'intonation, d'hésitations ». En somme, une prosodie graphique, dont les valeurs connotatives sont celles qu'on a reconnues plus haut à l'intonation, au débit, au rythme (§§ 19-21).

A la ponctuation se rattache l'emploi de la majuscule, non comme marque du début de phrase (où elle n'est guère contestée), mais comme marque propre à certains mots (C.F.C. § 110). Une enquête d'Albert Husson sur l'usage des lettres capitales dans les différentes éditions du Dictionnaire de l'Académie (de 1694 à 1932) a fait ressortir la disparition, à partir de 1935, des adjectifs à majuscule *(demeure Royale, écrits Philosophiques, chaussure Romaine)*, la diminution constante (à part une remontée dans l'édition « de la Révolution ») des noms communs à majuscule (qui, à l'inverse, ont été généralisés en Allemagne).

L'usage des capitales d'imprimerie semble avoir entraîné, depuis le milieu du XXe s., l'indistinction des majuscules et des minuscules dans les indications hors-texte :

Magnard ⟶ MAGNARD ⟶ magnard

Hervé Bazin déplore cette « mode », établie selon lui « au nom de je ne sais quel égalitarisme alphabétique ». La connotation est égalitaire, sans doute, mais non au sens où il l'entend : cet écrêtement donne un meilleur équilibre de la mise en page.

Chapitre 2
Les mots

A. Effets phoniques

26 VOLUME DU MOT

Sans revenir sur les connotations du timbre des phonèmes composant le mot, longuement étudiées au § 17, il faut parler d'une qualité phonique apparaissant au niveau du mot, le **volume.**

Le Français aime les mots **courts.** Dans le vocabulaire courant, les mots les plus nombreux sont ceux de deux syllabes, puis viennent les mots d'une et de trois syllabes.

Les mots **longs** appartiennent aux langues techniques : *paradichloroben-zène, oto-rhino-laryngologie.*

Des mots longs comme *gouvernemental, parlementarisme, néocolonialisme* font merveille dans un discours de réunion publique, mais les écrivains les évitent sauf quand ils peuvent introduire un effet de style par leur longueur même :

> Un navire passait ***majestueusement***. (Vigny)

Ailleurs, c'est la brièveté du mot qui produit un effet :

> ***Meurs** ou **tue** !* (Corneille)

La langue populaire et la langue familière ont tendance à **abréger les mots** (C.F.C. § 26)

● **par la fin** *(apocope)* : *alu*(minium), *stéréo*(phonie), *colon*(el), *combine* (combinaison), *répète* (répétition, répétiteur), *calva*(dos).

On abrège jusqu'à ne laisser qu'une syllabe : *maths* (mathématiques), *prof*(esseur) distinct de *pro*(fessionnel), *surgé* (surveillant général), *Boul'Mich* (boulevard St-Michel), *pub*(licité), *bide* (bidon, « échec »), *fan*(atic), *deb*(utante), *vamp*(ire), *show-biz* (business). Les quatre derniers ont été empruntés sous cette forme à l'anglais.

L'*o* final des mots abrégés peut être étymologique (*diapo* = diapositive) ou résulter d'une suffixation particulière dont le signifié est « apocope familière » : *apéro* (apéritif), *convalo* (convalescence), *mécano* (mécanicien), *prolo* (prolétaire), *facho* (fasciste).

● **par le début** (*aphérèse*, § 16), cas moins fréquent : (ca)*pitaine*, (mas)*troquet*, (Amé)*ricain*, (An)*toine*, (Fontaine)*bleau*, (char)*bougnat*, (ca)*binet*, (sau)*ciflard* (saucisson) ; souvent dans les interjections : (sa)*crénom*, (par la ver)*tu Dieu*, (No)*tre Dame*, (en)*fan*(t) *de pute*.

L'abréviation par le milieu (*syncope*, § 16) affecte très peu le lexique proprement dit. L'inverse (conservation du milieu seulement) est aussi rare : les monosyllabes *strass* (administration), *clic* (en argot, œil poché, de *coquelicot*)en sont des exemples très isolés.

La connotation stylistique manque dans les mots qui sont passés dans l'usage courant sous leur forme raccourcie comme *radio* pour *radiographie* ou *radiophonie, taxi* pour *(voiture à) taximètre, cinéma* pour *cinématographe, photo* pour *photographie*. On parle d'un *pneu pour vélo* sans connotation même familière ; on ferait rire si l'on demandait un *pneumatique pour vélocipède*.

Toute troncation exprime une certaine **connivence** (§ 6, 2°) :

— entre malfaiteurs voulant n'être pas compris du commun des citoyens ; pour eux, la prison est le *ball* (‹ *ballon*, d'après *emballer*), le *bign'* ou le *gnouf* (‹ *bignouf* du mot dialectal *bignon*, « trou »), les menottes sont les *fichets* (‹ *colifichets),* la drogue est la *came (‹came lote*) et les diamants les *diams*.

— entre soldats : *sous-off*(icier), *perm*(ission), (i)*péca*, « médecin », « pharmacien », *arti*(lleur), *coco*(commandant).

— entre élèves d'une école : *insti*(tuteur), (géométrie) *des*(criptive), *rédac*(tion), *dissert*(ation), *sciences ex*(périmentales), *res*(taurant) *co*(mmunautaire), (Ecole) *Sup*(érieure d') *Aéro*(nautique), (Ecole) *Sup*(érieure d')*Elec*(tricité).

— dans le discours familier : *apéro, déca*(féiné), *vécé* (double vé cé), (trom)*binette* ou (bo)*binette, télé*(vision), *proprio* (propriétaire), *frigo* (réfrigérateur).

L'abrègement des prénoms est commun : *Alex*(andre), (Al)*fred, Flo*(rence), *Véro*(nique), *Caro*(line), *Béa*(trice), (A)*mélie* ; il s'accompagne souvent de réduplication comme dans beaucoup de mots du langage enfantin : *Dédé, Jojo, Lili, Lolo, Nini, Riri, Roro* (comparer : *papa, maman, bobo, lolo, nounou*). Dans ces exemples, la connotation est moins de connivence que d'intimité, d'affection (nuance **hypocoristique**, du grec *hupokorisma*, « terme de tendresse »).

La troncation peut n'être motivée que par le besoin de rapidité ; c'est le cas dans les langues techniques : *loco*(motive), *carbu*(rateur), *accus* (accumulateurs), *servo*(moteur/frein), *lino*(type), *sono*(risation) ; en particulier chez les médecins : *cuti*(réaction), *néo*(plasme), *rachi*(anesthésie), *réa*(nimation), *tomo*(graphie). La connotation — pour les profanes — est alors « langue technique », « langue médicale ».

La rapidité peut être obtenue aussi par la **siglaison** (C.F.C. §§ 26, 82). Les connotations de connivence et de langue technique se retrouvent, et de façon souvent rébarbative, car il était plus facile, par exemple, de reconnaître *propédeutique* dans *propé* qu'il ne l'est maintenant de deviner sous *D.E.U.G.* le *Diplôme d'Etudes Universitaires Générales. Supélec* est plus parlant que ne l'est *E.N.S.E.E.H.T. (Ecole Nationale Supérieure d'Electronique et d'Hydraulique de Toulouse).*

Il est des sigles imprononçables (sinon par épellation) comme S.P.Q.R., P.C.F., G.R.P. *(Groupement Révolutionnaire Provisoire).* D'autres sont choisis de façon à respecter le système phonologique de la langue : S.M.I.C. *(Salaire Minimum Interprofessionnel de Croissance),* S.N.E.S. *(Syndicat National de l'Enseignement Secondaire).* D'autres ajoutent à cette motivation euphonique la rencontre (fortuite en apparence) d'un symbole qui rend au procédé du sigle une véritable valeur stylistique : A.D.E.L.F. *(Association des Ecrivains de Langue Française)* connote « fraternité » (grec *adelphos,* « frère ») ; le sigle S.E.L.F. de la *Société des Ecrivains Luxembourgeois de Langue Française* fut naguère celui d'une *Société d'Etudes de Langues Française* (1960-1972) qui ne reniait pas l'allure d'indépendance et de responsabilité connotée par le préfixe anglais homographe (cf. *self-service).* A ce titre, le sigle U.N.I.T.A. *(Union Nationale pour l'Indépendance Totale de l'Angola)* est supérieur à F.N.L.A. *(Front National de Libération de l'Angola)* et à M.P.L.A. *(Mouvement de Libération de l'Angola),* puisqu'il ajoute à la dénotation d'un programme une connotation d'unité. Et le titre du bulletin LINX *(Linguistique Institut Nanterre Paris X),* connotant un regard aigu sur les problèmes de la langue, est meilleur que, par exemple, D.R.L.A.V. *(Documentation et Recherche en Linguistique Allemande contemporaine Vincennes)* — jugement limité bien entendu à la qualité du sigle !

27 RÉPÉTITIONS DE MOTS

La répétition d'un mot à bref intervalle, sauf s'il s'agit d'un actualisateur du nom (C.F.C. § 108) ou d'un auxiliaire du verbe, frappe toujours l'oreille.

Elle peut produire un effet de rythme :

> **Waterloo ! Waterloo ! Waterloo** *! Morne plaine.* (V. Hugo)

> **Marcher** *à jeun,* **marcher** *vaincu,* **marcher** *malade.* (V. Hugo)

Commun en poésie (où il se marie au rythme du vers), ce procédé est plus rare en prose ; il sent l'affectation dans ce texte de Jean Richepin :

> *C'est le mois des lilas, des lilas jolis, des lilas fleuris, des lilas fleurant le miel, des lilas couleur de ciel, couleur du ciel à l'heure où les nuages sont encore azurés par la nuit qui s'en va et sont déjà rosés par l'aube qui vient ; ...c'est le mois des lilas fleuris fleurant le miel.*

La répétition est désagréable quand elle n'a pour cause que l'indigence du vocabulaire :

> *Sur le comptoir **est placée** une balance : les pains sont entassés sur des planches ; des croissants **sont placés** dans un panier.* (Copie d'élève.)

Le rapprochement de deux mots de même radical choque aussi :

> *Son fils se **dirige** dans une **direction** opposée.* (Copie d'élève.)

La répétition est perçue auditivement : c'est le retour du **signifiant**, et non du signifié, qui frappe l'attention. La preuve en est qu'on y remédie par l'emploi d'un synonyme :

> *... des croissants **remplissent** un panier.*

> *Son fils **s'éloigne** dans une direction opposée.*

La Fontaine, pour ne pas répéter le mot *âne* dans la fable X du second livre, recourt aux expressions suivantes : *deux coursiers à longues oreilles, nos gaillards pèlerins, l'autre bête, le Baudet, Camarade épongier* (l'âne chargé d'éponges), *le Grison.*

Mais il y a des cas où la répétition est voulue pour produire un effet d'insistance :

> *Un jour, sur ses **longs** pieds, allait je ne sais où*
> *Le héron au **long** bec emmanché d'un **long** cou.*

> (La Fontaine.)

Dans le texte suivant, Roland Dorgelès répète le nom *ville* et le verbe *regorger* :

> CHOLON : *Ville de cris et de cymbales. **Ville** puante qui **regorge** de piastres. **Ville** insensée qui ne dort jamais. A minuit les boutiques **regorgent** encore de chalands.*

La répétition de *regorger* n'est pas heureuse, l'auteur l'aurait sans doute corrigée s'il s'en était aperçu ; mais la répétition de *ville* est voulue : elle évite la confusion qui résulterait de la coordination des compléments.

Remarque :

En rhétorique, la répétition est appelée

● une **épizeuxe** ou une **palillogie** si le mot est répété sans mot intermédiaire, comme *Waterloo* dans le premier exemple ;

● un **polyptote** si le mot est répété dans des formes ou des fonctions différentes :

> *O **vanité** des **vanités**, et tout n'est que **vanité**.* (Traduit de la Bible)

● une **anaphore** si le mot est répété en tête de phrase ou de membre de phrase, comme *marcher* dans le second exemple du paragraphe ;

● une **épiphore** si le mot est répété en fin de phrase ou de membre de phrase :

> *Et toujours ce parfum de foin coupé qui venait de **Bérénice**, qui résumait **Bérénice**, qui le pénétrait de **Bérénice**.* (Aragon)

● une **symploque** si l'anaphore est combinée à l'épiphore ;

● une **anadiplose** si le mot repris au début d'une phrase ou d'un membre de phrase se trouvait la première fois en fin de phrase ou de membre de phrase :

> *Un beau matin*
> *On vient au* **monde**
> *Le* **monde**
> *N'en sait rien*
> (Maxime Le Forestier, *Ça sert à quoi*)

● une **épanadiplose** si le mot répété se trouve au début et à la fin de la proposition ou de la phrase :

> *L'***homme** *est un loup pour l'***homme**.

> *Les* **chefs** *combattent pour la victoire, les hommes pour le* **chef**.
> (traduit de Tacite)

● une **épanode** si la répétition, portant sur un ou plusieurs mots, est faite plusieurs fois dans des positions variées :

> *La dure mort éternelle*
> *C'est la chanson des damnés ;*
> *Bien nous tient à sa cordelle*
> *La dure mort éternelle ;*
> *Nous l'avons desservi* (= méritée) *telle*
> *Et à Lui* (Satan) *sommes donnés ;*
> *La dure mort éternelle*
> *C'est la chanson des damnés.* (Arnould Gréban)

Le **refrain** des poésies et chansons est une variété d'épanode, appelée aussi **antépiphore**.

Le terme d'**épanalepse** est usité, selon Morier, soit au sens d'*épanadiplose*, soit au sens d'*épanode*.

B. Effets sémantiques

28 ABSTRACTION, PRÉCISION, COULEUR

Supposons qu'une fable mette en scène un héron, un goujon et une abeille.

L'auteur peut désigner un de ces animaux en disant *le héron, le goujon* ou *l'abeille*. Mais, dans le référentiel de cette fable, il peut choisir un niveau d'abstraction plus élevé et dire : *l'oiseau, le poisson* ou *l'insecte*, ces mots désignant les genres dont le héron, le goujon et l'abeille sont des espèces (C.F.C. § 70).

A un niveau encore plus élevé, l'insecte peut être désigné par *l'invertébré*, genre dont il est une espèce. Un niveau supérieur ne permet plus de distinguer aucun des partenaires de l'action, vertébrés et invertébrés étant directement des espèces du genre *animal*.

Un poète n'emploiera pas *vertébré* ou *invertébré*, qui appartient à la nomenclature des naturalistes. Il peut dire *l'oiseau* pour le héron, comme la Fontaine dans la fable, pour varier le vocabulaire, mais il reviendra sans dommage à *héron*, plus imagé pour son lecteur et demandant un moindre effort d'identification.

La paresse mentale ou l'indigence de vocabulaire du locuteur se traduisent souvent dans le discours familier par un recours intensif aux noms abstraits tels que *chose, affaire, machin, bricole, truc, fourbi, bazar, bizness* (vulgaire), *bidule* (argotique), aux verbes *être, se trouver, faire, avoir, dire,* aux pronoms *ceci, cela, quelque chose,* à la locution *et caetera*.

Les écrivains rejettent ces facilités, et préfèrent une énumération précise incomplète à la mention incolore et évasive d'une série ouverte :

> *Il y avait aussi des moutons entiers, des quartiers de bœufs, des cuisseaux, des épaules.* (E. Zola)

Ils évitent la répétition du terme présentatif *il y a,*
— soit en supprimant les verbes :

> *L'hiver, les étalages de gibier le ravissaient : les chevreuils pendus la tête en bas... ; les colliers d'alouettes en guirlande... ; les grands lièvres roux, les perdrix mouchetées...* (E. Zola)

— soit en les variant :

> *Sur la table d'étalage, des poulets plumés **montraient** leur poitrine charnue, tendue par l'arête du bréchet ;... des canards... **étalaient** les palmes de leurs pattes ; trois dindes... **dormaient** sur le dos...* (E. Zola.)

L'auteur d'un récit oral, dans la hâte d'en venir aux faits, dans la crainte de voir faiblir l'attention de ses auditeurs, ou parce que la mémoire des détails lui fait défaut dans le feu de l'élocution, abrège les descriptions, simplifie, résume, généralise, supplée les mots par des gestes et des mimiques. Des conditions exactement contraires autorisent et poussent l'écrivain à peser, à corriger, à compléter son expression comme un peintre retouche, fignole et enrichit sa toile. En voici un exemple de Colette :

> *Sous le gaz verdâtre, ma rue, à cette heure, est un gâchis **crémeux, praliné, marron-moka** et **jaune-caramel,** — un dessert **éboulé, fondu,** où surnage le nougat des moellons.*

La richesse est plus grande, souvent excessive, chez Victor Hugo, et exagérée par jeu chez Rabelais qui parfois dispose les mots coordonnés en plusieurs colonnes et sur plusieurs pages.

29 JEUX D'« ÉQUIVOQUE »

Il est montré au § 27 comment la répétition d'un mot peut tenir une valeur stylistique du rythme créé par sa substance sonore. Tout autre est sa connotation si le mot répété n'a pas le même sens dans ses différents emplois (figure appelée **antanaclase**, du grec *antanaclasis*, réfraction ou répercussion) ; exemple :

> *Le cœur a ses **raisons** que la **raison** ne connaît pas.* (Pascal)

(Dans le premier emploi, *raisons* a pour synonyme *motifs* ; dans le second, *bon sens*.)

Tristan Bernard disait, à propos des pièces de ses concurrents :

> « *Si c'est mauvais, je m'**ennnuie**, et si c'est bon, ça m'**ennuie**.* »

L'équivoque fondée sur la polysémie peut jouer même sans répétition du mot :

> *Les surgelés, ça me laisse froid* (équivoque sur *froid*).

Le terme **calembour** désigne une équivoque sur deux homonymes ; exemples :

> *Les miroirs feraient bien de réfléchir un peu avant de renvoyer les images.* (Jean Cocteau)

(*renvoyer* évoque clairement *réfléchir* dans un autre sens).

L'écrivain Antoine Blondin aime se faire de nouveaux amis autour d'une bouteille ; il appelle cela « *les verres de contact* » (double équivoque).

On appelle **à-peu-près** un calembour fondé sur une similitude imparfaite de sons :

> (Un rat à une rate) : *Venez ce soir, je donne un bal musqué.*
>
> *Quelle différence y a-t-il entre un crocodile et un alligator ?* (Réponse : *C'est caïman la même chose.*)

Ces rapprochements de signifiants, qui recouvrent un rapprochement imprévu ou absurde de signifiés heurtant la logique naturelle inhérente au langage, déclenchent souvent le rire s'ils ne sont pas trop recherchés. Victor Hugo, qui ne s'en privait pas dans les rapports familiers, excluait de l'œuvre littéraire le calembour, « cette fiente de l'esprit qui vole ». Pourtant il ne diffère pas essentiellement de la rime ; il est le principe même de la rime « équivoque » ou « équivoquée » (§ 98) :

> *Ah tombe neige*
> *Tombe et que n'ai-je*
> *Ma fiancée entre les bras* (Apollinaire).

Le rapprochement de deux mots de signifiants presque identiques est courant dans la presse et la littérature (sous le nom de **paronomase**). Ainsi, un journaliste sportif, Patrick Mahé, écrit en juin 1980 à l'occasion du tournoi international de Roland-Garros :

> *Pour Henri Cochet, les dauphins présumés de Bjorn Borg sont des héritiers plus **présomptueux** que **présomptifs**.*

La présentation de l'animatrice dynamique d'une émission télévisée est titrée : *Tout feu tout femme* (article d'Anik Marti, septembre 1980).

Morier cite des paronomases d'Aragon (« passé maître » en la matière) :

> *Au biseau des baisers*
> *Les ans passent trop vite (Elsa je t'aime).*

Verlaine lui-même y recourt dans l'*Art poétique* où il condamne la rhétorique ; il prône le vers impair,

> *Sans rien en lui qui pèse ou qui pose.*

Le calembour a même droit de cité chez lui.

> *Et l'air a l'air d'être un soupir d'automne.*

Apollinaire aussi, selon ses exégètes, y puise volontiers l'inspiration :

> *Ils espèrent gagner de l'argent dans l'Argentine.*
> *(Alcools, Zone)*

de façon quelquefois purement phonique :

> *Nous lui dîmes adieu et puis*
> *De ce puits sortit l'Espérance*
> (ibid., *La Tzigane*)

Comme on prête volontiers aux riches, des commentateurs ingénieux n'hésitent pas à gloser l'adjectif *violente* dans le *Pont Mirabeau* par « vie eau lente » évoquant la Seine.

La plupart des **devinettes** sont un jeu reposant aussi sur l'équivoque, à commencer par l'énigme du Sphinx que résolut Œdipe. Le jeu des définitions équivoques fait l'attrait des mots croisés ; exemples :

> *moitié entière* (6 lettres) *mots croisés* (11 lettres) *sous-marin* (11 lettres) *du vieux avec du neuf* (11 lettres).
> (Réponses : *mégère, altercation, moussaillon, nonagénaire*).

Bien des poètes, et bien des prosateurs, ne répugnent pas à s'exprimer « par énigmes », mais les devinettes qu'ils livrent à la perspicacité ou à l'imagination du lecteur reposent le plus souvent sur des détournements de sens, dont il sera question plus loin (*tropes*, § 31 et sv.).

30. MORCELLEMENT DU SIGNIFIANT

Toute une gamme de jeux sont fondés sur le morcellement phonétique du signifiant :

> *Je ne suis ni clément ni sot.* (Clemenceau)

La **charade** donne à deviner les parties successives d'un mot en définissant des homonymes de chaque partie, puis le tout.

Le **rébus** est une charade en dessins, quelquefois usitée dans les « armes parlantes » (exemple : une *ronce ardente* gravée sur la cheminée des *Ronsard*, au manoir de la Possonnière).

D'autres jeux sont fondés sur des substitutions de lettres, comme cette devinette :

> *Tel quel, je fais la roue. Change une lettre, je pique. Change une lettre, je brûle.* (Réponse : *charron, chardon, charbon*.)

Le **contrepet** (ou **contrepèterie**) consiste à intervertir deux lettres, deux syllabes ou deux mots d'un énoncé en donnant un sens différent. Un collectionneur de « perles » (Jean-Charles) cite ainsi le lapsus d'un avocat réclamant l'indulgence pour un accusé qui ne pouvait marcher, disait-il, *« sans bécane et sans quilles »* (sans béquilles et sans canne). Le plus ancien exemple en est peut-être celui-ci, de saint Bernard (XIIe s.) :

> *O beata solitudo*
> *O sola beatitudo*

Mais bien des écrivains se sont livrés à ce jeu — qui permet souvent de faire deviner en une phrase anodine un énoncé grivois ou un message secret. On en cite des exemples d'Alfred Jarry, de Léon-Paul Fargue, de Jacques Prévert *(Martyr, c'est pourrir un peu)*, de Robert Desnos, Raymond Queneau, Michel Leiris.

Des messages secrets sont également dissimulés dans le texte par des procédés comme l'**acrostiche** (dont un exemple est donné au § 10) et l'**anagramme**, qui change l'ordre des lettres d'un ou plusieurs mots ; le segment transformé peut n'avoir aucun sens :

> *François Rabelais* → *Alcofribas Nasier*

ou donner un sens différent :

> *Boris Vian* → *Bison ravi*
> *Salvador Dali* → *Avida Dollars*

Dans les deux cas, la dénotation est le nom originel *(Rabelais, Vian, Dali)*. Dans le second cas est connotée l'attribution, au personnage désigné, d'une nature (« bison ravi ») ou d'une qualité (« avide à dollars ») dont il appartient au lecteur d'apprécier la pertinence.

L'anagramme peut être un moyen pour l'écrivain d'enfermer dans son œuvre une information que seuls pourront décrypter un petit nombre d'initiés ou de lecteurs perspicaces. Ainsi l'on estime que l'auteur du roman de *Guillaume de Dole* (1228) livre le secret de son nom dans les derniers vers :

> *Et cil se veut reposer ore,*
> *Qui le jor perdi son sornom*
> *Qu'il enTRA EN Religion.*

Les lettres écrites (par nous) en capitales font supposer qu'il s'agit de Jean Renart, qui signe un autre roman *(L'Escoufle)* du même « surnom » retourné selon un procédé assez fréquent au Moyen Age.

Remarque :

Ferdinand de Saussure a échafaudé une théorie des « anagrammes », publiée plus de 50 ans après sa mort, selon laquelle, dans un certain nombre de poèmes latins, certains phonèmes particulièrement fréquents pouvaient, si on les réunissait, former un ou plusieurs des « mots-thèmes » de l'œuvre (noms propres ou noms communs résumant sa signification générale). Cette thèse a eu des partisans, qui l'appliquent à toutes les langues.

Il ne s'agit pas, on le voit, de véritables anagrammes comme dans le cas de Jean Renart, mais de phonèmes en nombre flottant et en ordre quelconque, évoquant les mots qu'on veut y trouver. Celui qui pratique ainsi l'analyse sémiotique ne risque pas d'être déçu puisqu'il sélectionne lui-même dans le texte les signifiants en fonction du signifié escompté. Des exemples de cette pratique ont été donnés dans beaucoup d'articles de critique nouvelle et dans quelques manuels. Pour ne blesser personne, en voici un forgé par nous sur le modèle des autres, à propos d'une courte pièce d'Apollinaire (le poète imagine sans doute qu'Annie Playden, la jeune fille tant aimée, reviendra à lui le jour même de son enterrement) :

> *LA DAME*
> *Toc toc il a fermé sa porte*
> *Les lys du jardin sont flétris*
> *Quel est donc ce mort qu'on emporte*
> *Tu viens de toquer à sa porte*
> *Et trotte trotte*
> *Trotte la petite souris (Alcools).*

Un champion de l'anagramme ne manquerait pas d'observer que le mot MORT est enchâssé dans ce texte comme une pierre dans sa monture : **au milieu du texte** de haut en bas (si l'on compte le titre) comme de gauche à droite. Or le pourcentage des [t] est ici de 15 au lieu de 4,5 (taux moyen, cf. § 18), celui des [r] de 11,2 au lieu de 6,9, celui des [o] de 9,3 au lieu de 1,5 ; certes, on ne relève que trois *m* prononcés, soit 2,8 % au lieu de 3,4, mais le coefficient du premier peut être très augmenté vu qu'il figure dans le titre. Le mot *mort* serait donc l'anagramme de la pièce.

Il est évident que si l'auteur avait voulu écrire le mot *mort* en anagramme, il aurait multiplié les *m* aussi bien que les *o*, les *r* et les *t*. Il est bien moins artificiel d'invoquer pour cette pièce une harmonie suggestive (§ 18) où les phonèmes « récurrents » sont ceux de l'onomatopée *toc*, dont la connotation est celle d'une danse macabre, avec le rictus final de l'évocation verlainienne *(Dame souris trotte).*

La recherche des anagrammes, qualifiée de « piège à rats » par le sémioticien Michel Arrivé, a eu une mode moins durable que celle du jeu de *scrabble* dont elle est une variante pour superlettrés.

31 ALTÉRATIONS DU SIGNIFIÉ (« TROPES »)

La rhétorique classique faisait un sort à part, en raison de leur grande exploitation en littérature, aux figures appelées **tropes** (du grec *tropos*, « tour, torsion »). On fait un trope quand on emploie un mot **en le détournant de son sens conventionnel** (enregistré au lexique). Trois sortes de tropes sont à considérer : la **synecdoque**, la **métonymie**, la **métaphore**.

Remarques :

a) On ne tiendra pas pour tropes les **malapropismes**, confusions de mots dues à l'ignorance, qui ne sont que des ratés du discours, comme en présente ce dialogue (légendaire, mais non impossible) :

> — *Ce tableau est très pythagore.*
> — *Tu veux dire pittoresque ?*
> — *Bah, ne chicane pas ! Pythagore et pittoresque, c'est synagogue.*

b) La rhétorique classique représentée par Fontanier (§ 7) distingue, du *trope* proprement dit à visée expressive, la **catachrèse** (du grec *catachrêsis*, abus) qui n'est qu'une impropriété involontaire acceptable. On distinguera encore deux cas de catachrèse :

1° **Emploi d'un mot à la place du mot propre ignoré du locuteur.**

C'est généralement le cas des « mots d'enfant » ; exemples :
(Entendant pour la première fois ronronner un chat) : — *Ecoute le chat qui bout !* (rapporté par Lucie Delarue-Mardrus).
(Voyant Maman tailler des crayons) : — *Pourquoi tu les épluches ?*
(Pour ne pas mettre son maillot rouge) : — *Y a trop de soleil, j'ai peur qu'il se fane.* (Jacques C., 7 ans.)
(Blessée au talon) : — *J'ai mal au croûton du pied.* (Corinne B., 3 ans.)

Une stylistique de la réception (§ 4) ne devrait pas établir de différence entre ces amusantes assimilations et les trouvailles des prosateurs ou poètes qui ne font souvent que s'abandonner à un flux créateur naturel plus ou moins contrôlé. Le caractère spontané ou recherché du trope est une question souvent insoluble, de pertinence contestable.

2° Emploi d'un mot là où le mot propre n'existe pas.

Il est montré dans le *Code du français courant*, § 77, que certains emplois apparemment impropres sont originellement des **extensions d'emploi** pour dénoter un signifié nouveau. Dès le latin, les « dents » *(dentes)* d'une scie étaient désignées du même nom que les dents des êtres animés. Catachrèses, et non figures, sont les *dents* de la scie, la *tête* du clou, le *pied* de la table, la *feuille* de papier. La création par Ader du mot *avion* sur *avis* (oiseau) n'était pas une figure quand il n'existait encore aucune dénomination pour cette invention récente (1890).

Fontanier estime qu'il y a catachrèse si le mot en question n'a pour équivalent qu'une périphrase, et non un mot simple ; ainsi, dire *Mon père est violon à l'orchestre de Sa Majesté* n'était pas une figure entre la date d'apparition du mot *violon* (1500) et celle de *violoniste* (1828). Il y aurait « catachrèse de synecdoque » si l'on dit *Les beaux bronzes que voilà !* parce que *statues de bronze* est une périphrase ; « catachrèse de métonymie » si l'on dit *Les masques ont fait la quête*, parce que *les gens portant un masque* est une périphrase, etc.

C'est s'embarrasser de trop de considérations, et ne pas voir que l'emploi d'un mot par synecdoque, métonymie ou métaphore exploite uniquement les ressources sémantiques de ce mot, en dénotation comme en connotation, qu'il existe ou non un « mot propre » à remplacer. Le seul problème reste de savoir s'il existe ou non une connotation ; *violon* pour « joueur de violon » n'en avait pas ; *avion,* quasi latin, non plus (sinon technique).

32 LA SYNECDOQUE

Soit les signifiants *lame* (Sa1) et *épée* (Sa2). Selon le code lexical, le signifié Sé1 de *lame* est **inclus** dans le signifié Sé2 d'*épée* (fig. A) puisque l'épée se compose d'une lame et d'une poignée. En appelant *p* le signifié « poignée », on peut écrire :

$$S\acute{e}2 = S\acute{e}1 + p$$

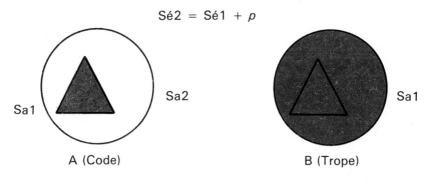

A (Code)   B (Trope)

(En couleur le signifié de *lame*)

Or, si l'on dit :

> *Rodrigue avec sa lame a puni Don Gormas*

on altère le sens de *lame* par **synecdoque** (du grec *sunekdochê*, inclusion), on l'enrichit en compréhension (C.F.C. § 70), car il égale Sé2 en incluant *p*. *Lame* a pris le sens d'« épée » (fig. B).

Le rapport d'inclusion qui est à la base de la synecdoque revêt plusieurs aspects :

● Sé1 est la **partie** d'un tout Sé2 : *lame* pour « épée », *toit* ou *murs* pour « maison », *voile* pour « bateau », *mauvaise langue* pour « médisant ».

● Sé1 est une **qualité** d'une personne ou d'une chose Sé2 : *un humain* ou *un mortel* pour « un homme », *du liquide* pour « de l'argent liquide (non immobilisé) » ; *un rond* pour « un sou ».

● Sé1 est la **matière** d'un objet Sé2 : *J'ai de beaux ivoires, de beaux bronzes. Mets ton lapin.*

La synecdoque n'est pas un procédé d'expression savant, apanage des locuteurs ou scripteurs cultivés. C'est dans le peuple qu'est né l'emploi substantivé de l'adjectif *bleu* pour désigner un vêtement de travail ; c'est en argot qu'on appelle la clé *la tournante,* le train *le brutal.*

L'effet stylistique de la synecdoque pourrait être qualifié d'« impression-niste ». Si l'on aperçoit de loin un bateau à voile, c'est surtout la voile qu'on distingue. C'est à la couleur qu'on reconnaît d'abord le vêtement de travail. On ne dirait pas que Rodrigue a tué le Comte avec sa *poignée,* qui est pourtant l'autre partie du tout que constitue l'épée : le nom *lame* dénote « épée » et connote « pointe meurtrière » ; la connotation serait incongrue si l'on parlait de l'épée offerte à un récipiendaire au cours d'une réception à l'Académie : dans l'épée d'académicien, c'est la poignée qui compte (pour les symboles qui la décorent), et très peu la lame. La connotation d'une synecdoque tient à la mémoire que l'on garde du sens restreint du mot employé.

Remarques :

a) L'emploi du singulier au sens général (ex. : **Le chien** *est carnivore,* C.F.C. § 113) n'est pas un trope ; c'est une latitude d'extension, inscrite dans le code grammati-cal, qui ne modifie en rien la compréhension, c'est-à-dire le signifié essentiel symbo-lisé plus haut par Sé1.

b) Beaucoup de rhétoriciens ont défini la synecdoque comme la désignation **du plus par le moins ou du moins par le plus.** Le premier cas est vérifié par les exemples don-nés plus haut. Le second a été contesté. Il consisterait à employer, par exemple, *épée* pour « lame » ou *bateau* pour « voile ». On dit très bien *D'Artagnan a cassé son épée,* alors qu'il n'a cassé que la lame, mais casser un objet c'est le plus souvent n'en casser qu'une partie ; de même, on dit qu'on *répare une voiture* si l'on en répare le carburateur, voire une pièce du carburateur. Il y aurait « trope » si l'on disait, par exemple, **J'ai plié le bateau* pour *J'ai plié la voile,* ou **Les animaux sont hommes* pour *Les animaux sont mortels* ; or on ne parle pas ainsi.

Pourtant une « figure » paraît vérifier l'existence d'une synecdoque du moins par le plus, c'est l'emploi d'un nom propre comme nom commun : *un harpagon, des col-berts* (C.F.C. § 109) ; l'avarice n'est qu'une des propriétés du personnage d'Harpa-gon, qui en présente d'autres dans la pièce. **Apparemment,** en passant de nom pro-pre à nom commun, un signifiant passe de la compréhension la plus riche à la plus abstraite. Mais c'est oublier que le nom propre se définit en extension et non en compréhension (C.F.C. § 109) : Harpagon est « le père de Cléante et d'Elise, bour-geois de Paris, personnage de l'*Avare*, pièce jouée en 1668 ». Les propriétés qu'on lui découvre sont celles du référent que Molière peint par ses actes et ses paroles. C'est pourquoi certains théoriciens refusent d'appeler synecdoque l'emploi du nom propre comme nom commun, figure à laquelle la rhétorique traditionnelle réserve le nom d'**antonomase.**

Soit les signifiants *bouteille* (Sa1) et *vin* (Sa2). Dans le code lexical, le signifié Sé1 de *bouteille* est **disjoint** du signifié Sé2 de *vin*, c'est-à-dire qu'ils n'ont aucun élément commun ; mais il existe une relation d'association entre ces signifiés disjoints, c'est le fait que le vin est ordinairement contenu dans la bouteille (fig. C).

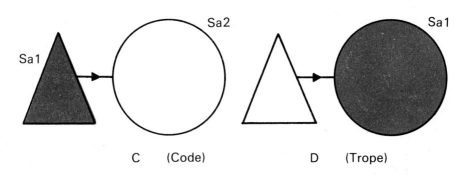

C (Code)   D (Trope)

(En couleur le signifié de *bouteille*)

On fait une synecdoque si l'on dit :

J'ai acheté une bonne bouteille.

En effet, le signifié Sé1 de *bouteille* inclut ici le signifié Sé2 du mot *vin*.

Mais on fait une **métonymie** (du grec *métônumia*, « échange de nom ») si l'on dit :

Nous avons bu une bonne bouteille.

Le nom *bouteille* perd son signifié Sé1 pour prendre le signifié Sé2 de *vin* (fig. D).

Le rapport de contiguïté qui est à la base de la métonymie revêt plusieurs aspects :

● Sé1 est le **contenant** de Sé2 : *J'ai bu une **bouteille**, Les **bureaux** ont voté la grève.*

● Sé1 est le **contenu** de Sé2 : *Cette pièce est mon **bureau**.*

● Sé1 est la **cause** de Sé2 : *Montrez-moi votre **travail**.*

● Sé1 est la **conséquence** de Sé2 :
*L'honnête verre où rit un peu d'**oubli** divin.* (Verlaine)

● Sé1 est le **lieu d'origine** ou le **fabricant** de Sé2 : *du cognac, un camembert, un colt, une citroën.*

● Sé1 est l'**instrument** dont se sert Sé2 : *une fine lame* (un bon escrimeur), *une grande plume* (un grand écrivain).

La métonymie est une altération spontanée du code lexical dont les exemples abondent dans la langue familière :

— soit par économie de mots (ellipse) :

Le gaz (le releveur des compteurs à gaz) *est venu en ton absence.*

— soit pour la saveur imagée de l'expression détournée (§ 35) :

Pendant trois jours, il s'est serré la ceinture (il s'est passé de quelque chose).
Ne moisissons pas ici (N'y restons pas longtemps).

Les écrivains y trouvent les mêmes avantages. Dans cette phrase de Bossuet, le mot *pourpre* désigne le pouvoir impérial de façon concrète :

L'armée força Théodose III à prendre la pourpre.

Dans ce vers où il évoque le plumage blanc des oiseaux sédentaires, Mallarmé — roi de l'énigme — désigne ceux-ci par l'énoncé de ce qu'ils n'ont pas fait :

*Le transparent glacier des **vols qui n'ont pas fui.***

L'« écriture artiste » du XIXᵉ s. use et abuse de l'**abstraction**, métonymie de la substance par la qualité ; les Goncourt parlent d'un chemin d'où roulaient *des descentes folles de petites filles* ; Alphonse Daudet peint *un défilé d'humbles dévouements, de fidélités à toute épreuve.*

34 LA MÉTAPHORE

Dans le cas de la synecdoque, il y avait au départ un rapport d'inclusion de Sé1 dans Sé2. Dans la métonymie, un rapport d'exclusion réciproque.

Dans le cas de la **métaphore**, il y a au départ **intersection** de deux signifiés (fig. E).

Soit les signifiants *dominos* (Sa1) et *dents* (Sa2). Leurs signifiés respectifs Sé1 et Sé2 ont en commun plusieurs « sèmes » (C.F.C. § 69) : les dominos, comme les incisives sont blancs, plats, à bord rectiligne. Mais les dominos ont une face noire et des points marquant des nombres, et ils sont tous de forme identique et de grande dimension.

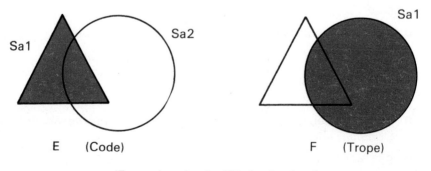

E   (Code)   F   (Trope)

(En couleur le signifié de *dominos*)

Dans la phrase suivante, Barbusse emploie *dominos* par **métaphore** (du grec *métaphora*, transfert) :

> *Attention, vous autres ! N'mâchez pas trop vite : vous vous casseriez les dominos. (Le Feu)*

Le signifiant Sa1 a pris le signifié Sé2 de Sa2 (fig. F) : *dominos* dénote les dents. Mais il tend à connoter simultanément les traits propres aux dominos, c'est-à-dire une dimension et une forme rectangulaire que les dents n'atteignent jamais ; l'effet est caricatural.

Cette connotation ne durera qu'autant que la dénotation nouvelle sera reçue comme un trope, c'est-à-dire une entorse au code. A force d'être répétées, les métaphores s'usent : le sens métaphorique devient banal, il entre au code lexical. Ainsi, le mot *flamme*, désignant la passion amoureuse, est une métaphore **usée**, enregistrée au dictionnaire. Déjà Racine pouvait écrire sans craindre l'incohérence :

> *Et dérober au ciel une **flamme** si **noire**.*

L'effet de la métaphore s'étend souvent jusqu'aux mots liés dans la chaîne propositionnelle au mot qui en est affecté. Dans cette phrase de Julien Green :

> *La place était vide, couverte de grandes mares dans lesquelles la lune voyageait lentement.*

Le verbe *voyageait* évoque par métaphore un déplacement lent, mais la comparaison implicite s'étend jusqu'au sujet du verbe, et la lune s'en trouve assimilée à un navire.

A un malade qui lui demandait : « *Docteur, quand allez-vous me charcuter ?* » un chirurgien répondit : « *La métaphore n'est pas à votre avantage* » ; le client l'étendait au sujet du verbe, le praticien au complément d'objet.

Cet instinct de la cohérence lexicale (appelée **isotopie** par beaucoup de linguistes) fait apprécier les métaphores **filées**, c'est-à-dire prolongées sur plusieurs mots comme dans ce vers d'Apollinaire :

> *Des troupeaux d'autobus mugissants près de moi roulent*

(*troupeaux* évoque un ordre serré comme celui des bœufs et *mugissants* compare les klaxons aux cris des bœufs).

La cohérence des métaphores conduit à l'**allégorie** :

> *La nuit tombe, vous frôle en passant de son aile noire tout humide. (Alphonse Daudet)*

Certains écrivains — non sans maniérisme — se laissent entraîner à des prolongements de métaphore qu'aucune ressemblance sur le plan du réel ne justifie (métaphores « **décrochées** ») :

> *Au bout des avenues le château s'ouvrait avec ses doubles ailes comme un éventail, **claquait, se fermait**.*
>
> (Jean Giraudoux)

Ces audaces de style — délibérément littéraires — n'ont rien à voir avec les incohérences involontaires dont le locuteur n'a même pas conscience parce qu'il aligne des métaphores usées réduites à leur dénotation, comme M. Prudhomme, créature d'Henri Monnier, proclamant que *Le char de l'Etat navigue sur un volcan.*

De telles inadvertances abondent dans la presse, qui parle de records *glanés dans les piscines*, ou d'une nouvelle *jugulée dans l'œuf.* Les écrivains n'y échappent pas :

> *Prends ta foudre, Louis, et va comme un lion.* (Malherbe)

> *La rivière fut comme un sentier sur lequel nous volions.* (Balzac)

On distingue la métaphore de la **comparaison** par le fait que celle-ci **ne change pas le sens des mots.** Mais la différence ne devient parfaitement claire que si l'on distingue trois « types d'image » comme le fait Mme Kerbrat dans son livre sur *la Connotation*, auquel est emprunté l'exemple suivant :

1° COMPARAISON :

> *La terre ressemble à une orange.*
> *La terre est pareille à une orange.*
> *La terre est comme une orange.*

Le sens des mots *terre* et *orange* dans le code lexical n'est pas altéré. Des points communs (rondeur, surface irrégulière) entraînent un jugement de ressemblance exprimé par un verbe *(ressemblent)*, un adjectif *(pareille)* ou une conjonction *(comme)*, tous mots de relation entre objets disjoints.

La comparaison est souvent donnée comme une « figure » rhétorique. Il ne peut s'agir que d'une « figure de pensée » (§ 72), étrangère aux accidents du code linguistique.

2° MÉTAPHORE IN PRAESENTIA :

> *La terre est une orange.*

Le sens du nom *orange* est bien altéré ici, puisque le verbe *être* exprime l'identité de son signifié avec celui du nom *terre* ; il y a « trope » (métaphore).

Mais la métaphore est énoncée **en présence du signifiant** avec lequel on l'identifie ; les deux termes comparés sont exprimés.

On parlera aussi de métaphore in praesentia si l'un des deux termes est donné **en apposition** à l'autre (C.F.C. § 234) :

— soit que l'apposition exprime le comparant :

> *Or, tandis que les eaux fuyaient, **mouvants miroirs...*** (Hugo)

— soit que l'apposition (directe ou indirecte) exprime le comparé :

> *Et nous tenons ce sceptre en nos pattes, **l'effroi.*** (Hugo)

> *Sous l'auvent de **sa coiffe blanche.*** (Courteline)

Victor Hugo use parfois d'un tour particulier, l'apposition directe et liée : ayant comparé l'écume des vagues à la toison des moutons, il voit dans le promontoire le berger de ce troupeau et l'appelle le *pâtre promontoire* (*Contemplations*, XXIII, 40).

Dans le second vers d'*Alcools*, Apollinaire donne à la métaphore in praesentia la forme d'une double apostrophe, la seconde, introduite par *ô*, donnant la clé de la première :

> **Bergère** *ô tour Eiffel le troupeau des ponts bêle ce matin*

Jules Renard le fait en prose :

> *Et toi,* **jambe d'éléphant culottée de coquilles Saint-Jacques, porte-rasoirs, manche à gigot, tuyau de cheminée modèle, plumeau,** *palmier, salut.*

3° MÉTAPHORE IN ABSENTIA :

> *Nous vivons sur une orange.*

Ce type de métaphore, dont la clé est à trouver par le destinataire, est courant dans la langue **populaire** ou **argotique** où les jambes sont des *pattes*, les pieds des *boulets*, la bouche le *bec*, le nez le *fer à souder*, les yeux des *quinquets*, les oreilles des *étiquettes*, le crâne un *caillou* ou un *citron* ; la plupart des injures sont métaphoriques : *âne, cochon, singe, cloporte, manche à balai, toupie...*

Mais il est particulièrement recherché des **poètes** en raison de la forte connotation qu'apporte le signifiant substitué à un mot banal. Ils le mêlent souvent à des comparaisons :

> *Un plat soleil d'été* **tartinait** *ses rayons*
> *Sur la plaine séchée* **ainsi qu'une rôtie**. (Verlaine)

Certains préfèrent les devinettes :

> *Ce toit tranquille, où marchent des colombes,*
> *Entre les pins palpite, entre les tombes.*
>
> (Paul Valéry, *Le cimetière marin*)

(Le lecteur ingénieux rattache les signifiés de *toit* et de *colombes* à des référents de la situation réelle : la mer, les voiles.)

D'autres, au nom du « surréalisme », enchaînent des images que leur incohérence seule permet de rattacher à la métaphore, car la clé en est inexistante (ou irréelle) :

> *Sur un pont la rosée à tête de chatte se berçait.* (André Breton)

(La dénotation manque ; la connotation est l'image agréable d'une chatte qui se berce. Le lecteur qui ne résout pas l'énigme n'est heureusement pas condamné à l'issue fatale des victimes du Sphinx.)

Le raffinement du surréalisme est suprême quand l'énigme prend la forme explicite d'une comparaison : *La terre est bleue comme une orange* (Eluard). L'exemple fut donné par Lautréamont.

Remarque :

Il ne faut pas confondre la métaphore avec l'appauvrissement de sens présenté au § 77 du C.F.C. Les schémas ci-dessous montrent la différence :

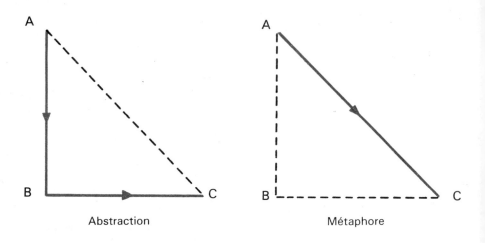

Abstraction   Métaphore

La figure de gauche illustre l'appauvrissement du sens d'un mot comme *arriver*. Au départ, en A, le mot a le signifié Sé1, « aborder ». Un marin, entendant dire *Nous arrivons* chaque fois qu'on atteint la rive, peut interpréter le mot avec un sens Sé2 plus abstrait, « atteindre un lieu (quelconque) » en raison de la latitude d'abstraction liée à l'**ambiguïté des référents**. En B se place donc le sens « atteindre un lieu (qui se trouve être la rive) », et en C un emploi analogue de Sé2 devant un autre référent, comme une ville, une maison. Il n'y a pas eu métaphore, ni connotation.

La figure de droite illustre au contraire un cas de métaphore. L'écrivain Hamilton dit qu'une jeune fille « **débarqua** de la campagne droit à la cour ». Le passage du sens Sé1 à l'emploi C se fait spontanément sans intermédiaire, et il en résulte une connotation ; le verbe *débarquer* apporte dans cet emploi des nuances que n'exprimerait pas *arriver* : la jeune fille arrive de la campagne à la cour **comme un étranger débarque** dans un pays dont les usages lui sont inconnus et où son inadaptation provoquera un étonnement égal à celui qu'il éprouvera lui-même.

35 EXPRESSION DÉTOURNÉE : EUPHÉMISME, PÉRIPHRASE, RÉDUCTION

Il y a des mots qu'on évite pour leur brutalité, leur grossièreté ou leur banalité.

L'**euphémisme** consiste à employer, au lieu d'un mot malsonnant, un mot de sens plus voilé : une opération chirurgicale s'appellera une *intervention*, un pou un *habitant*. Au Moyen Age, le Diable était appelé *l'Ennemi* ou *le Malin*, façons d'éviter son nom propre ; au XVIIe s., on jurait par *morbleu, palsambleu* pour ne pas dire *Mort (de) Dieu, par le sang (de) Dieu* ; un *p* euphémique remplace *c* dans *sapré, sapristi*.

La **périphrase** consiste à remplacer un mot précis par un mot plus général accompagné de compléments qui précisent son sens ; ainsi, on a appelé l'oie :

> *l'aquatique animal sauveur du Capitole*

Delille a dit, pour désigner en vers le porc :

> *l'animal qui s'engraisse de glands.*

Ces circonlocutions étaient d'usage courant dans la langue poétique quand les mots trop réalistes (tels que *oie, canard, porc, chardon, légume, marmite, bouteille,* etc.) n'y étaient pas admis. Aujourd'hui, ces scrupules ont disparu ; mais la périphrase reste soit pour éviter une répétition (cf. § 27), soit pour rappeler des caractères que le mot simple peut laisser oublier. « Il y a des endroits où il faut appeler *Paris Paris*, et d'autres où il la faut appeler *capitale du royaume.* » (Pascal.)

Chez certains virtuoses du verbe, la périphrase combinée à la métaphore produit d'ingénieuses devinettes ; en voici quelques-unes empruntées à Saint-Pol-Roux :

> le coq : *un vivant petit clocher de plumes ;*
> son chant : *un coquelicot sonore ;*
> le papillon : *lendemain de chenille en tenue de bal ;*
> jouer du piano : *apprivoiser la mâchoire cariée de bémols d'une tarasque moderne.*

A l'opposé de la périphrase, les divers procédés de **réduction** (C.F.C. § 26) produisent des devinettes :

Quand un homme du peuple propose : « *On s'**en** jette **un derrière la cravate** ? »,* il use de deux procédés expressifs :

— l'expression détournée *derrière la cravate* (= dans le gosier) ;
— la demi-ellipse qui consiste à désigner seulement par un pronom *(en, un)* l'objet qui doit venir tout naturellement à la pensée (un « demi » de bière, un verre de vin).

Ce dernier procédé se retrouve dans des formules familières ou argotiques comme : *Il m'**en** veut (du mal). Tu **la** perds (la tête). On **les** met (les bouts) ?*

L'abrègement des mots : *bus, gym, mécano* (§ 26) est un autre cas de demi-ellipse expressive.

A la limite, l'écriture note l'initiale, suivie de points de suspension :

> *N... de D...   La P... respectueuse* (Sartre).

Remarque :

On appelle **métalepse** un euphémisme consistant à dire (avec métonymie) :

Je vous remercie	pour	*Je vous congédie,*
Il nous a tiré sa révérence	pour	*Il nous a laissé tomber,*
Je m'en souviendrai	pour	*Je me vengerai.*

36 EFFETS D'INTENSITÉ ; HYPERBOLE, RÉPÉTITION, GRADATION, ANTIPHRASE, LITOTE, ELLIPSE

L'**hyperbole** n'est pas autre chose qu'une exagération dans les termes qu'on emploie. Elle est d'usage constant dans la conversation : une chose surprenante est *inouïe, incroyable, invraisemblable* ; une robe laide est *horrible, atroce, abominable* ; un travail est *accablant, épuisant, éreintant,* on se « *décarcasse* », on « *en bave* » (argot). Cette enflure de l'expression appelle une surenchère continuelle et aboutit à déprécier le sens des mots.

En littérature, l'hyperbole est plus rare ; banale, elle conduirait au style « ampoulé ». Pour exprimer la force du chêne, dira-t-on que sa cime est *extraordinairement élevée*, ses racines *d'une profondeur inouïe ?* La Fontaine (s'inspirant de Virgile) a dit mieux :

> *Celui de qui la tête au ciel était voisine*
> *Et dont les pieds touchaient à l'empire des morts.*

Les mots *tête* et *pieds* sont employés ici métaphoriquement : ils évoquent un géant ; et la grandiose périphrase *l'empire des morts*, aux sonorités évocatrices ajoute encore à l'impression de majesté.

La **répétition** est un moyen de renforcement connu de toutes les langues (cf. § 27) :

> *J'ai faim, faim, faim !*

> *Les femmes mentent mentent.* (Apollinaire)

Fontanier appelle **métabole** la répétition d'idée par synonymie, procédé intensif fréquent dans le discours familier :

> *J'en suis sûr et certain.*
> *Il m'en a dit des vertes et des pas mûres.*

mais non exclu en littérature :

> *O rage ! ô désespoir ! (Le Cid)*

On appelle **gradation** la coordination de plusieurs mots de force croissante, dont le dernier est souvent hyperbolique :

> *Je me meurs, je suis mort, je suis enterré.* (Molière, *l'Avare*.)
> *Un souffle, une ombre, un rien, tout lui donnait la fièvre.*
> (La Fontaine.)

La **litote** est le contraire de l'hyperbole ; elle dit peu pour suggérer beaucoup : *Médor a bu **la tasse*** (il a failli se noyer). *Vous arrivez **légèrement** en retard* (la séance est terminée). La litote est souvent négative : *Ce **n'est pas** drôle* (c'est très ennuyeux), *Ce **n'est pas** demain la veille.*

La litote est une variété de l'**antiphrase**, procédé ironique consistant à dire le contraire de ce qu'on veut suggérer : *C'est du joli ! Je vais lui faire sa fête.*

L'**ellipse** peut exprimer l'intensité lorsqu'elle laisse entendre qu'aucun mot n'est assez fort pour convenir à l'expression : *Il fait une chaleur... ! Cet homme est d'une politesse... !*

La **double négation** peut atténuer la pensée : *Il **n'**est **pas in**intelligent. Cela **n'**a **pas** été **sans** peine.*

37 EFFETS DE COMBINAISON

Tous les effets sémantiques énumérés jusqu'ici (§§ 28-36) reposent plus ou moins sur la pertinence du signifiant par rapport à son référent. On parlera maintenant d'effets fondés sur la **combinaison** de certains signifiants entre eux dans la chaîne orale.

Le **pléonasme** est l'emploi comme complément d'un mot ou groupe de mots n'apportant aucun élément de sens qui ne soit dans son support :

> *Montez en haut*   *Dépêchez-vous vite.*
> *plus supérieur*   *un chien de race canine*
> *Pégase s'effarouche et recule en arrière.* (Boileau)

Boire du liquide est pléonastique, mais non *boire du vin*, parce que le nom *vin* apporte une détermination non contenue dans *boire*.

Le pléonasme n'est admissible que s'il ajoute de la force à l'expression comme dans l'apostrophe populaire *Vilain pas beau* !

Le terme de **redondance**, qui désigne aujourd'hui, dans le cadre de la théorie de l'information, toute itération d'un élément de sens (par exemple la 1re personne du pluriel exprimée deux fois dans *nous courons*, le féminin exprimé trois fois dans *une belle ville*), a longtemps désigné en rhétorique un défaut de style indépendant de la grammaire, consistant dans un excès de caractérisations équivalentes :

> *Je m'arrêtai devant un lac **calme** et **paisible**.*

C'est une inadvertance, à moins qu'elle ne vise à renforcer l'expression (métabole, § 36).

Le terme de **tautologie** (du grec *tautologia*, « action de dire la même chose ») est donné pour synonyme de *pléonasme* ou de *redondance* ; on l'emploiera de préférence s'il y a double propos :

> *Tout est dans tout et réciproquement.*
> *C'est mon avis et je le partage.*

L'**alliance de mots** est, à l'inverse du pléonasme, l'enchaînement grammatical de deux mots de sens apparemment incompatibles :

> *Elle **se hâte** avec **lenteur**.* (La Fontaine)
> *Sa **belle** figure **laide sourit tristement**.* (Alphonse Daudet)

L'**antithèse** est plutôt l'inverse de la redondance ; elle renforce les mots non plus par la synonymie, mais par l'antonymie :

> *O merveille ! ô néant !* (V. Hugo)
> *Ton bras est invaincu, mais non pas invincible.* (Corneille)
> *Il n'y a de bon dans l'homme que ses jeunes sentiments et ses vieilles pensées.* (Joubert)

On appelle **attelage** (Ch. Bruneau) la construction d'un mot avec deux compléments qui impliquent un sens différent :

> *Vêtu de probité candide et de lin blanc.* (Hugo)
> *Plus tard il devint empereur*
> *Alors il prit du ventre et beaucoup de pays.* (J. Prévert)
> *Histoire de France et de s'amuser* (Robert Beauvais).

On appelle **parhyponoïan** (du grec *par'huponoïan*, à côté de ce qu'on attendait) l'effet lexical d'attente trompée :

> *Ses yeux pétillaient de bêtise.* (Proust)

L'**hypallage** (du grec *hupallagê*, « substitution ») consiste à rapporter un complément à un support grammatical qui n'est pas son support sémantique :

> *Les moissonneurs posant leurs faucilles **lassées**.*
>
> (Desfontaines)

A l'hypallage peut être rattaché l'emploi de l'**épithète morale** destinée moins à qualifier le nom auquel elle se rattache qu'à exprimer un sentiment émanant d'une autre partie ou de l'ensemble de la phrase :

> *Trahissant la vertu sur un papier **coupable**.* (Boileau)

L'**hendiadyn** (du grec *hen dia duoin*, « un par deux ») remplace un complément par un mot coordonné :

> *Respirons l'**air** et la **fraîcheur*** (= l'air frais).

Remarque :

En rhétorique classique, l'alliance de mots est appelée **oxymore** ou **oxymoron** (du grec *oxus*, pointu, et *môros*, émoussé), ou encore **antilogie**.

C. Effets par substitution de code

38 LES « NIVEAUX » DE VOCABULAIRE

Il est montré aux paragraphes 3 et 6 (2°) que le choix d'un code ou d'un autre dépend de la condition sociale du locuteur et dans une large mesure de celle du destinataire, ainsi que de la situation.

Il faut employer avec beaucoup de précautions le terme de « niveau social » dans l'application qu'on en fait à la langue, et lutter contre une tendance passionnelle à faire de la langue l'arène d'une lutte des classes. Dans une même classe sociale, on s'exprime dans plusieurs registres selon les circonstances, selon l'âge du destinataire et les relations de parenté, de familiarité qui vous lient à lui.

Le sens de ces nuances s'acquiert très tôt. Voici quelques jugements de style exprimés par une fillette qui ne connaissait que le milieu familial :

> (A 2 ans, 8 mois) : « On peut dire ça, *chouette* ? »... « On peut dire ça, *la paix* ? »... « On peut dire *Je me balade* ? »
> (A 3 ans, 1 mois) : « C'est pas bon le yaourt... C'est bon pourtant. J'ai dit *pourtant*. C'est joli *pourtant*. »

(A 3 ans, 5 mois) : « Je peux pas dire *cochonne*, moi ? Je peux pas dire *andouille* ? Mais je peux dire *chaise, bureau, radio, télévision, mur, ardoise, meuble, cendrier* comme ton cendrier, *lumière, petite lumière, fenêtre, rideau*... Je peux dire *bouton, robe*... c'est tout ce que je peux dire. »

Un enfant de 6 ans a parfaitement conscience des registres de langue — dans le champ de sa langue maternelle bien entendu. Quant aux étrangers, il ne s'impose que de leur enseigner le vocabulaire du français courant. Les dictionnaires, qui se doivent d'être le plus complets possible, ne peuvent omettre d'enregistrer *se balader* sous prétexte que *se promener* suffit à exprimer la même idée à tous les niveaux. Les mots ou les emplois qui s'écartent du code courant y sont marqués de signes dont la liste varie ; le *Grand Larousse de la langue française*, par exemple distingue : *(vx.) (class.) (littér.) (poét.) (fam.) (pop.) (triv.).* Chacune des listes usitées est l'objet de critiques de la part de théoriciens qui ont écrit d'autres dictionnaires, ou — surtout — qui n'en ont pas écrit.

Toute liste des niveaux est incomplète, puisqu'il n'y a pas plus de paliers dans l'échelle sociale des styles qu'il n'y en a dans les températures s'éche-lonnant entre zéro et cent degrés. De plus, les facteurs se mêlent : si un mot marqué « littéraire » a peu de chances de se rencontrer dans une conversa-tion d'ouvriers, les mots « populaires » ont largement pénétré dans la litté-rature, et cela bien avant le XXe siècle. C'est donc à titre de très grossière simplification qu'on peut proposer la distinction de quatre registres de langue :

Langue littéraire	Langue tenue	Langue familière	Langue populaire
un soufflet	*une gifle*	*une claque*	*une beigne*
un fâcheux	*un importun*	*un raseur*	*un casse-pieds*
en conséquence	*par conséquent*	*aussi*	*total*

A une langue littéraire démodée appartiennent des mots « nobles » comme :

airain pour : cloche   *fange* pour : boue
onde pour : eau   *poudre* pour : poussière
nef pour : navire   *croître* pour : pousser

On rencontre de tels mots dans la langue poétique et oratoire des siècles passés, mais il serait ridicule de les employer aujourd'hui, sauf en des cir-constances particulièrement solennelles.

La langue familière, que la classe « bourgeoise » cultivée emploie elle-même dans l'intimité, a des limites assez flottantes : personne ne se choquera d'entendre dire « *mon vieux* » pour « mon cher », « *Il a été chic* » pour « Il a été obligeant », mais dans certains milieux « *plumard* », « *cabot* » paraî-tront d'une vulgarité outrageuse, dans d'autres — et non des plus humbles — l'argot est monnaie courante.

Le vocabulaire populaire est appelé aussi « vulgaire », mais il ne faut pas prendre ce mot au sens de « grossier » : la grossièreté tient aux choses que l'on nomme et non à la façon de les nommer. Il est « vulgaire » de dire :

godasse   pour : soulier   *liquette*   pour : chemise
rigoler   pour : rire   *bouffer*   pour : manger

La langue la plus vulgaire s'appelle l'« argot ».

Remarque :
D'après un sondage fait en 1969 sur 70 mots dans six grands dictionnaires français, l'unanimité des indications de niveau n'a été réalisée que dans 8 cas ; un mot comme *pot* au sens de « chance » est donné comme « familier » dans le *Petit Robert*, « populaire » dans le *Dictionnaire du français contemporain*, « argotique » dans le Larousse *L3* et sans indication dans le *Grand Larousse encyclopédique* (P. Gilbert, *le Français dans le Monde,* décembre 1969). Les contradictions sont encore plus nombreuses si l'on consulte des témoins oraux.

39 LES ARGOTS

Le mot **argot** (dérivé au XVIIe s. d'*argoter* dont l'origine est discutée) est employé dans des sens très différents :

● **Langue secrète :**

On a longtemps cru, sur la foi d'un drapier de Tours nommé Chéreau, auteur du *Jargon ou langage de l'Argot réformé* (1628), qu'il existait un code linguistique secret, l'*argot*, en usage parmi les membres d'une antisociété policée de truands, ayant leur roi à Paris (le Grand Coesre), leurs baillis dans chaque province, leurs lois, leurs impôts. Une telle unité, un tel ordre du désordre n'a jamais existé, et n'existe pas plus aujourd'hui dans ce qu'on appelle « le milieu ». Les malfaiteurs parlaient au XVIIe s. la langue du bas peuple, que les juges prenaient pour un code unique parce qu'ils l'ignoraient.

C'est plutôt dans les bagnes que se sont créés des systèmes de maquillage des mots permettant aux détenus de communiquer sans être compris de leurs gardiens. Le policier Vidocq, ancien bagnard, a décrit en 1836 le code substitutif appelé *largonji*, que résume la formule transformationnelle suivante :

consonne initiale + X → *l* + X + cons. init. (+ voyelle)

Exemples :

jargon → *l* + argon + j + i *(largonji)*
sac (1 000 F) → *l* + ac + s + é *(lacsé)*
en douce → en *l* + ouce + d + é *(en loucedé)*
fou → *l* + ou + f *(louf)*

Au bagne de Brest, en 1821, le choix du suffixe *-em* donnait le *largonjem*.

Le *javanais* (1857) procédait par insertion :

Consonne + voyelle → consonne + *av* + voyelle

Exemple :

> *menteur* → *m* + *av* + *ent* + *av* + *eur* *(maventaveur).*

Le *verlan*, encore usité, met les mots à « l'envers » :

$$X + Y \rightarrow Y + X$$

Exemples :

> *perdreau* (pour *poulet,* « policier ») → *dreauper*
> *jobard* → *barjo*

Ces procédés mécaniques de maquillage ne sont que des **codes secrets oraux** n'apportant rien à la langue.

● **Langue de connivence :**

Sous le nom de *loucherbem* (tiré de *boucher*), le *largonjem* de Brest a longtemps été le code des bouchers de la Villette. De tels systèmes ont été observés dans le monde entier, au sein de corporations les plus diverses. Des codes comme le javanais sont souvent usités aussi dans les pensionnats, les grandes écoles. L'expression n'y trouve aucun enrichissement, seulement l'attrait de l'insolite, la fierté d'une virtuosité acquise et le plaisir d'exaspérer les non-initiés. L'argot devient un signe de reconnaissance, entre le tatouage et l'uniforme.

● **Langue triviale :**

On appelle communément « argot » ou « langue verte » la partie la plus vulgaire du lexique populaire, connue en fait et comprise, sinon parlée, dans toutes les « couches sociales ». L'insolite y reste un trait commun, mais accompagné d'effets stylistiques obtenus par les voies les plus diverses :

1° par les **sources d'emprunt**

— étrangères : *flic* (all. *Fliege*, « mouche »), *flouss* (« argent » en arabe), *bougnoul* (« noir » en ouolof), *gonze* (argot ital. *gonzo*, « paysan », « niais »).
— provinciales : *arpion*, « orteil » (prov. *arpioun*, « griffe »), *baratin* (prov. *barat*, « tromperie »), *guss* (gasc. *gus*, « gueux »).
— techniques : *arnaquer,* « escroquer » (forme picarde de *harnacher*), *bousiller*, « bâcler », « endommager » (anciennement, « construire en torchis »), *trimer*, « cheminer », « travailler » (dérivé de *trame*).
— archaïques : *entraver*, « comprendre » (a. fr. *enterver, entarver,* « interroger »), *guincher* (a. fr. *ganches*, mouvements des bras et des hanches).
— antiques : *laïus* (de *Laïus*, père d'Œdipe, dont le discours fut un sujet de dissertation), *type* (grec *tupos*, « modèle »).

2° par les **procédés de formation**

— codes substitutifs (voir plus haut).
— troncation des mots : *came, troquet* (cf. § 26), *lingue* (pour *lingre*, couteau de *Langres*), *ménesse* (pour *ménestre*, « femme », « épouse », lat. *ministra*, « servante »).
— redoublement : *jojo (joli), rififi,* « bagarre » (de *rif*, « feu », « combat »).
— agglutination : *larton*, « pain » (pour *l'arton*, emprunt au grec).

— suffixation très libre (cf. § 47) : *auverpin (auvergnat), crasspec (crasseux), limace, limouse, limousse, liquette* (de *lime*, « chemise », du lat. *limas), valoche (valise), officemar (officier)...*

Ces suffixes ont des explications variées : *craspec* s'oppose à *impec*(cable), *limace* fait *calembour, dirlo* s'oppose à *prolo, officemar* évoque *se marrer.*

Des suffixes particuliers transforment les pronoms personnels : *mézigue/tézigue/sézigue,* etc., ou *mes bottes/tes bottes/ses bottes,* etc. (le verbe ne connaît que la 3e personne.)

3° par les **figures**

— calembour : *cloporte,* « concierge » (qui *clôt* les *portes), greffier,* « chat » (de *griffe), artichaut,* « portefeuille », d'où « porte-monnaie ».
— synecdoque : *tournante, brutal* (§ 32).
— métonymie : *faire suer,* « importuner » ; *un feu,* « un revolver ».
— métaphore : *quilles,* « jambes », *anses,* « oreilles » (Villon), *sulfateuse,* « mitraillette ».
— antiphrase : *villa, couvent,* « prison », *sucrer,* « maltraiter ».
— euphémisme : *la butte,* « l'échafaud », *le fil,* « la corde », *la Veuve,* « la guillotine », *des valdas,* « des balles ».

La langue verte est souvent expressive — et c'est pourquoi les synonymes y sont nombreux (apportant autant de nuances). Quand l'argot ne fonctionne pas comme un **insigne d'appartenance à une collectivité** désireuse de se distinguer (bagne, armée, métier, école), il connote la volonté d'**échapper à la règle** du code courant, et d'**avilir** les personnes et les choses nommées. Selon le groupe μ (cf. § 7) « l'argotier affiche comme signifié second une intention destructrice à l'égard des valeurs sociales » ; formule que ses auteurs restreignent sagement à l'argot des malfrats, excluant la masse des argotiers d'occasion, chez qui la langue verte ne manifeste qu'un « léger défoulement » (*Communication,* n° 16).

Depuis le premier dictionnaire d'argot (1596), beaucoup de listes et de cahiers de mots, beaucoup de lexiques ont été publiés, dont les auteurs, s'ils ne sont d'anciens détenus, s'inspirent des confidences de forçats ou de prisonniers. Parmi les recueils les plus récents se détache l'originale et riche *Méthode à Mimile* d'Alphonse Boudard et Luc Étienne (1970), document peu édifiant sur ladite langue et sur ceux qui la parlent.

La pénétration de l'argot dans la littérature a commencé avec Villon, dont on a six ballades en jargon des Coquillards (pillards jugés en 1455). L'accumulation des mots argotiques y est artificielle comme elle le sera dans toute la littérature de même inspiration, prétendues lettres de forçats, pastiches des commandements de Dieu ou des Contes de Perrault. L'argot proprement dit est plus dilué, donc plus vraisemblable et intelligible, dans les œuvres en vers de Vadé, ancien contrôleur des Finances surnommé « le Corneille des Halles » un siècle après Corneille. Il devint avec Eugène Sue *(Les Mystères de Paris),* Hugo *(Les Misérables),* Zola, Huysmans, Barbusse, un ornement quasi indispensable de la prose réaliste. Il réintégra la poésie vers la fin du XIXe s., savant et obscur chez Jean Richepin (dont la *Chanson des gueux* fit scandale et valut à son auteur un mois de prison), sentimental et parsemé comme « l'ail dans un gigot » chez Jehan Rictus, et canaille dans les couplets qu'Aristide Bruant chantait et faisait chanter dans les cabarets, puis dans *ses* cabarets, puis en 1898 dans les réunions électorales où il se présenta sans succès comme « républicain, socialiste, patriote et antisémite », avant de se retirer, fortune faite, et de se marier.

Au XXᵉ s., l'originalité des écrivains n'est plus d'étonner, d'apeurer et d'attirer le bourgeois en assénant cru et dru les mots de jargon, ni d'orner un roman ou une poésie populiste des humbles fleurs de la langue verte, ni de renouveler le piment de l'argot en le plaçant dans la bouche d'une fillette (*Zazie dans le métro*, 1959), elle consiste à participer de tout son talent personnel à la création collective, comme l'a fait Louis-Ferdinand Céline dans un perpétuel élan polémique, et comme le fait Frédéric Dard, alias San-Antonio, avec une verve rabelaisienne à laquelle des tirages à 500 000 exemplaires assurent une diffusion sans précédent, et que cautionnent de doctes exégèses universitaires.

Remarque :

On peut rattacher à l'argot un vocabulaire des jeunes gens qui se renouvelle de génération en génération, principalement dans l'expression de l'enthousiasme. Paul Janssen (*Dico-Plus*, mars 1980, « Les amis du lexique français ») rappelle les *maouss* et *pépère* d'avant-guerre, les *au poil* et *transpoil* de 1945, les *formid, sensass* des yéyés de 1960, les *waow, snap, superflip* de 1970, le *génial* de 1975. En 1980, une porte-parole d'un mouvement de jeunes venus applaudir Jean-Paul II au Parc des Princes résuma au micro le sentiment de la foule exaltée en disant *« Le pape est cool »* (qualificatif exprimant la force décontractée).

40 PARFUM DU CRU, COULEUR LOCALE, EXOTISME

Dans un récit dont l'action se passe à la campagne, les mots du patois ou du français régional donnent un « parfum du cru » ; dans ce texte, Georges Magnane évoque la ferme de son père dans le Limousin :

> *L'autre établi, depuis longtemps privé de ses tiroirs et qui servait de débarras, était jonché de pelotes de ficelles, de boîtes d'engrais ou de vernis. On entassait dans un coin tout ce « **fargaillas** » chaque fois que mon père chauffait le four, car c'était là qu'il alignait ses tourtes avant de les enfourner, chacune dans sa corbeille ronde : le « **palissou** ».*
>
> *(Des animaux farouches)*

Deux mots de limousin sont employés, signalés par des guillemets (décalage de discours, C.F.C. § 64) et rendus clairs par le contexte. Ces réminiscences lexicales donnent au texte l'accent de souvenirs authentiques.

Il faut être prudent et explicite dans ce genre d'effets, faute de quoi on devient simplement obscur :

> *Elle suivait la marche de la **niolle** sur les eaux (...) Il avançait sans hâte, droit sur la **bourrine** (...) Il était accroupi, comme ceux qui ne **ninglent** pas, au fond de la barque...*
>
> (Gilbert Dupé)

Les mêmes précautions sont à observer dans l'usage des mots étrangers, comme le fait Cavanna dans cette description d'une épicerie italienne :

> Il y a les herbes, les sacs de riz, de lentilles, les grappes de **fiasques** au ventre de paille, il y a le jambon de Parme sur la machine à faire les tranches **« sottilissime »** (très, très « subtiles », c'est pas joli ?), ça aussi, ça sent fort et bon, le jambon de Parme... (Les Ritals)

Si les écrivains classiques ont été très discrets en ce domaine, tel Corneille qui dans le récit du combat des Maures (Cid, IV, 3) n'emploie pour évoquer l'armée arabe que les mots cimeterre et alfange désignant des sabres courbes, les romantiques ont réagi ; les Parnassiens ont surenchéri, et ce quatrain de Georges Fourest, couleur d'Afrique centrale, est à peine une charge des Trophées d'Heredia :

> Il fait nuit : les m'pafous ont des senteurs plus frêles ;
> Sourd, un marimeba vibre en des temps égaux ;
> Des alligators d'or grouillent parmi les prêles ;
> Un vent léger courbe la tête des sorghos...
> (La Négresse blonde, Repas de famille, 1909).

Beaucoup d'auteurs modernes multiplient les **xénismes** (C.F.C., § 78), emprunts sans lendemain par lesquels ils comptent produire un effet d'exotisme. Les plus adroits s'efforcent de dépayser sans dérouter, en n'introduisant les mots étrangers que dans un contexte explicatif, comme Mérimée ou les frères Tharaud. D'autres, comme André Malraux, dépaysent par la seule peinture des mœurs et des mentalités, sans emprunt de vocabulaire (La Voie royale, La Condition humaine).

Remarque :

L'« anglomanie » qui passe pour menacer au XXᵉ s. l'intégrité de la langue française (cf. C.F.C. § 98) a une connotation sans rapport avec l'exotisme ou la couleur locale. Après avoir été un « snobisme » propre à la classe sociale qui pratiquait la mode, les danses et les sports anglais, elle s'est étendue à toute la société consommatrice de produits alimentaires, vestimentaires et culturels importés surtout d'Amérique. L'emploi de l'anglais pour désigner non seulement les objets d'importation, mais les choses et les usages de toujours (bowling pour jeu de quilles, star pour étoile, flash pour éclair, etc.) et la contamination sémantique qui fait dire contrôler pour « diriger » (d'après l'anglais to control), trivial pour « habituel » (angl. trivial), suite pour « appartement luxueux dans un hôtel » (angl. suite), etc. sont des marques d'une soumission collective plus ou moins consciente aux campagnes publicitaires et d'une adhésion des « cadres » aux méthodes et techniques (marketing, brain-storming) d'outre-Atlantique.

41 MOTS TECHNIQUES

Les sciences, les métiers ont besoin d'un vocabulaire technique, généralement inaccessible aux « profanes » :

> *Tandis qu'il étudiait les **équins**, les **varus** et les **valgus**, c'est-
> à-dire la **stréphocatopodie**, la **stréphendopodie** (ou, pour par-
> ler mieux, les différentes déviations du pied, soit en bas, en
> dedans ou en dehors), avec la **stréphypopodie** et la **strépha-
> nopodie** (autrement dit : torsion en dessous et redressement
> en haut), M. Homais, par toute sorte de raisonnements,
> exhortait le garçon d'auberge à se faire opérer.*
>
> (Flaubert, *Madame Bovary*)

Les mots des sciences, composés artificiellement de racines grecques parfois très détournées de leur sens, sont stylistiquement laids. Rémy de Gour-
mont, dans l'*Esthétique de la langue française* (1899) a prêché la résistance
à l'invasion de la langue scientifique par cette terminologie rébarbative, particulièrement par la fameuse nomenclature botanique de Linné, souvent
substituée à des mots du français courant plus clairs, plus pittoresques
(pourquoi appeler *hedera* le lierre, *betula* le bouleau, *juniperus* le genévrier,
primula la primevère, *stachys laniata* l'oreille de chat, *convallaria* le muguet,
galanthus nivalis la perce-neige ?). Le nom poétique des fleurs n'est jamais
le nom linnéen.

Les termes de métiers sont plus heureux, généralement anciens, souvent
métaphoriques : *diable, demoiselle, dame, valet, chevalet ;* les menuisiers,
avec le *bédane* (ciseau taillé en bec d'*ane*, c'est-à-dire de canard, du latin
anas) font des assemblages en *queue d'aronde* (hirondelle), ils placent un
martyr (cale de bois dur) derrière la pièce de bois qu'ils veulent percer sans
arracher les bords, ils savent qu'au battant gauche de la fenêtre le *mouton*
s'encastre dans la *gueule de loup* du battant droit ; les peintres transportent
la peinture dans un *camion* (grand seau) et travaillent sur la *gazelle* (plateau
élevé à quatre pieds avec échelle d'accès). Certes, ces fleurs de langage
n'ont guère leur place en littérature, mais elles sont chères aux artisans qui
gardent le goût de leur métier.

Les langues techniques intéressent les écrivains quand ils veulent créer une
« ambiance » pour des lecteurs profanes. Ainsi Eugène Sue, dans ses nouvelles maritimes, fait un fréquent appel aux termes des gens de mer :

> *Tout à coup un sifflement aigu et rapide traverse la **batterie**,
> et deux coups secs, éclatants, retentissent. C'était un **bou-
> let ramé** qui, entré par un **sabord d'arcasse**, ricocha sur deux
> **pièces**, tua un homme, en blessa deux, et se logea dans la
> **préceinte**... Tout à coup notre **volée** partit, comme le **beau-
> pré** de cette **frégate** allait s'engager dans nos **haubans d'arti-
> mon**.* (Bataille de Navarin.)

Le roman réaliste et le roman naturaliste ont tiré tout le parti possible de ce
type de connotations : Flaubert dans *Mme Bovary* (ci-dessus) et surtout
dans *Bouvard et Pécuchet*, Zola dans toute son œuvre.

Les auteurs dramatiques, et les romanciers dans le dialogue, veillent à prêter
à leurs personnages le vocabulaire qui leur est habituel : un médecin dira
ictère, lotions, injections intramusculaires, algie, posologie là où un profane
dirait *jaunisse, lavages, piqûres, douleur, doses.*

Remarque :

Les noms de nombre ne sont tolérés en littérature que s'ils ont un sens approximatif (C.F.C. § 168). Il serait maladroit d'écrire :

> Le clair de lune était sublime, à **23** heures **40**, sur le Parthénon.

L'effet comique est exploité par Marcel Aymé, racontant ainsi la rencontre de deux familles à la campagne :

> Alors commençaient les effusions ; les baisers claquaient sur les joues des cousins, se multipliaient par les joues des tantes et des oncles, s'additionnaient, et faisaient quarante-huit.

Il y a deux familles de cinq personnes, ce qui devrait faire cinquante baisers ; il en manque deux, qui seront réclamés aussitôt.

42 VOCABULAIRE ABSTRAIT

Le programme de français des classes de seconde et première publié le 5-3-1981 mentionne l'« exploration » des lexiques de la pensée conceptuelle, des activités sociales, économiques, politiques, artistiques, des études littéraires.

Ces lexiques, par définition, ne relèvent pas de la compétence commune des usagers du français. Leur « exploration » peut se faire à l'aide des **encyclopédies** et des **dictionnaires spécialisés** dont l'existence est signalée aux paragraphes 105 et 106 du *Code du français courant*. Une liste de mots est plus dangereuse qu'utile si elle n'est disposée dans l'ordre d'une théorie apportant et justifiant la définition de chacun. L'apprentissage des mots implique celui des idées ; les « champs sémantiques » (C.F.C. § 76) sont des systèmes de signifiés dont beaucoup s'apprennent dans le cadre des différentes disciplines au programme des lycées.

Si des activités politiques, économiques ou artistiques restent plus ou moins étrangères (sauf dans la perspective historique) au programme scolaire obligatoire, si le temps manque pour donner à chacune, à l'occasion d'exposés oraux, la place qu'elle mérite, le développement des médias compense dans une certaine mesure cette insuffisance, à condition que les jeunes gens soient mis en garde contre plusieurs risques de l'usage des mots abstraits.

● **Ils n'ont pas de référent stable :**

Le sens d'un mot comme *fer, rose, beurre* repose sur l'existence (pragmatiquement établie) de référents physiques stables, grâce auxquels ces mots ont survécu à des millénaires de guerres, de révolutions et de philosophie.

L'existence de tels référents est impossible à établir pour des noms abstraits comme *beauté, bonté, dieu, sagesse, justice, liberté, intelligence,* etc. Un mot comme *parenté*, dont une définition pragmatique (c'est-à-dire fondée sur l'expérience de la vie) semble facile à trouver, désigne en fait des relations humaines (ou autres) très diverses selon les cas (parenté de sang ou par alliance), et apparaît en fin de compte comme arbitrairement défini (il n'existe pas deux langues où il ait le même sens).

Il en résulte que deux Français peuvent, de très bonne foi, donner aux mots abstraits cités plus haut des sens totalement différents, ou même les tenir pour vides de sens ; ils usent, sans le savoir, de codes différents, et les impropriétés que chacun relève dans la parole de l'autre sont trop vite mises sur le compte de la sottise ou du mensonge.

Ce relativisme relève du propos de ce manuel dans la mesure où chaque emploi d'un mot abstrait connote une conception du monde, une morale ou une esthétique propre à éveiller chez le destinataire du discours la sympathie de la connivence ou l'hostilité de l'incompréhension.

● **Ils connotent le prestige de théories parfois mal connues ou caduques :**

Pour échapper aux réseaux de notions que tissent les vocabulaires hérités, les théoriciens les plus originaux sont souvent contraints de se forger une terminologie propre, plus ou moins transparente. Ce fut le cas de Freud, de Marx, d'Einstein.

Dans le domaine linguistique, Damourette et Pichon, grammairiens extra-universitaires (Pichon était médecin, Damourette sans profession), fabriquè-rent une terminologie nouvelle que l'on peut tenir en grande estime. Par exemple, ils appelaient *couvercle* l'attribut de l'objet (C.F.C. § 222) et le définissaient *« une dianadote de l'ayance contribuant avec celle-ci à former l'about »* (*Des mots à la pensée*, § 869). Ces termes, parfaitement clairs dans le cadre de leur théorie, n'ont guère été repris, les sept tomes de leur œuvre en partie posthume ayant eu trop peu de lecteurs.

On a dit au § 7 l'intérêt des travaux du « groupe μ » sur la rhétorique, et le caractère très systématique de leur terminologie ; voici un passage d'un article signé par eux en 1970 :

> Il peut exister aussi des séries de substituts métasémémi-ques, à structure nucléaire identique et utilisant un même matériel sémique (et donc tout prêts à dégager un même éthos autonome). Ex. : *tête = poire, citron, fraise, pomme, pêche, coloquinte, patate, ciboule, calebasse, tomate, chou, cassis, cerise, etc.* (*Communications* N° 16).

Les termes *substituts métasémémiques, structure nucléaire, éthos auto-nome* sont limpides pour les lecteurs au courant des précédents travaux du groupe, mais ont peu de chances de se retrouver sous la plume des critiques littéraires de la presse.

Le danger commence quand la notoriété d'un théoricien incite un nombre croissant de profanes à user des mots qu'il a créés ou illustrés, alors qu'ils ignorent tout de la doctrine très savante ou subtile qui définit leur sens. Ainsi, le succès des cours et des livres de Roland Barthes, les polémiques qui l'ont mis en vedette, les émissions télévisées qui ont montré sa per-sonne, son appartement, son piano, enfin sa nomination à la chaire suprême du Collège de France sont responsables d'une expansion et d'une vulgarisa-tion de son langage bien particulier, dont les traits principaux ont été analy-sés par M.-A. Burnier et P. Rambaud dans un amusant pastiche (*Le Roland-Barthes sans peine,* 1979). Un trait oublié par eux est le goût précieux qui amena Barthes à remettre en usage les termes de l'ancienne rhétorique (tels ceux qu'on a mentionnés dans les § § 27, 35, 37 de ce manuel).

A plus forte raison, les Cathos, Magdelon, Mascarille et Jodelet du XX⁺ s., résumés dans le prénom injustement féminin de Marie-Chantal, pratiquent-ils à l'envi le vocabulaire de Freud, Marx et Einstein sans avoir lu leurs ouvrages, et celui des philosophes, sociologues, politiciens, esthéticiens, linguistes les plus en vue sans les avoir assimilés, comptant bénéficier des reflets de leur prestige à la faveur de la connivence connotée. Ce jargon prête à rire quand il travestit les énoncés les plus ordinaires, comme se plaît à l'imaginer Robert Beauvais qui « désacralise » ce « dire » néo-baroque sous le nom d'*hexagonal*, le « démystifie » en peignant, par exemple, la détresse morale d'un « hexagonalien » sentimental qui a reçu une lettre de rupture :

> *« Chérie,*
> *La carence affective consécutive à la désescalade a complètement perturbé les connexions qui régissent les cantons de mon champ perceptif.*
> *Je suis en état de déréliction, plongé dans un autisme frisant la prostration schizoïde ! (...)*
> *Opère une régression. Sois coopérative ! Oublie tes motivations. Mets fins à ma névrose obsessionnelle frustrante... »*
> *(L'Hexagonal tel qu'on le parle)*

Ce texte, dans la tradition de Thomas Diafoirus et de l'épître à Javotte du *Roman bourgeois*, n'est qu'une charge (réunissant des mots de codes très divers), mais il rappelle qu'il en est du vocabulaire abstrait comme de la mode. Tels mots conviennent à certains locuteurs seulement, devant certains destinataires, dans certaines situations hors desquelles ils sont pédants, et pour un certain temps après lequel ils sont vieillots.

43 ARCHAÏSMES

On appelle **archaïsme** de vocabulaire :

— soit l'emploi d'un mot vieilli, disparu de la langue commune, tel que : *adonc* (= donc), *moult* (= beaucoup), *messire* (= monsieur), *choir* (= tomber), *occire* (= tuer), *ouïr* (= entendre) ;

— soit l'emploi d'un mot de la langue actuelle dans un sens disparu : *vilain* (= paysan), *chef* (= tête), *garnement* (= défenseur).

L'effet d'archaïsme est produit par la substitution d'un code ancien au code moderne ; ce n'est donc pas faire un archaïsme que d'employer un mot qui a disparu en même temps que la notion qu'il désignait : *haubert, vassal, arbalète, écu,* etc.

De tout temps, la littérature, et particulièrement la poésie, ont usé de ce procédé, mais il nous est difficile aujourd'hui d'apprécier les archaïsmes de la *Chanson de Roland*, ou même ceux de la *« Ballade en vieil langage françois »* de Villon.

Trois services ont été demandés à l'archaïsme :

● **Un enrichissement du vocabulaire :**

C'est une source recommandée par Du Bellay pour « illustrer la langue française ». Mais on connaît peu de secrets pour réanimer les mots défunts ou
rajeunir les mots vieillis. Le XVIIe s., Malherbe en tête, fit la chasse aux mots
« gothiques » ou « vieux gaulois ». Les siècles suivants n'enrichirent la langue que par des créations.

● **Une connotation « gauloise » :**

Le triple souvenir des romans courtois, des fabliaux et des Contes de Rabelais fit pratiquer à partir du XVIIe s. un style archaïque, appelé « marotique »
en souvenir de maître Clément, associé à des sujets plaisants et galants,
épopées burlesques de Scarron, fables de La Fontaine :

> *Tel, comme dit Merlin, cuide engeigner autrui*
> *Qui souvent s'engeigne soi-même. (La Grenouille et le Rat,*
> IV, 11)

Contes drolatiques de Balzac, *colligez ez abbayes de Touraine (...) pour*
l'esbattement des Pantagruélistes et non aultres (1832).

● **Une marque de littérature :**

Archaïse qui peut, c'est-à-dire qui sait, qui a lu. L'emploi d'un vieux mot est
un clin d'œil aux lettrés capables de l'entendre et de l'apprécier. Le très
moderne Apollinaire étale volontiers son goût de la vieille langue :

> *Ah ! Ah ! les colliers tinteront,* **cherront** *les masques*
> (Alcools, Le larron)

> *Il* **orra** *le chant du pâtre toute sa vie*
> (Alcools, Le brasier)

> *Et je me* **deux**
> *D'être tout seul (Le Guetteur mélancolique)*

(L'emploi du vieux verbe *douloir* ne vise pas ici l'expression d'un sentiment
inconnu depuis Tristan et Lancelot, mais seulement un calembour :
deux/seul).

L'archaïsme n'abonde que dans les romans historiques ou les traductions
d'œuvres médiévales pour le grand public :

> *Et* **Messire** *Constant des Noues, un fermier fort à son aise,*
> *demeurait tout près du* **plessis** *(terrain clos). Sa ferme était*
> *bien fournie de* **gélines** *(poules) et de chapons. (Le Roman de*
> *Renart,* transcrit par Jacques Haumont)

D. Connotations de valeur et de sentiment

44 MOTS PÉJORATIFS, MOTS MÉLIORATIFS

Des mots comme *sympathie, agréable, affreux, méchant* expriment des
sentiments, mais c'est affaire de dénotation et non de style.

Au contraire la différence entre *larbins, domestiques* et *gens de maison* appartient à la stylistique. Le premier mot contient une nuance de mépris qui en fait une injure : c'est un mot **péjoratif** (du latin *pejorem*, pire) ; le second n'implique aucun jugement de valeur, il est de teinte neutre ; le troisième est employé par les domestiques eux-mêmes pour désigner leur profession : il a une résonance noble, il est **mélioratif** (du latin *meliorem*, meilleur).

Le linguiste belge Carnoy écrivait en 1927 :

> « Un homme politique, parlant de son parti ou de ses actes, emploiera les mots : *groupe, activités, efforts, compromis, démarches, critiquer, prendre la parole*, etc., tandis qu'à propos de ses adversaires, il dira tout naturellement pour les mêmes choses : *faction, agissements, compromission, intrigues, déblatérer, pérorer*, etc. » *(La Science du mot)*

Ces termes n'ont guère vieilli, mais on peut augmenter le lot d'exemples en opposant de la même façon *ordres* et *ukases, tolérance* et *laxisme, lassitude* et *ras-le-bol, conséquences* et *retombées, régime* et *système, uniformiser* et *robotiser, classer* une affaire et la *mettre aux oubliettes, rassembler* les suffrages et *ratisser* les bulletins de vote.

Un mot de sens ordinairement neutre peut prendre dans certains emplois un sens péjoratif (ex. : *individu*) ou mélioratif (ex. : *qualité*). *Nuage* devient péjoratif dans l'expression *être dans les nuages.* Du mot *homme* lui-même, Courteline tire un effet de style d'un haut comique :

> Piégelé (se plaignant de Labidoche à un passant) : *Monsieur, je vais vous expliquer. Comme je vous le disais tout à l'heure, je louai à cet homme...*
> Labidoche (froissé) : *Homme vous-même.*

Rappelons (cf. § 3) qu'il existe des suffixes à valeur péjorative (C.F.C. § 87) : noms en *-aille, -ard, -asse, -assier, -âtre* ; § 88 : adjectifs en *-ard, -asse, -aud, -âtre* ; § 89 : verbes en *-ailler, -asser, ouiller, -nicher, -ocher*) ; un *chauffard* est un chauffeur dangereux ; un *journaleux* (A. Lichtenberger) est au journaliste ce que le *violoneux* rural est au violoniste ; comparer encore :

> *Rêveries* d'un promeneur solitaire (Rousseau)

> — Vas-tu retomber dans tes **rêvasseries**, fainéant ?
> (J. Vallès)

L'*-o* final des mots abrégés (§ 26) présente souvent une valeur péjorative *(facho, gaucho)* qu'il tient peut-être du suffixe *-aud* de *badaud, maraud, salaud*, et du suffixe *-ot* d'*asticot, bourricot, mendigot.*

La gamme beaucoup plus riche des suffixes péjoratifs en argot sera évoquée à propos du néologisme (§ 47).

Les suffixes diminutifs prennent le plus souvent une nuance de sympathie ou d'affection (§ 3) — rhétoriquement parlant **hypocoristique**. Cette nuance apparaît même dans les suffixes verbaux :

> *Une petite route **se tortillait** de plaisir entre des boqueteaux et des prairies.*

> (Jules Romains)

45 HALO AFFECTIF

Il est montré au § 3 qu'une connotation « affective » est attachée à certains mots sans marque spéciale : entendre le mot *handicapé*, selon Patrick Segal, est aussi attristant que d'entendre *borgne* ou *boiteux* quand on est atteint des infirmités que ces mots dénotent.

Beaucoup de signifiés dénotés sont entourés dans notre conscience d'un **halo affectif**, le plus souvent indéfinissable, qui peut être agréable aussi bien que déplaisant ; les mots suivants sont nimbés de connotations positives :

cigale, cristal, étoile, nature, or, solitude, la rose, la violette ; douce, frais, frêle, nocturne ; contempler, déferler, songer, luire...

Les poètes recherchent les mots affectivement riches ; tous le sont dans les distiques du *Colloque sentimental* :

> *Dans le vieux parc solitaire et glacé*
> *Deux spectres ont évoqué le passé.* (Verlaine)

Certains mots, souvent issus d'onomatopées, doivent à leur timbre (§ 17) un pouvoir que l'usage est d'appeler **impressif** quand ils évoquent des sensations : *coq, murmure, clapotis, soupir.* D'autres, comme *suave, séraphique, spectre*, ont par hasard un son plaisant ou déplaisant qui charge leur sens d'une connotation **expressive** (évocatrice de sentiments) : le mot *ivresse* ne doit-il pas à la fluidité de son timbre de s'être élevé jusqu'à désigner l'élan le plus pur de l'âme ?

D'autres facteurs créent le pouvoir de suggestion des mots. Ce sont parfois des ressemblances de signifiants : *forcené, souffreteux* et *vilain*, qui n'ont aucun rapport étymologique avec *force, souffrir* et *vil*, ont eu leur sens influencé par ces mots : connotation intégrée à la dénotation (C.F.C. § 72, Paronymie) ; *mousseline* (de Mossoul) fait penser à *mousse* et à *lin, béatitude* à *bête, vitupérer* à *vipère, allégresse* à *léger, tabou* à *ta bouche* !, *avatar* à *aventure, terreur* à *terreux, hémorragie* à *mort, acolyte* à *alcoolique, revêche* à *rêche, harpie* à *harpon, féodalité* au temps des *fées.*

Mais le premier rôle revient sans doute aux conditions habituelles d'emploi : *étoile* évoque cent poèmes lus ou appris ; la littérature enrichit d'elle-même la valeur littéraire des mots.

Les noms propres ont un pouvoir d'évocation bien connu tenant soit à leur son :

> *Moi, j'ai vaincu Tryphon, Thessalus, Gaïffer.* (Hugo)

soit aux rêves d'« évasion » qu'ils éveillent en chacun de nous :

> *Casablanca   Singapour   Valparaiso*

soit aux évocations littéraires ou historiques qui s'y attachent :

> *Le nom de Parme, une des villes où je désirais le plus aller, depuis que j'avais lu la Chartreuse, m'apparaissait compact, lisse, mauve et doux (...) Bayeux, si haute dans sa noble dentelle rougeâtre, et dont le faîte était illuminé par le vieil or de sa dernière syllabe...* (Proust)

Leur caractère étranger est un facteur non négligeable de ce pouvoir magique. Le pianiste Samson François disait un jour dans une soirée musicale que son goût du romantisme avait été mis à rude épreuve quand il avait appris d'un Hongrois que *Liszt*, en magyar, veut dire « farine ».

Certains noms propres sont faits pour aller en tandem : *Zig et Puce, Laurel et Hardy, Philémon et Baucis,* et l'archipel (électoral) de *Wallis et Futuna ;* Sartre soudait ainsi, dans son enfance, le prénom alsacien de son grand-père au nom *Mamie* :

> *Ma mère me répétait cent fois par jour non sans intention :* « *Karlémami nous attendent ; Karlémami seront contents, Karlémami...* » *évoquant par l'intime union de ces quatre syllabes l'accord parfait des personnes. (Les Mots)*

Certains suffixes ont comme les mots un halo de résonances. Sans revenir sur les suffixes péjoratifs ou hypocoristiques mentionnés au précédent paragraphe, consignons la laideur proverbiale du suffixe *-ion*, triste et savant uniforme de tout un personnel lexical administratif :

> *La **Commission** estime en outre que les **propositions** dont l'énoncé précède doivent être complétées par l'**adoption** de certaines **dispositions** assurant une plus ample **utilisation** des diplômés universitaires dans les **administrations** publiques.* (Texte authentique, cité par F. Desonay dans *La vivante histoire du français*)

Les mots en *-ion* prolifèrent aussi dans le vocabulaire politique : *étatisation, déstalinisation, régionalisation...*

De cette platitude même un écrivain peut tirer parti :

> « *Messieurs, nous allons continuer... par la continuation* », *disait sentencieusement le pitre.* (E. de Goncourt)

Remarque :

Matila C. Ghyka observait *(Sortilèges du verbe)* que chaque écrivain emploie par prédilection certains mots, qui révèlent les thèmes (conscients ou non) de son inspiration ; par exemple Mallarmé : *azur, cristal, vierge, glacier, or.*

En 1953, Pierre Guiraud, remplaçant l'intuition par l'enquête statistique, a dressé pour quelques auteurs la liste des 50 mots les plus employés, appelé **mots thèmes**, et retenu de ces listes les **mots clés** dont la fréquence est supérieure à la moyenne (connue par les dictionnaires de fréquence, cf. C.F.C. § 100). Les dix premiers mots clés des poésies de Mallarmé sont : *azur* (85 emplois), *baiser* (31), *or, pur, rêve, rose, nu, vierge* (20), *fuir, blanc* (15).

Les différences constatées entre les inventaires des mots clés chez Mallarmé, Apollinaire, Valéry, Rimbaud, Claudel et Verlaine n'ont malheureusement pas permis d'aboutir à une méthode infaillible de vérification d'authenticité : la fréquence des mots n'est pas assez constante d'un texte à l'autre.

La liste des mots clés n'est pas un résumé de l'œuvre, et ces mots mêmes, détachés de tout contexte, ne parlent plus.

46 GROUPES ET MOTS CLICHÉS

La tradition est d'appeler **clichés** des groupements de mots apparemment spontanés, en réalité préfabriqués, déjà produits à un nombre illimité d'exemplaires, donc sans originalité, ou plutôt, qui pis est, prétendant à une originalité dont la fraîcheur est dès longtemps éventée. Voici un texte écrit entièrement en clichés :

> *Quand le chasseur entendit rugir le fauve, son sang ne fit qu'un tour, il fut glacé jusqu'aux os et devint blanc comme un linge, ses cheveux se dressèrent sur sa tête, une sueur froide perla sur son front, ses yeux sortirent de leurs orbites, un frisson lui parcourut l'échine et ses jambes lui refusèrent tout secours ; il voulut crier, mais aucun son ne sortit de sa gorge. Après quelques secondes, qui lui parurent des siècles, il recouvra son sang-froid, bondit comme mû par un ressort, prit ses jambes à son cou et gagna l'abri le plus proche en moins de temps qu'il ne faut pour le dire.*

Cette conception du cliché confond deux ordres de faits :

1° Les affinités sémantiques existant au sein de certains groupes syntaxiques :

Il est montré au § 73 du C.F.C. que les adverbes *gravement* et *grièvement*, de même sens et remontant à deux variantes latines de l'adjectif *gravis*, s'emploient automatiquement le premier devant *malade*, le second devant *blessé*. L'affinité qui lie tel adverbe à tel mot support est la même que celle qu'on observe au sein de groupes lexicaux (§ 81) à valeur de noms comme *pomme de terre, fauteuil à bascule*, de verbes comme *prendre feu, éprouver un revers, remporter une victoire, tirer à sa fin*, d'adjectifs comme *propre à rien, sain et sauf; fin prêt*.

L'étude de ces groupes de mots n'intéresse pas obligatoirement le style : *boîte aux lettres, garde champêtre, coffre-fort* sont des « noms composés » dont la formation n'emporte aucune connotation particulière. D'autres groupes ne sont qu'« en voie de figement » : *navigation aérienne, hélice à pas variable* (C.F.C. § 81).

Certains groupements particulièrement complexes tiennent pourtant de leur origine anecdotique une valeur expressive certaine ; cette origine est claire dans *jeter la poudre aux yeux, tenir la dragée haute, être dans ses petits souliers ;* plus souvent, elle est oubliée : *croquer le marmot, faire des gorges chaudes, passer à tabac ;* de là certaines déformations : *sens* (ancien fr. *cen*, pour *ce* ou pour *c'en*) *dessus dessous, il y a belle lurette* (pour *heurette*), *rester en plan* (pour *plant*). La saveur de ces locutions n'est que relevée si on les explique comme le fait avec science et talent Cl. Duneton dans *La puce à l'oreille* (355 locutions).

2° L'effet « poncif » :

Les groupements jugés ridicules dans le texte cité plus haut se présentent non pas comme des locutions lexicalisées, mais comme des figures de style, hyperboles ou métaphores prétendument neuves, en réalité usées par la répétition sous la plume d'écrivains sans talent personnel, romanciers payés à forfait ou journalistes payés à la ligne. La banalité est celle qu'engendre à la longue la meilleure mélodie perpétuellement serinée, ou le meilleur dessin indéfiniment reproduit au « poncif » — variante pointillée du pochoir.

L'effet poncif ne s'arrête pas aux groupes syntaxiques fonctionnels (C.F.C. § 21, 2°) comme *sueur froide* ou *blanc comme un linge* ; dans beaucoup de cas, il s'étend à toute la chaîne propositionnelle *(son sang ne fit qu'un tour)*, et même à plusieurs propositions *(Il voulut crier, mais aucun son ne sortit de sa gorge).* S'il en est parlé ici, c'est parce que la forte cohésion qu'on observe entre les éléments d'un cliché est analogue à celle qui cimente les éléments d'une locution (C.F.C. § 81), et qu'on peut tenir l'ensemble du cliché pour un **mot** (unité significative préfabriquée), alors qu'il se donne pour un syntagme discursif.

C'est particulièrement net dans le cas des épithètes ou des adverbes non déterminatifs accolés à un support qui s'en passerait aussi bien. L'adjectif dans *garde champêtre,* l'adverbe dans *grièvement blessé* sont utiles à la dénotation, mais bien des adjectifs, des adverbes, des locutions complé-ments apparaissent comme des ornements conventionnels, imposés par une mode ou une tradition : *véhéments reproches, colère bleue, appel pathétique, garde-à-vous impeccable, propositions concrètes, contrôle sérieux, liens indéfectibles, impérieuse nécessité, panacée universelle, bilan global, mauvaise foi évidente, ivrogne invétéré, savoir pertinemment, refu-ser catégoriquement, diamétralement opposé, courir à perdre haleine, atten-dre de pied ferme, un froid de canard, une faim de loup, un appétit d'oiseau, fort comme un Turc, pauvre comme Job,* etc.

Le mot *cliché* évoquant une plaque qui permet de reproduire indéfiniment un dessin, une photographie ou un billet de banque, il n'y a pas de raison pour ne pas l'appliquer à certains **mots simples** dont l'emploi, par la diffusion qu'assurent les médias, prend momentanément (ou durablement) une extension que leur valeur ne justifie pas — cas comparable à l'inflation monétaire.

Robert Beauvais, dans *« Le français kiskose »* (1975) aligne de longues lis-tes de ces mots qu'il conseille d'employer pour montrer qu'on est dans le vent :

Français banal	Kiskose médiaté
abord	*approche* (une œuvre d'approche difficile)
analyse	*autopsie*
ancien	*de papa*
approbation	*consensus*
arrêter	*interpeller*
aspect	*schéma, profil*
attaquer	*agresser*
avance	*percée*
avenir	*prospective*
bataille	*affrontement*
but	*finalité*
cacher	*occulter*
etc.	

Autant que de prendre à la lettre le conseil de l'humoriste, il serait ridicule de bouder systématiquement la mode des mots ; mais on peut — comme dans les autres domaines — faire son choix parmi les produits offerts, et savoir abandonner sans retard, et sans regret, les fantaisies démodées.

Remarque :

Dans une étude sur *Le cliché dans la prose littéraire* (1964), Michael Riffaterre montre les services que rendent les clichés aux écrivains, soit que ceux-ci les placent dans la bouche de personnages solennels, soit qu'ils en tirent des effets de surprise :

> « Sur le modèle d'*élire domicile*, Laforgue décrit des *oiseaux qui ont élu volière dans les frondaisons* ; sur *prise de voile*, Hugo fait de la mort des héros, de leur entrée dans l'éternité, une *prise de suaires* ; Gide, épiant Claudel, *l'entend du coin de l'oreille* proclamer son admiration pour Baudelaire. »

E. Néologie

47 CRÉATION DE MOTS SIMPLES

On appelle **néologisme** :

— un signifiant nouveau pour un signifié nouveau : *pénicilline, radar* sont nés pendant la guerre de 1939-45, *laser* vers 1960 ;

— un signifiant ancien dans un sens nouveau ; ainsi, le mot *farfelu*, qui jadis signifiait « dodu, gras », et que Rabelais appliquait aux andouilles et cervelas, a pris au XXe s. un sens « sympathiquement péjoratif », suggérant « une fantaisie excessive et désordonnée » (Ch. Bruneau) : *un lycéen farfelu ;*

— un signifiant nouveau pour un signifié ancien : Paul Claudel, Marcel Aymé emploient, pour « soupçonneux », l'adjectif *suspicieux*, relatinisation de *soupçonneux* disparue à la fin du XVe siècle ; le verbe *privilégier* a été refait vers 1967 à partir de *privilégié* et tend à remplacer *favoriser* dans la langue des savants.

La néologie est un phénomène de langue, étudié au § 80 du C.F.C., mais qui concerne le style par deux côtés au moins :

• le néologisme, quand il apparaît, est insolite, donc stylistiquement remarquable ;

• création d'un individu, et non d'une collectivité, il peut porter la marque d'une personnalité.

Chez un collectionneur de mots comme Rabelais, il est souvent difficile de faire la part de l'emprunt, de la déformation et de la pure création, par exemple dans l'énumération des mets servis aux dames Lanternes en Lanternois.

> *Des happelourdes*
> *Des badigonyeuses*
> *Des cocquemares à la vinaigrette*
> *Des cocquecigrues*
> *Des etangourres*
> *Des ballivarnes en paste*
> *Du promerdis grand viande*
> *Des bourbelettes*
> *Primeronges*
> *Des bregizollons*
> *Des lancebregotz*
> *Des freleginingues*
> *De la bistroye*
> *Des brigailles mortiffiees*
> *Des starabillatz*

etc. (50 mets pour le premier service, et il y en a trois.)

De pareils mots ne pouvaient pénétrer dans la langue commune, non plus que ces créations plus récentes de Léon-Paul Fargue :

> *Je le vois* (le Malin) *dodeliner, moulinguer, fornidre, fulpager et coboïndre* (...)
> *les savants, les nobles, les ziblocousses, les cacotermes, les pantagouriches et les botonglouzes.*

Comme dans le cas de l'argot (§ 39), l'accumulation lasse à partir du moment où toute dénotation se dérobe, comme dans les propos de Panurge en « bon lanternoys » :

> *Briszmarg d'algotbric nubstzne zos,*
> *Isquebfz prusq : alborlz crinqs zacbac...*

Dans le fameux *Grand combat* d'Henri Michaux, la structure syntaxique et le choix des sonorités suffisent à suggérer toute une dénotation :

> *Il l'emparouille et l'endosque contre terre ;*
> *Il le rague et le roupète jusqu'à son drâle ;*
> *Il le pratèle et le libucque et lui baruffle les ouillais ;*
> *Il le tocarde et marmine, le manage rape à ri et ripe à ra,*
> *Enfin il l'écorcobalisse.*

L'argot étant un code très affranchi, on ne s'étonnera pas que Céline et Frédéric Dard aient mis le néologisme au service de leur verve. Céline, regrettant qu'on ait académisé et égorgé le français « pour en faire une littérature de bachot et de brevet élémentaire », fabrique des mots de célinien

— par suffixation : *broder* → *brodiller, brodouiller,* « inventer, exagérer » ;

— par syncope : *emberlificoter* → *emberlifiquer ; ratatiner* → *ratater ;*

— par insertion : *cafouiller* → *carafouiller* → *caracafouiller brouiller* → *brouillager ;*

— par dépréfixation : *emberlifiquer* → *berlifiquer ;*

— par contamination : *croustiller* → *roustiller* d'après *roussir.*

Il recherche les calembours *(bavarder → baver)* et les « mots-valises » (ainsi appelle-t-on, depuis Lewis Carroll, les mots qui ont « deux significations empaquetées en un seul mot » comme *cambrousse*, de *campagne* et *brousse*, ou *foultitude*, de *foule* et *multitude*) : *phrasibuler* (faire des *phrases* et des *bulles*), *prestidigieux (prestigieux, prestidigitateur), falsifis (falsification, salsifis), miraginer (mirage, imaginer).* (D'après A. Juilland, dans *le Français moderne*, janvier 1980.)

Le dépouillement d'un roman de San-Antonio, *Bravo, Docteur Béru,* a permis de dresser une liste de 31 suffixes librement ajoutés (de valeur argotique), parmi lesquels on remarquera :

> **-âbre** *(seulâbre),* **-ance** *(cuistance),* **-ante** *(tocante),* **-iche** *(fortiche),* **-if** *(calcif),* **-inche** *(aminche),* **-ingue** *(pardingue),* **-man/men** *(grincheman),* **-oche** *(téloche),* **-on** *(bifton),* **-oque** *(éconocroque),* **-ouze** *(brêmouze, de brême,* carte à jouer), **-uche** *(baluche, Pantruche).* (Fr. Vilespy, *Grammatica* 1976.)

Loin de ces forgeries joyeuses, la néologie fonctionne en permanence, sans autre connotation que rébarbative, dans les langues scientifique, administrative et politique : *déductibilité, inévitabilité, attractionnel, interchangeabilité, interdisciplinarité, omnidirectionnel, désabsolutisation, reconditionnement, autofinancement,* etc. Des écrivains d'esprit philosophique suivent les mêmes recettes : Simone de Beauvoir parle d'*impermanence*, d'*aventuriérisme*, d'*intentionalité*, de *coopérativisation*. D'autres y montrent un talent littéraire :

> Le long d'un ciel **crépusculâtre,**
> Une cloche **angéluse** en paix (J. Laforgue)

> Un des appareils d'arrosage, debout sur son pied unique, **rouait** sur le gazon, ouvrant sa queue de paon blanc barrée d'un instable arc-en-ciel. (Colette)

Remarque :

Estimant que tout signifié, même nouveau, peut être exprimé avec des signifiants anciens, Victor Hugo, dont le vocabulaire est considérable, réprouvait le néologisme.

48 CRÉATION DE MOTS COMPOSÉS

Dans *Parlez-vous franglais ?* René Etiemble attire l'attention sur un mode de composition emprunté par le « sabir atlantique » (le français d'aujourd'hui) aux langues germaniques que sont l'allemand et l'anglais. Ce type, qu'il appelle *composition par gémellation ou juxtaposition,* est en fait celui que représentent dans le *Code du français courant* (§ 94, case C) trois exemples : *timbre poste, thé citron, pause café ;* deux noms directement juxtaposés sont entre eux dans un rapport de relation (et non de coordination ou d'apposition).

Timbre poste et *thé citron* (comme *café crème*) sont antérieurs à l'invasion dont s'alarme Etiemble, mais *pause café*, récent, peut lui être imputé.

Dans les composés germaniques, le complément précède le support : *Frauenzimmer*, « la chambre *(Zimmer)* des femmes *(Frauen)* ; *market-place*, « place du marché ». Sur ce modèle seraient faits *actualité-enquêtes, arts informations, latin disques, pluie-confort*. Mais plus souvent l'ordre support + complément, habituel en français, est observé comme dans *pause café, crédit-vacances, élégance-chapeau, équipement-neige, examen-fenêtre, surface-rangement*.

Il est certain que ce type, rare jusqu'au XIXᵉ s., a connu dans la seconde moitié du XXᵉ s. un grand développement, où l'anglais a pu jouer un rôle. Mais n'oublions pas qu'il a des racines médiévales *(Hôtel-Dieu, Ville-l'Evesque)*, qu'il avait quelque existence avant 1940, et qu'il présente le plus souvent l'ordre inverse de celui qu'il a en anglais. C'est une construction concise, usitée principalement dans les placards publicitaires, les marques commerciales, toutes dénominations abrégées. La connotation en est moins « American way of life » que « dynamisme, rapidité ». C'est un cas parmi les autres de réduction par effacement (§ 62), légitime en français, opportunément retrouvé et exploité au siècle où la vitesse impose paradoxalement le retour au style lapidaire.

F. Morphologie

49 ÉCARTS FORMELS

On appelait autrefois « barbarisme » tout écart portant sur les marques de catégorie (genre, nombre, temps, etc.). Le terme venait, par le latin, du grec où *barbarismos* évoquait la manière dont les Barbares (tous les étrangers) parlaient le grec.

● Le mot, s'il n'était malsonnant, conviendrait aujourd'hui pour nommer toute espèce d'écart morphologique par substitution de code : non seulement l'amusant chassé-croisé des genres dans la lettre d'un hôtelier autrichien promettant *de la beurre* au petit déjeuner servi dans *le chambre*, mais la scrupuleuse conservation d'une marque de pluriel à la 3ᵉ personne du verbe dans la prononciation d'un Français de la Somme qui oppose :

> *i le laiss' pas partir* (il le laisse pas partir)
> *i le laiss't pas partir* (ils le laissent pas partir).

Sur d'autres points, certaines provinces ont été moins conservatrices, par exemple dans la généralisation souvent observée de la terminaison de 1ʳᵉ personne du pluriel :

> *J'te craignons point, j'sons riche et tu l'équions point.*
> (Henri Monnier)

C'est ainsi que Molière faisait déjà parler ses paysans (ex. : *Don Juan*, acte II).

● Ces particularités appartiennent à l'histoire autant qu'à la géographie : aucun jeune Français ne dit plus *j'étions.* En revanche, les altérations ou normalisations à connotation sociale sont bien vivantes. La langue populaire supprime les variations radicales redondantes : *un œil/des œils, un bocal/des bocals.* Le radical verbal est parfois unifié : *j'empacterai* (refait sur *empaqu'ter*), *j'envoierai* (sur *noyer*), *l'eau bouera* (comme *louera,* d'après l'homophonie *bout/loue*), *ils croivent* (comme *boivent,* d'après *croit/boit*), etc. L'auxiliaire temporel *avoir* est généralisé : *j'ai pas sorti, elle s'a pas fait mal.* Le réfléchi est invariable à l'infinitif des verbes pronominaux : *Où êtes-vous allés se promener ?* La forme en *-u* du participe passé est étendue indûment à quelques verbes : *bouillu, sentu.*

On trouve de tels barbarismes sous la plume des écrivains, et l'on peut croire qu'ils sont intentionnels quand il s'agit de Céline écrivant : *Je bouille (Bagatelle pour un massacre), Je sollicitai qu'on m'admisse (Voyage au bout de la nuit).* Mais chez d'autres il ne peut s'agir que d'inadvertances sans rapport avec notre étude du style : *Il recouvrit la santé* (Montherlant), *la pomme d'Adam saillissante* (La Varende), etc.

● On doit mentionner à part certaines déformations analogiques du ressort de l'argot des écoles : *bural, fardal* remplacent *bureau, fardeau* d'après *journal/journaux ; protal* remplace *proto* (réfection de *proviseur* d'après le grec *prôtos,* premier ?) ; *crotale* reçoit le pluriel *crotaux.*

50 VALEURS STYLISTIQUES DES CLASSES GRAMMATICALES

Alors que les écarts formels sont des indices (quelquefois volontaires) de l'appartenance du locuteur à un groupe ethnique, régional ou social, le choix des classes de mots et des catégories est lié aux conditions particulières de chaque énonciation, au contenu du message.

Comme il est dit au § 107 du *Code du français courant,* l'emploi de la forme nominale, ou adjective, ou verbale entraîne une **manière de signifier** : le nom présente son référent comme une **substance** (C.F.C. § 108), l'adjectif qualificatif comme une **propriété essentielle** (§§ 108, 111, 122), le verbe comme un **procès** inscrit dans le temps (§ 169).

Si deux locuteurs, par exemple deux écrivains, racontent une même suite d'événements, il est clair que la différence entre les fréquences relatives des noms, des adjectifs et des verbes qu'ils emploient l'un et l'autre est liée à une manière différente de concevoir ce même référent. L'un multiplie les adjectifs : c'est un observateur, sensible aux qualités durables, à l'aspect des substances. L'autre multiplie les verbes : l'action seule l'intéresse, l'enchaînement des causes et des conséquences, ce qui arrive, ce qui se passe, ce qui finit.

Évidemment, la nature du référent favorise une classe de mots ou une autre : la description d'un appartement appelle des noms, le portrait physique et moral d'une personne demande des adjectifs, le récit d'une vie nécessite, entre *naître* et *mourir,* beaucoup de verbes. Il n'en est pas moins vrai qu'à référent égal la préférence accordée à telle ou telle classe de mots caractérise le style d'un écrivain. Son « profil » littéraire ne laisse d'ailleurs pas d'être caractérisé par la préférence accordée à tel ou tel sujet.

Remarque :

Le tableau suivant, emprunté à la thèse de Pierre Guiraud, *Langue et versification d'après l'œuvre de Paul Valéry,* donne la **fréquence relative des parties du discours chez quelques poètes**, comparée à celle de la prose au XIXᵉ s. (ce tableau ne prend pas en compte les « mots grammaticaux » comme les articles, les prépositions, etc., dont la fréquence globale est égale à celle des mots pleins) :

	substantif %	verbe %	adjectif %	adverbe %
Norme prose XIXᵉ s.	41,8	31,8	15,2	11,2
RONSARD	45	25	17,5	12,5
LAMARTINE	52	24	15	9
VIGNY	50,5	26	16	7,5
V. HUGO	46,3	30	15,3	8,5
BAUDELAIRE	46,4	21	24,2	8,4
MALLARMÉ	45,2	23,3	22,2	9
CLAUDEL	49	25,3	14,3	11,2
RIMBAUD	55	18,5	18	8
APOLLINAIRE	48,5	27,5	14,5	9,5
VALÉRY	45,5	25	21,5	8

Guiraud rappelle un jugement de J. Vendryes (1923) selon qui la hiérarchie des mots sous le chef de la valeur poétique s'échelonnerait du plus concret (le nom propre) au plus abstrait (les mots grammaticaux) ; « les mots qui frappent le plus sont ceux qui éveillent immédiatement une image visuelle » : *chien* frapperait plus qu'*aboyer*, et *chien noir* plus que *chien.* Mais la science, aujourd'hui, se défie des jugements intuitifs, et n'a pas encore trouvé de test pour mesurer la vertu « poétique » ou « frappante » des classes de mots. Chaque appréciation reste conjoncturelle.

51 VALEURS STYLISTIQUES DES CATÉGORIES GRAMMATICALES

L'étude stylistique du signifié lexical des mots menée du § 26 au § 48 a été un inventaire de « figures », c'est-à-dire d'emplois s'écartant de la norme, et de types de connotations s'attachant à certains mots sans figure. Il n'était pas possible de soumettre les mots du lexique, un par un, à l'examen de toutes les figures auxquelles ils peuvent donner lieu.

On ne peut pas non plus envisager de passer ici en revue toutes les classes grammaticales et leurs variations morphologiques en dressant l'inventaire de tous les signifiés stylistiques possibles : ce serait recommencer, avec des prolongements sans limite, l'exposé consacré à ces formes dans le *Code du français courant.*

Il faut essentiellement montrer **à quelles sortes de connotations** peut donner lieu le choix des formes et des catégories.

On y retrouve l'**archaïsme**, par exemple l'emploi au XIXe s. du Subjonctif plus-que-parfait irréel (C.F.C. § 199) :

> *Je suis né romantique et j'**eusse été** fatal*
> *En un frac très étroit aux boutons de métal.* (Verlaine)

ou l'emploi, inconnu du français courant (C.F.C. § 158) du relatif *qui* avec un antécédent inanimé :

> *Étroit espace lumineux d'une vie sur **qui** va tomber la pluie*
> *noire de l'exil.* (Barrès)

On y retrouve le **régionalisme**, consistant par exemple à remplacer le Subjonctif par l'Indicatif, usage limité au Nord et à la Bretagne selon Marcel Cohen (*Nouveaux regards sur la langue française,* 1963) :

> *Il faut que je vais à la poste.*

On y retrouve l'**euphémisme** dans le conditionnel de politesse :

> *Pourriez-vous parler moins fort ?*

On y retrouve le niveau **littéraire** (emploi de l'Imparfait du Subjonctif), le niveau **familier** (emploi de *on* pour *nous*), le niveau **populaire** *(Mets-toi z'y, C'est plus pire, Si j'aurais su...).*

Les prochains paragraphes montreront, sans prétendre épuiser la liste, quelques-uns des effets stylistiques propres aux principales catégories : genre, nombre, actualité nominale et verbale.

Remarque :

Les « tropes » se retrouvent-ils ? Le Présent de narration est donné, au § 185 du C.F.C., comme un emploi « métaphorique » parce qu'il prend la dénotation d'un Passé avec la connotation qu'il tient de son emploi normal (procès auquel on assiste). Pourtant la rhétorique traditionnelle limite le champ de la métaphore au domaine lexical, et nomme **énallage** (en grec « changement », nom féminin), toute substitution d'un temps ou d'un mode à un autre. L'Infinitif de narration (*Grenouilles de sauter,* C.F.C. § 244) est une énallage de mode.
Certains théoriciens (comme H. Morier) limitent l'énallage aux emplois du verbe ; d'autres l'étendent à tous les cas de substitution morphologique, comme d'un nombre à un autre, d'une personne à une autre. Le plus prudent est d'écarter ce terme tant qu'il n'est pas possible d'asseoir son sens sur une théorie ferme. Les signifiés grammaticaux n'ayant pas encore été analysés et circonscrits à l'égal des signifiés lexicaux, on est rarement à même d'affirmer qu'un emploi est propre à l'exclusion des autres. La notion de trope n'est pas pertinente en morphologie si les différents emplois relevés sont des « effets de discours » d'une valeur unique (« de langue ») plus abstraite, sous-jacente dans la compétence inconsciente des usagers du langage (théorie de Gustave Guillaume, maintenue ou reprise sous plusieurs formes).

52 CONNOTATIONS DU GENRE

Les variations du nom, du pronom et de l'adjectif ont des signifiés intéressant la désignation de la substance.

Le sens des **genres** est expliqué aux paragraphes 119 (masculin/féminin) et 136 (neutre) du *Code du français courant.*

● Le docteur Pichon, pénétrant linguiste et médecin psychiatre (cf. § 42) appelle *sexuisemblance* la catégorie du genre opposant le féminin au masculin. Selon lui (et son collaborateur Damourette), la différence qui fonde l'opposition *homme/femme* et *chien/chienne* est sous-jacente dans l'inconscient de l'*homo loquens* lorsqu'il pense *fauteuil/chaise, soleil/lune* (mais les genres sont inversés en allemand), *torrent/rivière,* etc. Une vue semblable était exprimée en 1799 par l'abbé Sicard.

Les statues du Rhône et de la Saône par Coustou à l'Hôtel de Ville de Lyon sont celles d'un homme et d'une femme. C'est la règle observée pour toutes les personnifications en sculpture ou en peinture. Henri Monnier manifeste la sottise de son personnage Joseph Prudhomme en lui faisant dire : *« Tous les arts sont sœurs »* (Bergson, *Le rire*).

Selon Damourette et Pichon, la connotation du genre féminin est « affectivité » plutôt que « sexe ». Jean Giraudoux traduit ainsi la mélancolie d'un père en deuil de sa fille :

> *Une vertu féminine gagnait la nature entière. Le parc et les bois devenaient **la forêt**, les prés devenaient **la prairie**, jusqu'au château qui s'humiliait, souriait, se simplifiait et dans le cœur de Fontranges devenait **la maison**. (Bella)*

Si les noms exprimant la « peur » sont plus nombreux au féminin *(peur, crainte, panique, horreur, terreur, épouvante, frousse, trouille, venette)* qu'au masculin *(trac, effroi)*, c'est dû à l'affectivité qui s'attache à ce sentiment.

Le nom *automne* est de genre incertain (C.F.C. § 119, Rem. g). La comparaison des textes suivants montre quel parti les poètes peuvent tirer de cette latitude :

> *Lâche comme le froid et la pluie,*
> *Brutal et sourd comme le vent,*
> *Louche et faux comme le ciel bas,*
> *L'Automne rôde par ici...* (Francis Vielé-Griffin)
>
> *Saison fidèle aux cœurs qu'importune la joie,*
> *Te voilà, chère Automne, encore de retour...*
>   (Charles Guérin)

● Le neutre supprime non seulement l'opposition de sexe, mais même le trait « animé », d'où la connotation qu'il prend par « métaphore » dans cette phrase, prononcée par un homme ou par une femme :

> *Il y a trente ans que j'ai épousé **ça** !* (Gyp)

53 CONNOTATIONS DU NOMBRE

La catégorie de l'**aspect nominal** (C.F.C. § 113) permet, on le sait, de donner du même référent une vue « nombrable » *(un poulet/des poulets)* ou *« continue » (du poulet).* Il est bien connu aussi que certaines substances favorisent un aspect plutôt que l'autre : il est naturel de dire *un enfant* ou *des enfants*, et *du beurre*.

Appliquer l'aspect continu à une substance nombrable par nature, c'est faire une métaphore morphologique, comme ce médecin, collègue du Dr Pichon, qui demandait :

> *Avons-nous du malade aujourd'hui ?*

ou comme le promoteur d'une résidence à Saint-Tropez qui transformait le nom de cette ville en un nom d'action en bourse :

> *Achetez du Saint-Tropez.*

Le pluriel remplace le singulier continu pour amplifier par « métaphore » l'image (« pluriel augmentatif ») :

> *Il s'éleva dans les airs.*
> *Les sables s'étendaient à perte de vue.*

ou pour évoquer par « métonymie » les manifestations nombreuses d'une qualité ou d'un sentiment (§ 33) :

> *Thésée à tes fureurs connaîtra tes bontés.* (Racine)

Dans l'aspect nombrable, le choix du singulier ou du pluriel est fortement conditionné par le référent : *une pomme* (n = 1), *des pommes* (n ⟩ 1).

Mais le « singulier général » concurrence le pluriel, avec une connotation renforcée de généralité, d'habitude ; comparer :

> *Tu cherches les difficultés.*   *Les hôtels sont chers.*
> *Tu cherches la difficulté.*   *L'hôtel est cher.*

54 ACTUALISATION DE LA SUBSTANCE

L'écrivain dispose, pour ancrer dans le réel les procès de son énoncé, des repères géographiques et historiques que sont les noms propres et les dates.

Les **dates**, étant chiffrées, n'ont guère de place en poésie (§ 41, Rem.). En prose littéraire, sauf quelques grands jalons de l'histoire (1789, 1914), elles sont purement dénotatives, et n'abondent que dans les ouvrages historiques. Au contraire, les **noms propres de lieu** ont souvent une grande richesse de connotation , montrée au § 45.

Mais le temps et le lieu comptent souvent moins que les personnes :

> *Je ne sais plus quand, je ne sais plus où*
> *Maître Yvon soufflait dans son biniou.* (V. Hugo)

Un charme émane des prénoms, même les plus simples, qu'ils aient un référent (comme *Hélène* pour Ronsard, *Annie* pour Apollinaire, *Marie* pour tous les deux), éventuellement dissimulé par le signifiant (*Olive,* anagramme de *Viole* chez Du Bellay ; *Philis* pour l'Oronte de Molière ; *Elvire,* désignant Julie Charles, chez Lamartine), ou qu'ils dénotent un être imaginaire (*Eva,* la Femme, pour Vigny ; *Nana* pour Zola).

Il a fallu de longues pesées, ou du génie, pour trouver les noms de *Bovary* (évoquant *bovin* comme *Bouvard,* l'ami de *Pécuchet*) ; du pharmacien *Homais,* ou, dans *Alcools,* les noms des pécheresses qui viennent raconter leurs fautes à l'Ermite :

> *Zélotide et Lorie Louise et Diamante.*

L'écrivain sait même employer les prénoms comme substituts (moins plats) des pronoms indéfinis (l'un, l'autre, chacun, tout le monde) :

> Demain Cyprien et Henri
> Marie Ursule et Catherine
> La boulangère et son mari
> Et puis Gertrude ma cousine
> Souriront quand je passerai   (Alcools, Les cloches)

Les noms propres (de sens actuel) ne sont pas appréciés pour l'actualité qu'ils apportent dans l'énoncé, mais pour la richesse de leur contenu sémantique (dénoté ou connoté). Pour les noms communs, le contenu sémantique peut suffire, sans actualisation, comme dans ce paysage de Jean Richepin :

> Flots teintés d'améthyste.
> Écumes en batiste
> Aux légers falbalas.
> Horizon de nuées
> Vaguement remuées
> En vaporeux lilas.   (En septembre)

Ayant choisi un mètre court, l'auteur allège opportunément de l'actualisation nominale l'énoncé des mots grammaticaux. Économie impossible s'il alignait des propositions, car le verbe exige des partenaires actualisés (sujet, objet).

Normalement, un être ou un objet nouvellement nommé dans le discours reçoit, transitoirement, l'article indéfini :

> Le long d'**un** clair ruisseau buvait **une** colombe.

Par une sorte de métaphore, l'écrivain peut employer d'emblée l'article défini comme si l'être ou la chose était connu, ou visible, du lecteur : manière de transporter celui-ci dans la scène décrite. Un exemple en est donné au § 6 (3°), où l'actualisation définie connote le caractère familier pour Verlaine d'un jardin où le ramène « après trois ans » le souvenir d'une morte. Dans *Choses du soir*, Victor Hugo ne se met pas en scène, mais nous présente « comme si nous y étions » un paysage fantastique :

> La sorcière assise allonge sa lippe ;
> L'araignée accroche au toit son filet ;
> Le lutin reluit dans le feu follet
> Comme un pistil d'or dans une tulipe.

Peut-être, par la vertu de cet article, les « choses » prennent-elles, de plus, un caractère **général** qu'une majuscule pourrait souligner graphiquement, et qui est le plus souvent celui des animaux dans les *Fables* de La Fontaine (comparer : *un renard/le Renard*).

Les adjectifs et pronoms démonstratifs sont souvent mis à contribution pour mieux « faire voir » les objets nommés :

> J'offre **ces** violettes
> **Ces** lis et **ces** fleurettes
> Et **ces** roses ici... (Du Bellay, *Jeux rustiques*).

> Vois sur **ces** canaux
> Dormir **ces** vaisseaux   (Baudelaire, *L'invitation au voyage*)

55 CONNOTATIONS DE LA PERSONNE

Le système des pronoms personnels, déterminant la personne du verbe dont ils sont sujets, marque les rapports entre partenaires de l'énonciation :

> *moi* dénote « le locuteur »
> *toi* dénote « le destinataire »
> *lui (elle)* dénote « quelqu'un d'autre »
> etc. (C.F.C. § 140).

Tout écart de ces conventions produit un effet de style.

Mentionnons par prétérition — parce qu'elles se sont intégrées à la norme avant la naissance du français — les « métaphores » consistant à dire *vous* pour *tu* (pluriel de politesse) et *nous* pour *je* (pluriel de fonction, de majesté ou de modestie). On sait qu'en allemand le « vous » de politesse est la 3e personne du pluriel, et qu'en anglais la politesse s'est étendue à tout destinataire.

Indépendamment de la 3e personne de déférence exigée jadis des domestiques (« *Monsieur a-t-il soif ?* »), il existe dans l'usage oral (surtout féminin) un emploi de la 3e personne du singulier pour la seconde :

> — *Elle s'est habillée en été ?*

connotant une réflexion *in petto* dans cet exemple, et évitant ailleurs, comme peut le faire *on*, le choix entre *tu* et *vous*.

La généralisation du tutoiement entre jeunes gens depuis le milieu du siècle marque un heureux rapprochement des conditions, aux dépens d'une connotation affective qu'avait naguère le *tu* sélectivement accordé.

Les écrivains, depuis les Chansons de geste, ont su tirer parti du passage de *vous* à *tu* ; on sait les effets pathétiques qu'en a tirés Racine quand Hermione s'adresse à Pyrrhus (*Andromaque*, v. 1356), et à Oreste (v. 1533). Verlaine, dans la *Lettre* des *Fêtes galantes*, fait succéder à la galanterie sophistiquée du *vous* :

> *Eloigné de vos yeux, Madame, par des soins*
> *Impérieux (j'en prends tous les dieux à témoins),*
> *Je languis et je meurs, comme c'est la coutume*
> *En pareil cas...*

la familiarité prosaïque du *tu* :

> *En attendant, je suis, très chère, ton valet.*
> *Tout se comporte-t-il là-bas comme il te plaît,*
> *Ta perruche, ton chat, ton chien ?...*

Un romancier, en tant que narrateur, est locuteur et peut se désigner par *je* s'il raconte ses propres aventures, en révélant ses sentiments et ses pensées intimes. Il emploie normalement la 3e personne s'il raconte les aventures d'un autre, dont il peint les actes d'une manière objective. Mais il peut aussi se mettre, et mettre son lecteur, à la place du tiers en employant *je*, ou, inversement, raconter ses propres aventures à la 3e personne par discrétion ou pour donner l'impression de l'objectivité (comme César raconte la guerre des Gaules). Marcel Jullian imagine une alternance :

« J'avais longtemps rêvé d'écrire ce livre à deux voix en utilisant le *je* et le *il*. Avec le premier, j'aurais relaté tout ce qui est daté, précis, exact, identifiable, le vécu avoué. Par exemple, je suis né à Châteaurenard-de-Provence le 31 janvier 1922. C'est vérifiable. (...) Avec le *il*, j'aurais navigué dans cette « onde mauvaise à boire » du vécu rêvé, où tout peut être vrai ou faux, ou outré ou atténué, ou ailleurs ou à un autre moment... » *(Délit de vagabondage)*

Apollinaire donnait l'exemple d'un dédoublement analogue, par alternance de *je* et de *tu*, dans le premier poème (biographique) d'*Alcools, Zone* :

> *J'ai vu ce matin une jolie rue dont j'ai oublié le nom*
> *(...)*
> *Voici la jeune rue et tu n'es encore qu'un petit enfant*
> *Ta mère ne t'habille que de bleu et de blanc...*

Un procédé, pratiqué oralement autant que par écrit, pour faire participer le destinataire à l'action, est l'actualisation par un possessif de la 1re personne du pluriel :

> *Ainsi raisonnait notre lièvre.* (La Fontaine)

Michel Butor, dans *La modification*, énonce à la 2e personne du pluriel tous les actes et les pensées du personnage central, comme pour mieux mettre son lecteur dans l'intimité de sa « modification » morale :

> *La dernière bouchée avalée, vous avez enfilé votre manteau, vous êtes descendu, vous êtes allé prendre au garage, rue de l'Estrapade, votre quinze avec laquelle vous êtes sorti de Paris, vous avez fait près de cent kilomètres dans la nuit pluvieuse...*

L'emploi de *tu*, au lieu de *vous*, aurait été plus familier, mais ambigu, pouvant désigner, aussi bien que le lecteur, le locuteur, ce que précisément l'auteur veut éviter.

Le pronom de la 3e personne, pour ne pas faire intervenir les partenaires de l'énonciation, n'en est pas moins apte à se charger d'une profonde affectivité ; l'absent ou l'absente n'est pas forcément « loin du cœur » *(Lui, Elle)*. Le personnage désigné dans cette « Chanson » de Maeterlinck n'est pas autrement nommé :

> *Et s'il revenait un jour*
> *Que faut-il lui dire ?*
> *— Dites-lui qu'on l'attendit*
> *Jusqu'à s'en mourir...*

56 ACTUALISATION DU PROCÈS

Aux procédés d'actualisation de la substance qui présentent comme connues ou inconnues les personnes et les choses répond, dans le domaine du procès, l'emploi de certains temps et de certains modes.

L'**Indicatif** donne l'actualisation maximum (C.F.C. §§ 180, 192), c'est-à-dire le meilleur repérage sur le MAINTENANT de l'énonciation (instant présent absolu).

Le **Présent de narration** place le lecteur, par « métaphore », au sein d'un procès passé ou imaginaire comme s'il le vivait (C.F.C. § 185). Mais l'effet n'est fortement senti que si ce temps succède à un temps du passé ; employé d'emblée, le Présent, interprété comme « atemporel », laisse oublier son point d'ancrage (Présent dit **historique**).

Le Passé composé à valeur aspectuelle (C.F.C. § 188), temps relatif au présent, implique mieux le repère présent « métaphorique », comme dans ce vers qui commence un sonnet de Heredia, *Le Prisonnier :*

> *Là-bas, les muezzins ont cessé leurs clameurs.*

L'Imparfait, temps relatif à un repère passé, et qui donne le procès comme en train de se dérouler, a également l'effet d'en rendre le lecteur témoin :

> *Les champs n'étaient point noirs, les cieux n'étaient pas*
> *mornes.*
> (Hugo, *Tristesse d'Olympio*)

Le Plus-que-parfait conjugue les deux effets :

> *L'enfant avait reçu deux balles dans la tête.*
> (Hugo, *Souvenir de la nuit du 4*)

On sait que la langue écrite dispose d'un temps, le **Passé simple** (avec son composé le Passé antérieur) dont la valeur aspectuelle propre est de rejeter dans le passé le procès énoncé en le coupant de tout lien avec le repère MAINTENANT, et en donnant de son déroulement une vue **dynamique** (progressant du début à la fin), alors que l'**Imparfait** en donne une vue **statique** (sécante, C.F.C. § 187). Dans un récit littéraire, l'alternance de ces deux temps convient à l'alternance de la **narration** et de la **description** (C.F.C. §§ 187-188).

L'Imparfait flash :

> *A trois heures 54, Lafitte franchissait la ligne.*

est un emploi « métaphorique » apparu au XIXe s., et très employé aujourd'hui dans la langue journalistique.

Dans le **Conditionnel de rêve** (C.F.C. § 197), la dénotation « imaginaire » s'accompagne d'une connotation sans figure, comparable au halo affectif du lexique (§ 45). Elle n'est pas réservée à la poésie, du moins au sens strict de ce mot (§ 10), comme en témoigne cet emploi dans un placard publicitaire pour un immeuble près de Deauville (deux enfants jouent sur une plage, l'un d'eux parle dans une bulle) :

> *On aurait une maison là.*
> *Le samedi, très tôt comme ce matin, on irait chercher des coquillages et puis on irait à la pêche avec papa et les poissons on les mangerait à la maison tous ensemble.*
> *Tu sais, on sera vraiment heureux quand on aura une maison là.*

L'équivalent de l'effet produit par l'absence d'article devant le nom (virtualité) est obtenu dans le domaine verbal par l'emploi de l'**Infinitif**, qui décroche le procès du repère MAINTENANT (C.F.C. §§ 194-195). Dans un poignant poème des *Feuilles d'automne* où il définit amèrement le bonheur, Victor Hugo raconte en 40 vers à l'Infinitif toute la vie de l'homme, résumée ensuite en ces quatre vers :

> *Hélas ! naître pour vivre en désirant la mort !*
> *Grandir en regrettant l'enfance où le cœur dort,*
> *Vieillir en regrettant la jeunesse ravie,*
> *Mourir en regrettant la vieillesse et la vie !*

Au Subjonctif s'attachent aussi quantité de connotations dans les cas où le choix en est libre (C.F.C. §§ 257, 262) et même là où le code l'impose (C.F.C. § 247).

Remarque :

L'absence du Passé simple en français parlé (depuis plusieurs siècles) a conduit certains linguistes de grande notoriété à sous-estimer sa valeur fonctionnelle. Le retentissement qu'a eu leur appréciation rend nécessaire un bref rappel critique.

Pour Roland Barthes *(Le degré zéro de l'écriture, 1953)*, le Passé simple « signale un art : il fait partie d'un rituel des Belles-Lettres. Il n'est plus chargé d'exprimer un temps. (...) Image d'un ordre, il constitue l'un de ces nombreux pactes formels établis entre l'écrivain et la société, pour la justification de l'un et la sérénité de l'autre (...) il est un mensonge manifesté ».

Pour Marcel Cohen *(Travaux de l'Institut de linguistique de l'Université de Paris, 1956)*, le Passé simple, temps de la bourgeoisie, fait place aujourd'hui au Passé composé, temps de la société sans classes.

L'interprétation du Passé simple comme une marque de classe sociale est subjective. Une enquête statistique de J. Zezula sur son emploi dans la presse d'aujourd'hui a donné trois fois plus de Passés simples dans le quotidien *l'Humanité* que dans *le Monde*.

Marque de littérature ? En fait il abonde dans les faits divers et les reportages sportifs de quotidiens sans prétention littéraire.

Il reste qu'il est un indice de langue écrite, comme l'essuie-glace est un indice de voiture automobile, ou la voile un indice de bateau.

L'erreur de Barthes et de Cohen a une cause que donnaient d'avance (1937) Damourette et Pichon en distinguant l'emploi légitime de ce temps (le « priscal ») et les emplois « prétentionnistes » qu'en font certaines gens de médiocre instruction « dans l'espoir que leur langage paraisse plus relevé ». Ils tiraient des quotidiens *Le Matin* et *L'Action française* des phrases (datées de 1934-1935) où le Passé simple est employé improprement pour le Passé composé, et concluaient : « Les exemples de ce type ne peuvent entrer en ligne de compte pour un inventaire légitime des positions du priscal. »

En 1959, dans une communication à la Société de Linguistique de Paris (publiée plusieurs fois par la suite), Émile Benveniste déclarait que le français possède deux systèmes de temps à l'Indicatif, correspondant non pas au registre écrit et au registre parlé, mais **« au récit historique »** et **« au discours »**. Comme « discours » signifiait là « discours oral » (éventuellement reproduit dans un texte écrit), la nouveauté n'était pas grande si ce n'est que, selon Benveniste, **le Présent, le Parfait** (Passé composé) **et le Futur étaient « exclus » de l'énonciation historique.**

Il est montré dans le C.F.C. que la coexistence du Passé simple et du Passé composé (dans leurs valeurs différentes) n'est nullement exclue (§ 188, Rem. b) et que le Présent est banal dans le récit historique (§ 185), où il entraîne communément le Futur comme dans l'exemple du *Monde du XXᵉ siècle* (Magnard) cité au § 185 du C.F.C. :

> *Les états-majors* **ont misé** *sur une guerre courte. Selon le plan Schlieffen, la France* **subira** *le premier choc.*

Chapitre 3
La phrase

A. Écarts formels

57 « SOLÉCISMES »

Le grec parlé à *Soloi*, colonie grecque de Cilicie, était souvent donné en exemple de mauvais langage comme celui des Barbares en général (§ 49) ; de là vient le nom de *solécisme*, affecté spécialement en français à la désignation des fautes de syntaxe.

Le solécisme proprement dit existe, c'est une faute d'ignorance du code, comme en commettent les étrangers en mêlant au français les constructions de leur propre langue (on parle en ce cas d'*interférence linguistique*):

> — *Je pense vous vous trompez* (d'après l'anglais : *I think you are wrong*).

Les Français en commettent aussi quand ils veulent employer un tour qu'ils connaissent mal :

> — *J'ai eu bien peur que vous tombâtes* (pour : *tombassiez*, forme licite, mais déjà désuète au XVIIe s.).

Marcel Cohen rapporte *(Toujours des regards sur la langue française)* l'indignation d'une vieille dame qui reprenait son neveu en ces termes :

> « *On ne dit pas les tatanes à Gustave, on dit les tatanes de Gustave.* »

Cette personne « collet monté » admettait les familiarités dans le lexique, non dans la syntaxe.

Il se trouve que le tour condamné était le seul convenable en l'an 1200, mais ni la dame, ni le neveu ne s'en doutaient, et la condamnation aurait été la même dès le temps de Vaugelas.

Si l'on entend par « figure » toute connotation voulue, le solécisme peut être figure, du moment qu'un écrivain le recherche pour produire l'effet « familier » ou « populaire ».

L'**archaïsme** est figure si le locuteur compte qu'il sera reçu comme tel. C'est une figure que la place du pronom conjoint devant le verbe recteur dans cette phrase de Colette :

*Une amie **me** vient voir*

ou l'emploi de *pas* sans *ne* au sens positif indéfini chez Verlaine :

*Es-tu donc **pas*** (= quelque peu) *jaloux ?*

La construction **régionale** de l'infinitif mentionnée au § 2 de ce livre *(pour toi manger)* est une figure dès qu'un locuteur l'emploie pour marquer son origine, ou qu'un écrivain le fait dire à un personnage.

Le **« datif éthique »** (C.F.C. § 218) est une fonction très particulière :

*Qu'on **me** lui fasse griller les pieds !* (Molière)

La dénotation est nulle : le pronom au datif éthique est toujours retranchable. Cette fonction connotative sans dénotation ne peut être comprise que comme un complément d'attribution dont la dénotation (personne affectée physiquement par l'action de faire griller les pieds) est exclue par la logique de la situation : il reste la délectation que le témoin attend pour lui du spectacle.

On peut parler de **métaphore** syntaxique, par exemple quand une proposition construite comme une indépendante interrogative ou impérative est à entendre comme une subordonnée conditionnelle (C.F.C. § 274) :

L'appelles-tu,
Appelle-le, } *il vient tout de suite.*

Les faits de style relevant de la syntaxe vont être examinés sous quatre chefs principaux propres à ce domaine.

Remarque :

Les mêmes précautions sont à observer dans l'interprétation des écarts syntaxiques que pour la morphologie (§ 51, Rem.). Le terme d'*énallage* n'est pas employé, d'autres seront mentionnés au passage.

B. Couverture sémantique

59 MOT OU GROUPE DE MOTS

Une chaîne phrastique exprime un fait ou un ensemble de faits (référent et jugement) qu'on peut supposer analysable en un certain nombre de sèmes (unités minimales de signifié, C.F.C. § 69), par exemple :

sé 1 + sé 2 + sé 3 + sé 4 + sé 5 + sé 6.

L'ensemble des mots composant la phrase **doit couvrir l'ensemble de ces sèmes**, mais chacun d'eux peut en couvrir plusieurs, et souvent le choix est offert entre un mot unique et un groupe de mots synonyme (C.F.C. § 69) ; exemples :

limpide	*ignorer*	*émousser*
très clair	*ne pas savoir*	*rendre moins tranchant.*

Souvent on peut retrouver dans les éléments d'un mot les idées qu'exprime, en les dissociant, un groupe de mots équivalent. Ainsi *roseraie*, synonyme de *plantation de rosiers*, exprime l'idée de *rosiers* par son radical et l'idée de *plantation* par son suffixe ; l'impératif « *Pars* », synonyme de « *Je veux que tu partes* », exprime l'idée de *partir* par son radical, la personne par sa terminaison, la volonté par le mode (impératif) que marque l'absence de sujet.

Mais le groupement de ces idées sous la forme d'un seul mot (*roseraie* ou *pars*) est réalisé une fois pour toutes **dans la langue**, il n'est pas repensé chaque fois qu'on prononce le mot. Au contraire, les groupes syntaxiques correspondants *(plantation de rosiers, je veux que tu partes)* sont créés par celui qui parle au moment où il parle : ce sont des **groupes *discursifs*** (C.F.C. § 81)

Voici quelques autres exemples de mots synonymes d'un groupe de mots :

l'étoile *polaire*	*moindre*	*sagement*
l'étoile *du pôle*	*plus petit*	*avec sagesse*

exterminer	L'avion *survole* la Suisse
détruire entièrement	L'avion *vole sur* la Suisse

une femme *médisante*
une femme *qui dit du mal de son prochain.*

Du point de vue du style, les mots sont plus élégants que les groupes de mots équivalents : plus courts, plus vite compris puisqu'ils offrent à l'esprit des idées simples ou dont le groupement est déjà familier. Mais souvent, au moment de l'expression, la pensée qui s'analyse n'emprunte pas le chemin le plus court : de là l'utilité, quand on écrit, de se relire, pour simplifier après coup l'expression. Ainsi la phrase suivante :

J'estime que tu as raison.

deviendra avantageusement :

Je t'approuve.

Et celle-ci :

Il fut arrêté comme ayant pris part au meurtre d'un roi.

deviendra :

Il fut arrêté comme complice d'un régicide.

On voit l'intérêt qu'il y a à posséder un vocabulaire riche et précis. Prenons comme exemple la famille de sens (C.F.C. § 84) du mot *cheval* : que de détours, de complications et d'imprécisions seront évités si l'on sait employer à propos les noms *poulain, percheron, barbe, roussin, genet, poney...* les adjectifs *alezan, isabelle, bai, pommelé, pie, tigré*, les verbes *broncher, se cabrer, chopper, s'ébrouer, piaffer, ruer* !

Comme il n'y a pas pour le style de règle absolue, il va sans dire que dans certains cas le groupe syntaxique sera préférable au mot ; dans la phrase suivante :

> *Il avançait **avec la prudence** acquise au cours de ses précédentes ascensions.*

le complément nominal *avec la prudence* donne une construction plus facile que ne le ferait l'adverbe *prudemment.*

Remarque :

La possibilité d'analyser le référent en une suite de sèmes est un postulat, dont le bien-fondé, discuté par les philosophes, est sans importance pour cette étude de style.

60 SAISIES DIFFÉRENTES D'UNE MÊME IDÉE ; TRANSPOSITIONS

La couverture du contenu sémantique d'un énoncé par les mots signifiants peut souvent se faire selon différentes structures syntaxiques ; comparer :

> 1. *La pluie n'a pas empêché le match Connors-Pecci.*
> 2. *Connors et Pecci se sont affrontés malgré la pluie.*
> 3. *Le match Connors-Pecci a eu lieu malgré la pluie.*

« Mais, dirait M. Jourdain, de toutes ces façons-là, laquelle est la meilleure ? »

Le facteur essentiel du choix est le partage voulu en **Thème/Propos** (C.F.C. § 15). S'agissait-il de mauvais temps ? La pluie constituera le thème, et la fonction sujet conviendra au mot *pluie* (phrase 1). Était-il question de Connors et Pecci ? Ces deux noms seront sujets (phrase 2). Pensait-on surtout au match qui devait les opposer ? La phrase 3 est alors la plus naturelle. Encore faut-il rappeler qu'un mot dont le sens est présent à l'esprit peut occuper la position de thème en tête de phrase sans être sujet :

> *Malgré la pluie, le match Connors-Pecci a eu lieu.*

Des raisons de style indépendantes de la situation guident souvent le choix ; on peut rechercher la clarté, la légèreté, la variété, l'euphonie. Un tour peut permettre la substitution d'un mot à un groupe de mots (§ 59) ; ainsi la phrase suivante :

> *A voir ce nuage, nous pouvons nous attendre à une belle averse* (12 mots).

peut être raccourcie notablement si l'on change le sujet :

> *Ce nuage nous promet une belle averse* (7 mots).

Diverses considérations peuvent orienter le choix en matière de syntaxe ; à l'instinct, à la réflexion s'ajouteront l'exemple et l'expérience ; avant tout, on s'entraînera aux transpositions syntaxiques : plus souples et plus riches seront les moyens d'expression, plus aisé et plus juste sera le choix.

Les paragraphes du C.F.C. qui indiquent les différentes formes grammaticales capables de remplir une même fonction (sujet § 213, attribut § 219, objet § 215, complément du nom § 231, complément circonstanciel § 225) et ceux qui démontrent l'équivalence des mots et des propositions (§§ 252, 258, 259, 260, 266, 267) nous dispenseront de passer en revue toutes les possibilités de transposition. Il convient pourtant de faire une mention spéciale des « constructions nominales ».

61 LES CONSTRUCTIONS NOMINALES

Comparons les phrases suivantes :

1. *Chaque fois qu'un prisonnier* **s'évade**, *il en résulte que l'autorité supérieure* **envoie** *au front le commandant du camp ou certains de ses subordonnés s'il arrive à prouver qu'ils sont* **responsables** *du fait qu'un prisonnier* **a été mal surveillé**.

2. *Toute* **évasion** *entraîne l'***envoi** *au front du commandant du camp ou de ceux de ses subordonnés sur lesquels il arrive à rejeter la* **responsabilité** *d'un* **défaut de surveillance**. (Jean des Vallières.)

Trois verbes et un adjectif (en caractères gras) employés dans la première phrase sont remplacés par des noms abstraits dans la seconde.

● Voici les avantages de ces constructions nominales qui constituent le « style substantif » :

— Le verbe à un mode personnel ne peut remplir que la fonction de verbe d'une proposition (C.F.C. § 22), l'adjectif celles d'attribut (§ 219) et d'épithète (§ 231). Au contraire le nom est d'un usage très souple : il peut être sujet *(Toute évasion)*, objet *(l'envoi au front, la responsabilité)*, complément de relation *(d'un défaut de surveillance)* et encore apposition, complément circonstanciel (avec un jeu de prépositions et locutions prépositives beaucoup plus riche que celui des conjonctions).

Par l'emploi de noms abstraits, Jean des Vallières a évité les quatre propositions subordonnées dont l'enchevêtrement, dans le premier texte, égare le lecteur et frise le galimatias.

— Le verbe *s'évade* ne dit pas s'il s'agit d'une action unique ou d'une action répétée ; dans le premier texte, la répétition est lourdement indiquée par une locution d'origine nominale *(chaque fois que)* ; au contraire le nom *évasion* peut porter la marque du pluriel *(les évasions)* ou être déterminé par les actualisations du nom *(***toute** *évasion,* **chaque** *évasion ;* **un** *défaut de surveillance)*.

— Alors que le verbe et l'attribut réclament un sujet dont l'indication alourdit inutilement le premier texte (**un prisonnier** *s'évade,* **l'autorité supérieure** *envoie,* **ils** *sont responsables,* **un prisonnier** *a été mal surveillé)*, le nom permet d'omettre le sujet quand il n'en résulte aucune obscurité.

Ainsi la seconde phrase dit autant que la première avec 14 mots de moins ; plus brève, plus simple, elle est incontestablement plus élégante.

— La construction nominale offre souvent un autre avantage qui n'apparaît pas dans notre exemple : elle permet une qualification précise et riche.

Comparez :

> Le vautour **vole** droit, à peu près horizontalement.
> Il poursuit sa route indéfinie, d'une **course** rectiligne, rigou-
> reusement horizontale ou même légèrement ascendante.
> (Paul Painlevé.)

> Vauvenargues était **éloquent**.
> C'était, du côté de Vauvenargues, une **éloquence** pleine
> d'aménité, de grâce et de sagesse. (Marmontel.)

> Elle me dit alors **impatiemment**...
> Elle me dit alors de cet **air** faussement impatienté, si gra-
> cieux, si coquet...
>
> (Balzac.)

● Le style substantif a pourtant des inconvénients :

— Les indications de temps et de mode, que donne le verbe, manquent dans le nom (comparer : Tu t'évaderas, tu t'es évadé, tu t'évadais, évade-toi, et : ton évasion) ;

— Alors que le verbe reçoit toujours facilement la négation (Il **ne** s'est **pas** évadé), le nom n'admet pas toujours un préfixe négatif (*inévasion n'existe pas), si ce n'est le préfixe non, fort peu élégant (sa non-évasion) ;

— Certaines circonstances peuvent être commodément rapportées à un verbe (Je m'évaderai si je peux) et difficilement à un nom (une évasion subordonnée à la possibilité...) ;

L'abus des noms abstraits conduit à des constructions d'une telle densité qu'elles rebutent la pensée, comme dans l'exemple de style administratif donné au § 45 ;

— Le nom abstrait chargé d'exprimer le procès demande un verbe introducteur de sémantisme dépouillé dont l'emploi obligatoire produit un effet de platitude et de monotonie :

> **Il y eut** des cris ; **Ce furent** des applaudissements à tout rompre ; **Faisons** des vœux pour que Paul **fasse** des progrès.

Le défaut est mineur quand les substantifs sont plus nombreux, ou chargés de déterminations :

> Il y eut une panique folle, un galop de bétail mitraillé, une fuite éperdue dans la boue. (Zola)
> Ce fut, de voiture en voiture, un échange incessant de saluts, de sourires et de paroles aimables. (Maupassant)

Et l'on sait qu'il existe des phrases nominales (C.F.C. § 211) supprimant les impedimenta de la chaîne propositionnelle : cris, applaudissements à tout rompre.

● Le style substantif appartient exclusivement à la langue écrite. La langue administrative et la langue scientifique en usent volontiers parce que les noms se prêtent mieux que les verbes et que les adjectifs aux définitions abstraites, reçoivent de leurs mots accessoires des déterminations précises, et s'enchaînent avec une grande rigueur logique dans des phrases reflétant sous une forme très ramassée une pensée complexe. La rançon de ces qualités est dans ces langues sans coquetterie l'abus de la préposition de et surtout des suffixes en -ion (cf. § 45).

Dans la langue littéraire, le style substantif a fleuri au XIXe siècle sous l'influence des frères Goncourt, et il fleurit encore. Il se réclame de la doctrine artistique appelée « impressionnisme ». Le peintre impressionniste cherche moins à représenter fidèlement un objet qu'à nous faire éprouver l'impression qu'il a ressentie à sa vue (cf. § 13). De même l'écrivain, plutôt que de désigner directement les objets, notera d'abord par des noms abstraits les mouvements et qualités par lesquels ils frappent nos sens :

> Rien ne remuait que **la montée intermittente** d'un petit nuage de fumée. (Maupassant)

> Il y a de vieilles petites créatures... empaquetées dans **un étoffement carré de laine.** (E. et J. de Goncourt)

Laissant dans l'imprécision l'auteur de l'action, le nom permet parfois des effets heureux :

> L'ombre trembla sur des randonnées agiles, de lents glissements furtifs...
> (Camille Lemonnier)

Ailleurs le style substantif connote un cérémonial :

> Après l'ajustement du chapeau de ces dames et l'enfilement des pardessus des messieurs, on descendit au perron.
> (P. Margueritte)

Les écrivains impressionnistes ont beaucoup usé de la phrase sans verbe, livrant dans leur première fraîcheur les notes qu'ils ont jetées hâtivement sur leur calepin ; l'emploi du nom pour exprimer les actions ou les qualités favorise ce raccourcissement de construction :

> Tous ces jours-ci, à propos de notre livre, tristesse, ennui, angoisse sourde, inquiétude, disposition à voir noir, supputation des mauvaises chances, travail d'écureuil de l'esprit dans le même cercle de pensées de doute, de défaillance, de désespérance. (Journal des Goncourt)

62 ELLIPSE

La couverture du sens d'une phrase est partiellement implicite dans les cas d'ellipse (C.F.C. § 26) : un ou plusieurs mots nécessaires à la grammaticalité de la phrase sont supprimés par économie si leur sens est facile à rétablir.

La langue parlée use abondamment de ces raccourcis :

> Pas possible ? — Puisque je te le dis !

> Si on allait au stade ? — Oh, toi, avec ton stade ! Si tu savais comme j'en ai assez !

On peut rattacher à l'ellipse la suppression des prépositions (**brachylogie,** du grec brakhus, « court ») devant certains compléments :

— de nom (§ 48) : pause café, crédit-vacances, etc.

— de verbe : Voyagez S.N.C.F. ; Roulez gazoil avec Peugeot, etc.

On recourt à l'ellipse sous l'effet de sentiments vifs qui ne s'accommodent pas des longueurs de l'expression normale. Plusieurs tours de phrase exprimant le désir ou le regret (C.F.C. § 247) ont été à l'origine elliptiques :

> *Si seulement tu m'avais prévenu !*
> *Pourvu qu'il vienne !*

C. Coordination et enchaînement

63 PARATAXE, HYPOTAXE, CONJONCTION, ASYNDÈTE, CORRÉLATION

Les relations grammaticales entre deux propositions, désignées en grammaire sous les noms de *coordination* et de *subordination* (C.F.C. § 23), relèvent de rapports intersegmentaux (entre segments d'énoncés) respectivement appelés en rhétorique **parataxe** et **hypotaxe**. Dans les deux cas existe entre les deux propositions une relation logique (du ressort de la logique grammaticale) qui peut être exprimée par un mot de liaison (conjonction ou mot relatif) ou rester inexprimée, auquel cas on dit en rhétorique qu'il y a **asyndète** (du grec *asundeton*, « absence de lien »). Exemples :

	Mot de liaison	Asyndète
Parataxe	1 *Il pleure, **car** il a faim*	2 *Il pleure, il a faim*
Hypotaxe	3 *Je demande **s'**il est venu*	4 *Je demande qui est venu*

Le style est concerné par ces distinctions dans la mesure où un choix est possible entre un procédé d'expression et un autre.

● Le cas n° 4 (hypotaxe asyndétique) peut être éliminé par prétérition. Il n'existe en français moderne que dans l'interrogation indirecte partielle (C.F.C. § 265). Une phrase comme **Je pense vous vous trompez*, d'un modèle courant en anglais et en allemand, est un « solécisme » (§ 57) en français moderne écrit ou oral, bien que l'ancien français l'ait pratiquée communément : *Je cuit plus sot de ti n'i a* (Je pense qu'il n'y a pas plus sot que toi, *Jeu de la Feuillée*).

● Les cas N° 1 et 2 (parataxe) sont communs et donnent, s'ils prédominent, le **« style coupé »**.

Des linguistes ont vu dans la parataxe un trait des langues jeunes, ou des littératures naissantes, et l'on expliquait ainsi le faible pourcentage (20 %) de propositions subordonnées dans la *Chanson de Roland* ; mais les linguistes du XXe s. ont écarté la notion de « langue jeune » : l'ancien français n'est qu'une forme prise par le bas latin, sans qu'on puisse déterminer un seuil chronologique entre la mort d'une langue et la naissance de l'autre.

Si la parataxe a prévalu dans les chansons de geste, c'est sans doute parce qu'elles étaient chantées sur un thème musical unique de la durée d'un vers.

Il paraît plus juste de dire que **la parataxe caractérise le discours oral**, où l'on entend souvent des propositions coordonnées remplaçant un complément de temps, d'intensité, etc. :

> *Il est venu, j'étais malade.*
> *Elle est méchante, c'est incroyable.*

L'hypotaxe caractérise au contraire **le discours écrit**, surtout juridique, scientifique, philosophique.

Par exemple, le pourcentage des propositions subordonnées est de 17 % dans les dialogues des *Fables* de La Fontaine, et de 30 % dans le *Discours à Mme de La Sablière*.

Mais dans les textes de caractère moins marqué, la parataxe ou l'hypotaxe peuvent prédominer selon les auteurs.

● Une différence stylistique importante existe entre les cas 1 (parataxe syndétique) et 2 (parataxe asyndétique).

Dans les textes anciens en prose comme dans les récits oraux naïfs à toute époque, la narration est constamment relancée par quelque conjonction de pur remplissage : *dé* chez les Grecs, *si* en ancien français, *et puis* ou *alors* dans les histoires que racontent aujourd'hui les enfants. Ces conjonctions, si vide que puisse être leur sens, ont la fonction grammaticale de marquer qu'une unité du même ordre que la précédente (chaîne propositionnelle) va commencer. La conjonction est ainsi un signe de démarcation **interproposi-tionnel**, ne jouant d'ailleurs lui-même aucun rôle dans l'une ou l'autre proposition (C.F.C. § 134).

Cette fonction peut être accompagnée d'une indication sémantique, précisant le rapport logique entre les deux propositions ; c'est le cas de conjonctions comme *aussi, pourtant, au contraire, cependant,* dont l'emploi représente un premier pas vers une certaine élégance.

Un plus grand pas est franchi par la suppression de toute conjonction, c'est-à-dire l'**asyndète**. Elle caractérise, par exemple, la parataxe de La Bruyère, dont le style est réputé coupé non en raison d'une prédominance des coordinations (l'hypotaxe est aussi fréquente, et atteint 80 % dans certains passages), mais parce que l'asyndète s'y fait remarquer par des effets de sobriété, de surprise, de contraste, d'ironie.

> *Arrias a tout lu, a tout vu, il veut le persuader ainsi.*
>
> *Il interrompt, il redresse ceux qui ont la parole ; on ne l'interrompt pas, on l'écoute aussi longtemps qu'il veut parler. (Giton)*
>
> *Il n'y a rien à la cour de si méprisable et de si indigne qu'un homme qui ne peut contribuer en rien à notre fortune : je m'étonne qu'il ose se montrer.*

● Dans la parataxe asyndétique, la relation logique entre les deux propositions, totalement implicite par écrit, est généralement suggérée en discours oral par la courbe mélodique (C.F.C. § 41).

Mais une (au moins) des deux propositions coordonnées peut aussi contenir un terme ou une marque qui, tout en assumant une fonction dans cette proposition, implique l'existence de l'autre et le rapport logique qui les unit. Cette marque impliquante peut être :

— une marque fictive de modalité (interrogation, exclamation, volonté) :

*Il est vert, **tant** il a froid* (C.F.C. § 269) :
conséquence/cause ;
*Il est **si** bon, il pardonnera* (C.F.C. § 269) :
cause/conséquence ;

L'appelles-tu,
Appelle-le, } *il vient tout de suite* (C.F.C. § 274) :
Qu'on l'appelle, condition ;

Qu'on l'appelle ou non, il ne vient pas (C.F.C § 272) :
concession.

— une marque verbale d'irréel, avec ou sans inversion :

***Dussions**-nous y passer la nuit, nous achèverons ce travail*
(C.F.C. § 199, Rem.) : concession ;
*On y **passerait** la nuit, on ne finira pas :* concession.

— l'emploi de *pouvoir* ou d'*avoir beau* :

*Tu **peux** l'appeler,* }
*Tu **as beau** l'appeler,* } *il ne vient pas* (C.F.C. § 272) :
concession.

— la locution adverbiale *à peine* :

***A peine** était-il sorti,* }
*Il était **à peine** sorti,* } *elle éclata de rire :* temps.

— l'emploi d'un temps relatif ;

*Je suis arrivé, il **était parti*** (C.F.C. § 268) : temps.

De telles marques peuvent se répondre d'une proposition à l'autre en formant un système à implication bilatérale : on dit qu'il y a **corrélation** (C.F.C. § 251) :

***Tels** ils étaient alors, **tels** je les vois aujourd'hui*
(C.F.C. § 273) : comparaison ;
***Plus** il fait froid, **plus** il faut se couvrir*
(C.F.C. § 251) : comparaison.

Toutes ces marques affectant une des deux propositions, ou les deux, donnent du relief à la juxtaposition qui tomberait vite dans la platitude, et expriment utilement des relations qui ne vont pas toujours de soi.

● Dans le 3e cas du tableau (hypotaxe syndétique), la proposition subordonnée contient un mot, la conjonction *si*, impliquant l'existence d'une autre proposition liée à celle où il figure, mais ce mot n'a lui-même aucune fonction dans la subordonnée ; sa fonction est **interpropositionnelle** (C.F.C. § 133).

Le mot subordonnant peut être aussi un relatif (pronom, adverbe, rarement adjectif, C.F.C. § 254) qui exerce une fonction dans la proposition où il figure, et joue en même temps le rôle de conjonction, donnant l'unité à la proposition qu'il introduit, et lui conférant une fonction dans la principale (la langue populaire dissocie ces deux fonctions, remplaçant *la dame à qui je porte son pain* par *la dame que je lui porte son pain*).

L'emploi dominant de la subordination donne le **style enchaîné**, réclamant du locuteur et du destinataire un plus grand effort mental que la parataxe, d'où la plus grande fréquence de l'enchaînement dans le discours écrit, qui permet un codage et un décodage plus lents, avec retouches ou relectures. Alors que la parataxe n'associe les propositions que deux à deux si le rapport logique est autre que la simple addition, **l'hypotaxe permet les combinaisons logiques les plus complexes** (§ 69).

● La corrélation peut exister entre des marques implicatives des deux types (propositionnelles et interpropositionnelles) ; c'est le cas normal dans les systèmes consécutifs :

> *Il est **si** bon **qu'**il pardonne tout* (C.F.C. § 270)

comparatifs :

> *Paul est **moins** riche **que** Jean* (ne l'est) (C.F.C. § 273)

conditionnels :

> ***Si** j'étais sa mère, je l'**habillerais** autrement* (C.F.C. § 274).

● L'emploi d'une conjonction vient quelquefois souligner sans nécessité absolue la relation logique qui lie une proposition à la précédente, alors que la seconde exprime le propos, dont la principale exprime une « circonstance » ; on dit alors qu'il y a **subordination inverse** (C.F.C. §§ 268, 274) :

> *L'appelles-tu, **qu'**il ne vient pas.*
> *On y passerait la nuit **qu'**on ne finirait pas.*
> *A peine était-il sorti **qu'**elle éclata de rire.*
> *Je suis arrivé **qu'**il était parti.*

Il y a subordination inverse avec *quand* et *lorsque* dans des phrases comme :

> *Je passais rue Dufour **quand** un bruit me fit sursauter.*

Ce cas de subordination inverse appartient au français courant tenu, ainsi que l'emploi de *que* après *à peine* et après une négation *(Il **n'**était **pas** sorti **qu'**elle éclata de rire)*. Les autres sont familiers ou populaires.

64 INSERTIONS

L'enchaînement reflète en principe l'unité de l'idée ; c'est le cas dans l'exemple suivant, qui ne contient pas de pause :

> *Un décorateur à qui j'ai offert mes services a promis qu'il m'écrirait dès qu'il aurait besoin d'un peintre.*

Les mêmes informations pourraient être données en trois phrases, exprimant trois propos :

> *J'ai offert mes services à un décorateur. Il a fait une promesse : il m'écrira dès qu'il aura besoin d'un peintre.*

L'impression d'unité serait mieux sauvegardée si l'une des propositions figurait en incise (C.F.C. § 250) dans le cours d'une phrase composée du reste :

> *Un décorateur à qui j'ai offert mes services m'écrira (il me l'a promis) dès qu'il aura besoin d'un peintre.*

L'insertion peut avoir la forme d'un complément détaché (C.F.C. § 243) : *à ce qu'il a promis.*

L'insertion d'une proposition indépendante ou d'un complément détaché est souvent motivée par le besoin de greffer sur le propos principal un propos accessoire, explicatif, appréciatif ou descriptif selon les cas.

Souvent une proposition relative épithète (C.F.C. § 253) intègre artificiellement à la phrase un propos secondaire qui pourrait aussi bien constituer une phrase indépendante ; comparer :

> *Le Cid fut joué en 1636 ; cette pièce eut un grand succès.*
> *Le Cid, qui fut joué en 1636, eut un grand succès.*

Le relatif de liaison (C.F.C. § 255) transforme une coordination en une subordination factice :

> *Il ne fume plus. Cela ne lui a guère coûté.*
> *Il ne fume plus. Ce qui ne lui a guère coûté.*

L'enchaînement est souvent jugé plus élégant que la coordination parce qu'il suppose une connaissance plus étendue de la langue, un entraînement à des constructions délicates. Quelques écrivains en abusent pour exprimer les associations d'idées les plus fortuites, les moins rationnelles ; Marcel Proust détenait le record avec des phrases d'une demi-page, Michel Butor l'a pulvérisé dans *la Modification* où la première phrase du 8e chapitre s'étend sur trois pages. Sans tomber dans cet excès, qui doit rester une performance individuelle, on peut connaître les ressources du style enchaîné et en user à bon escient.

L'emploi des compléments détachés permet d'étoffer après coup une phrase dont on a conçu d'emblée la construction :

> *On arriva tout de même, sans encombre, au bout d'une rue provinciale, inachevée, et à la dernière de ses bâtisses, un immeuble à cinq étages, que la rue semblait avoir envoyé en reconnaissance pour savoir si elle pouvait continuer de ce côté, isolé qu'il était entre des terrains vagues attendant des constructions prochaines ou remplis de matériaux de démolition, avec des pierres de taille, de vieilles persiennes posées sur le vide, des ais moisis dont les ferrures pendaient, immense ossuaire de tout un quartier abattu (Alphonse Daudet.)*

Souvent une épithète détachée remplace une proposition incise ou une subordonnée ; comparer :

Le gardien (il était frigorifié) tournait sur place.
Le gardien, qui était frigorifié, tournait sur place.
*Le gardien, **frigorifié**, tournait sur place.*

L'épithète est plus courte, de place plus libre, elle évite la lourdeur des conjonctions, de certains verbes vides et des pronoms relatifs.

Dans le dernier exemple, une relation de cause est devinée, mais non exprimée ; certaines constructions, certains mots permettent cependant d'exprimer la relation avec un complément détaché :
Cause : *Malade **que j'étais**, je suis resté chez moi.*

Temps : ***Une fois** guéri j'irai vous voir.*

Opposition : ***Tout** malade **que j'étais**, je suis sorti.*
*Cet enfant, **pourtant** bien nourri, se porte mal.*
*Puis je descendis l'escalier, **bien que** n'ayant point de chaussures.* (G. de Nerval.)

Certains écrivains aiment suspendre l'enchaînement par des termes intercalés, mettant une coquetterie à faire attendre le mot qui « boucle » la phrase :

Mais, devant la grille du cimetière, tout le monde, instantanément, se tut. (Flaubert.)

65 DISCOURS DIRECT ET DISCOURS INDIRECT

On sait la différence de forme entre le « discours direct » et le « discours indirect » (C.F.C. § 13).

Du point de vue proprement stylistique, **le discours direct** est beaucoup plus propice à l'expression des sentiments parce que les modalités de la phrase se marquent (C.F.C. § 14) dans les propositions principales ou indépendantes, et non dans les subordonnées. Impossible de transposer au discours indirect ces propos mis par Victor Hugo dans la bouche d'un ancien forçat qui, repoussé de partout, a trouvé l'hospitalité chez un évêque charitable :

— Vrai ! quoi ! vous me gardez ? vous ne me chassez pas ! un forçat ! Vous m'appelez « monsieur ! » vous ne me tutoyez pas ! Va-t'en, chien ! qu'on me dit toujours. Je croyais bien que vous me chasseriez. Aussi j'avais dit tout de suite qui je suis. Oh ! la brave femme qui m'a enseigné ici ! Je vais souper ! un lit !...

En revanche, le **discours indirect** sera préféré quand on voudra résumer des propos simplement utiles à l'intelligence du récit :

Quand elle rentra, le soir, à l'hôtel, on lui dit qu'un homme l'avait demandée de la part de M. Paul et qu'il reviendrait le lendemain. (Maupassant.)

Le discours indirect libre permet, comme le discours direct, l'expression des modalités ; les écrivains modernes en ont beaucoup développé l'usage :

> *M. Eugène vérifiait qu'Angélique avait fait disparaître de la boutique la paillasse sur laquelle elle dormait. Allons bon, pour cette fois, rien ne traînait... Et la grande glace, elle avait l'air propre au moins ?* (Aragon.)

D. Ordre des termes

66 TERMES LIÉS

L'ordre des termes liés dans la phrase enchaînée est fixé par des lois strictes (C.F.C. § 240) auxquelles se soumet totalement la langue parlée.

La langue écrite se permet des infractions à l'ordre canonique, appelées **inversions** dans les cas où le sujet passe après le verbe, que la chaîne soit totalement inversée (inversion *caténale*) ou que le verbe soit seulement suivi d'un pronom reprenant le sujet (inversion *morphologique*). Les facteurs grammaticaux de l'inversion sont énumérés au § 241 du C.F.C. ; ils intéressent le style dans la mesure où l'inversion est facultative.

Le nom d'**hyperbate** (du grec *huperbaton*, « passage par-dessus ») est donné plus particulièrement, en rhétorique, aux cas d'inversion d'un mot autre que le sujet, par exemple à l'antéposition de l'adjectif épithète étudiée au § 232 du C.F.C., et à toute autre construction insolite comme :

> *Albe le veut* **et Rome** (Corneille, *Horace*)

On peut regrouper les facteurs d'inversion (ou d'hyperbate) sous plusieurs chefs :

● **Commodité de la construction :**

Souvent le souci de clarté commande le choix entre deux constructions correctes ; ainsi l'on n'écrira pas :

> *Le bois de Bressy a brûlé, Patrice a vu l'incendie de sa maison.*

mais plutôt :

> *Le bois de Bressy a brûlé, Patrice a vu de sa maison l'incendie.*

Aucune règle ne fixe l'ordre des différents compléments se rapportant à un même verbe, mais on conseille en général de placer le plus court le premier ; ainsi l'on dira :

> *J'ai porté au salon le vase que ton cousin nous a offert.*

plutôt que :

> *J'ai porté le vase que ton cousin nous a offert au salon.*

Cette dernière phrase demanderait à celui qui l'entend un plus grand effort de mémoire pour rattacher le second complément au verbe.

Les besoins de l'expression entraînent même des infractions à la règle de l'ordre des mots ; ainsi la langue administrative et la langue scientifique placent souvent en tête le verbe d'une longue série de sujets pour indiquer tout de suite l'action ou l'état qui les concerne :

> **Ont été élus** à la majorité absolue : MM. Dupuis, Lécluze, Legorgeux, Gerbois, Métayer, Delanoie, etc.

● **Organisation logique du discours :**

Certains mots qui par leur fonction devraient être placés après le verbe sont appelés en tête de la phrase par différentes raisons logiques, ce qui entraîne l'inversion du sujet ; c'est le cas :

— avec les compléments de lieu ou de temps de sens défini constituant une bonne assise pour le **thème** de la phrase :

> **Ici** naquit Vauban.
> **Sur ces tables** reluisaient quelques pots ruisselants de vin et de cervoise. (Hugo)
> **En 1802, à Besançon,** naquit un enfant chétif qui devait dominer son siècle littéraire.

— avec les mots de comparaison comme tel, ainsi, reliant l'idée qui vient à l'idée qui précède :

> **Tels** sont mes projets. **Ainsi** ferons-nous.

— avec des compléments marquant un phénomène chronologiquement ou logiquement antérieur au fait communiqué :

> **Après l'averse** vient l'arc-en-ciel.
> **De l'hypocrisie** naît tout le mal. (Fr. Jammes)

— avec les verbes indiquant la succession d'un fait nouveau au fait précédemment rapporté :

> **Arrive** un troisième larron. (La Fontaine)
> **Commença** le défilé des témoins indigènes. (Pouvourville)

Certains mots sont rejetés en fin de phrase pour y prendre la valeur de propos alors qu'ils devraient ou pourraient figurer avant (C.F.C. § 15) ; cette raison vaut pour le sujet des incises comme dit **le comte**, elle s'ajoute au facteur « volume » dans une énumération comme celle de l'exemple donné plus haut (Ont été élus, etc.) ; elle explique le placement de l'objet après le complément de lieu dans :

> Tu achèteras chez Oscar **des œufs**.

● **Ordre expressif des idées :**

La règle de position du propos en fin de phrase est enfreinte pour raison d'expressivité :

— dans l'interrogation partielle (C.F.C. § 245) et dans l'exclamation (C.F.C. § 247) :

> Quelle vitesse faites-vous ?
> Quelle vitesse vous faites !

— quand on veut mettre en valeur un complément, un attribut, un verbe (souvent un subjonctif de souhait) :

> Point de quartier ; **immuable** est la loi. (Molière)
> **Périsse** le Troyen, auteur de nos alarmes. (Racine)

Quelques écrivains trouvent dans les inversions les plus insolites un effet d'inédit expressif ; dans le texte suivant, Saint-Exupéry anticipe le verbe à l'Indicatif (qui entraîne son pronom conjoint) :

> Je me sens... Il n'est pas question de danger ! **M'éblouit** le luxe où je trempe !

● **Tradition littéraire :**

D'une manière générale, l'inversion est recherchée par les écrivains en raison de sa couleur littéraire, puisqu'elle est étrangère à la langue parlée.

C'est une des raisons qui la font préférer à l'ordre normal dans certaines propositions relatives ; elle y est entraînée par l'anticipation obligatoire d'un complément ou d'un attribut :

> Elle l'introduisit dans une salle **que** remplissaient des cuves, **où** virait sur lui-même un axe armé de bras horizontaux.
> (Flaubert)

L'ancien français pratiquait l'inversion du sujet après certains adverbes et certaines conjonctions ; la langue littéraire a conservé et même étendu cet usage ; on fait notamment l'inversion avec les **adverbes** peut-être, à peine, en vain..., avec certaines **conjonctions de coordination** : aussi (= c'est pourquoi), encore, du moins... ou de **subordination** : quand, tant que, comme, que :

> **Peut-être** ne me trouveriez-vous pas plus raisonnable que lui. (Diderot)
> **Aussi** sa vie s'écoulait-elle sans faire plus de bruit que le sable d'une horloge antique. (Balzac).
>
> Tu attendras **que** vienne t'ouvrir l'ermite qui habite là. (Thierry Sandre)
>
> **Quand** refleuriront les lilas blancs...

● **Sonorité et rythme :**

L'ordre des mots peut être commandé par le souci de rapprocher ou d'éloigner certains sons ; ainsi l'on n'écrira pas :

> Il remplit de poi**sson son** panier.

mais plutôt :

> Il remplit son panier de poisson.

Le rythme de la phrase est souvent pris en considération ; Eugène Landry, théoricien du rythme, après avoir écrit la phrase suivante :

> Il n'a pas détaché le vocatif « Monseigneur » du contexte

la corrige ainsi, pour mieux « équilibrer les deux membres » :

> Il n'a pas détaché du contexte le vocatif « Monseigneur ».

La raison de rythme a peut-être joué seule dans ce cas particulier, mais il faut noter que la plupart du temps, en prose, l'ordre qui nous paraît imposé par le rythme est en réalité celui qui donne la construction la plus claire (voir plus haut).

Un effet de rythme souvent recherché, surtout en poésie, est le **chiasme** ; deux termes dans le même rapport grammatical sont placés dans un ordre inverse d'un membre de la phrase à l'autre :

> *La neige* fait *au nord* ce qu'*au sud* fait *le sable.* (Hugo)

Dans les vers, soumis à la tyrannie du rythme, les hyperbates sont souvent commodes ; aussi en rencontre-t-on des plus hardies, maintenues dans l'usage à la faveur d'une langue archaïsante :

> *Maître Corbeau,* **sur un arbre** *perché...* (La Fontaine)
> *Je n'ai pu* **de mon fils** *consentir à la mort.* (Voltaire)

67 DÉTACHEMENT ET DISLOCATION

L'usage des compléments détachés mentionné au § 64 repose sur la possibilité qu'ils offrent de greffer dans le corps d'une phrase des propos supplémentaires. Une autre fonction repose sur leur pouvoir de **modifier l'ordre des mots**, exploité dans la langue littéraire comme dans la conversation pour faire la part du **thème** et du **propos** (C.F.C. § 15).

L'anticipation des compléments circonstanciels les place souvent en position de thème :

> *Hier, à travers la foule du boulevard, je me sentis frôlé par un Être mystérieux...* (Baudelaire)

La dislocation (C.F.C. § 242) produit le même effet pour des compléments non détachables :

> *Ce vin, moi, je le trouve bon.*
> *Toutes les dignités que tu m'as demandées,*
> *Je te les ai sur l'heure et sans peine accordées.*
>
> (Corneille)

La dislocation par reprise permet de mettre en valeur le verbe ou l'attribut en tête de la phrase :

> *Je l'adore, moi, mon futur gendre.* (P. Bourget)
>
> *Qu'il vienne me dire ça, le patron !*
> *Il est dur, le règlement.*

E. Organisation

68 PHRASE INORGANIQUE ET PHRASE ORGANISÉE

Voici une phrase que Léon Frapié met dans la bouche d'un enfant :

> *Une fois, une dame, v'là son sac de lentilles crevé, toutes les lentilles sur le trottoir.*

La forme logique de cette phrase serait plutôt :

> *Une fois, une dame portait un sac de lentilles qui creva, de sorte que toutes les lentilles se répandirent sur le trottoir.*

La première phrase est **inorganique** : les mots n'y sont pas enchaînés par des rapports logiques ; *une dame* n'a pas de fonction : on le prend d'abord pour le sujet d'un verbe, mais le verbe attendu ne vient pas, et la phrase repart d'une autre manière.

La seconde phrase est **organisée** : elle est faite de trois propositions complètes, correctement enchaînées.

Le style inorganique a plusieurs degrés et plusieurs aspects :

PHRASES NON PROPOSITIONNELLES

Le type de phrase le mieux organisé se compose de propositions, mais on sait que la langue de la conversation et la littérature présentent à tout moment des phrases non propositionnelles, dont la base est un **mot non verbal** ou un **verbe sans sujet** (C.F.C. § 211).

> *Un lièvre !*   *Oh ! l'enfant gâtée !*   *Me parler ainsi !*

Cet allègement structural caractérise le discours affectif. Il a ses formes littéraires :

> *O rage, ô désespoir, ô vieillesse ennemie !* (Corneille)

La langue familière remplace une proposition indépendante par un nom suivi d'une relative attributive (C.F.C. § 258) avec une connotation très exclamative :

> *Votre chapeau qui s'envole !*
> *Et moi qui croyais arriver en avance !*

Rappelons le type littéraire de phrase inorganique à effet plus descriptif qu'affectif mentionné dans l'étude des constructions nominales (§ 61) ; en voici un exemple du XXᵉ siècle :

> *Nous avons connu le lever hâtif d'avant l'aube. Le postillon attelle les chevaux dans la cour. Des seaux d'eau lavent le pavé. Bruit de la pompe. Tête enivrée de qui n'a pu dormir à force de pensées. Lieux que l'on doit quitter ; petite chambre ; ici, pendant un instant, j'ai posé ma tête ; j'ai senti ; j'ai pensé ; j'ai veillé.* (André Gide. *Nourritures terrestres*)

ANTICIPATION AFONCTIONNELLE

Voici le début d'un dialogue :

> *Que pensez-vous de ce roman ? — **Moi, ce roman...***

Celui qui répond n'a pas encore formulé mentalement sa pensée, mais il sait qu'il ne risque rien à jeter en avant ces deux mots ; il continuera à son gré :

> *(Moi, ce roman)* { ***il me** lasse.*
> { ***je le** trouve long.*

Le pronom *moi* est ainsi donné — après coup — comme « complément d'objet anticipé » (C.F.C. § 242) dans le premier cas et comme « sujet anticipé » dans le second ; pour le nom *ce roman*, c'est l'inverse. Voilà un moyen, d'emploi constant dans la conversation, d'engager lexicalement et morphologiquement la phrase avant d'en avoir dessiné, ou même conçu, le schéma syntaxique.

Les mots ainsi jetés en tête peuvent être repris sous la forme d'un complément de construction différente ou être seulement rappelés dans un adjectif possessif :

> *Moi,* **ce roman,** *je n'***y** *comprends rien.*
> *Moi,* **ce roman, son** *titre* **me** *déplaît.*
> **Ma sœur,** *je* **lui** *écrirai.*
> **Les punitions,** *il s'***en** *moque.*

Le terme rhétorique de **prolepse** (du grec *prolepsis*, anticipation) convient pour désigner ces constructions où l'on peut voir, comme dans la phrase de Léon Frapié citée plus haut, une légère « anacoluthe » (voir ci-dessous), dont on trouve cependant des exemples dans la langue littéraire la plus châtiée quand l'émotion soustrait momentanément la phrase au contrôle rigoureux de la raison :

> **Ce Dieu,** *depuis longtemps votre unique refuge,*
> *Que deviendra l'effet de* **ses** *prédictions ?* (Racine)

Remarque :

L'anticipation a pour inverse, on le sait, la reprise, dont la valeur stylistique est tout autre (retour sur la détermination et la qualification) et qui est toujours fonctionnellement marquée : *Je n'***y** *comprends rien,* **à ce roman.**

ANACOLUTHE

On appelle **anacoluthe** (du grec *anakolouthon*, absence de liaison) une incohérence de construction. Un exemple net est cette phrase (écrite par un élève pressé) :

> *Dans la rue était pleine de monde*

(le nom *rue*, d'abord pensé comme un complément de lieu détaché, devient sujet de la même proposition).

Un cas fréquent est l'infraction à la règle d'harmonie des termes coordonnés exposée au § 238 du C.F.C. ; on fait un **zeugme** (du grec *zeugma*, joug) incorrect quand on dit :

> *J'entre et je sors de mon bureau*

puisqu'on ne peut dire :

> * *J'entre de mon bureau.*

Cette règle était moins scrupuleusement observée dans l'ancienne langue, et Pascal pouvait écrire :

> *Avant donc qu'il ait été mort, ressuscité et converti les nations, tout n'était pas accompli.*

On appelle **syllepse** (du grec *sullepsis*, action de prendre ensemble) la figure qui consiste à accorder un mot selon le sens contrairement aux règles grammaticales :

> *La noblesse de Rennes et de Vitré l'ont élu malgré lui.* (Mme de Sévigné)
>
> *Je n'ai jamais vu deux personnes être si contents l'un de l'autre. (Don Juan)*
>
> *Quand le peuple hébreu entra dans la Terre promise, tout y célébrait leurs ancêtres.* (Bossuet)

L'anacoluthe peut être une élégance (quand elle fait prévaloir le sens sur la forme). Souvent elle marque l'émotion, comme dans ces vers de Racine où le corrélatif *plus*, exprimé dans deux protases coordonnées, manque dans l'apodose :

> *O ciel ! plus j'examine, et plus je le regarde,*
> *C'est lui. D'horreur encor tous mes sens sont saisis.*

69 LA PÉRIODE

Quand la phrase complexe atteint sa perfection, on l'appelle **période** (du grec *périodos*, circuit).

La période peut être coordonnée ou enchaînée, elle marie ordinairement les deux procédés. Les caractères de la période sont la clarté, la logique, la continuité, l'équilibre des parties, surtout le rythme dont les effets sont comparables à ceux que les poètes obtiennent (cf. IVᵉ Partie) par l'harmonieuse disposition des rimes, des accents et des pauses.

La période est un ornement presque indispensable du genre oratoire, elle résonne solennellement aux voûtes des églises, Bossuet en a prononcé d'admirables. Mais de purs écrivains en ont usé aussi, Chateaubriand pour décrire les merveilles du monde, Flaubert pour montrer la forêt de Fontainebleau.

L'étude du rythme des périodes ne peut se faire que sur des exemples particuliers ; voici une phrase où Chateaubriand évoque divers musiciens de la nature :

> *Le loriot siffle, l'hirondelle gazouille, le ramier gémit ; le premier, perché sur la plus haute branche d'un ormeau, défie notre merle, qui ne le cède en rien à cet étranger ; la seconde, sous un toit hospitalier, fait entendre son ramage confus ainsi qu'au temps d'Évandre ; le troisième, caché dans le feuillage d'un chêne, prolonge ses roucoulements, semblables aux sons onduleux d'un cor dans les bois.*

Nous donnons ci-dessous le plan de cette période découpée selon le rythme des pauses et disposée selon le sens ; les syllabes soulignées reçoivent l'accent tonique et limitent les groupes rythmiques dont les chiffres indiquent le nombre dans chaque membre délimité par la ponctuation. On notera que Chateaubriand observe ici rigoureusement, dans la construction de sa phrase, **la forme ternaire** consistant à grouper les membres ou les termes coordonnés par trois ; ce nombre, donnant une impression de richesse sans excès, fut en faveur pendant tout le XIXᵉ siècle :

```
Le loriot siffle            2
l'hirondelle gazouille      2
le ramier gémit             2
```

le premier	perché sur la plus haute branche d'un ormeau	défie notre merle	qui ne le cède en rien à cet étranger
1	3	2	3
la seconde	sous un toit hospitalier	fait entendre son ramage confus	ainsi qu'au temps d'Évandre
1	2	3	2
le troisième	caché dans le feuillage d'un chêne	prolonge ses roucoulements	semblables aux sons onduleux d'un cor dans les bois
1	3	2	5

Après avoir décrit ce petit concert, Chateaubriand en vient au grand soliste, le rossignol :

```
Lorsque les premiers silences de la nuit          3
et les derniers murmures du jour                  3
              ⌠ sur les coteaux                    1
              | au bord des fleuves                1
      luttent |                                     
              | dans les bois                      1
              ⌡ et dans les vallées                1
lorsque les forêts se taisent par degrés          3
que pas une feuille, pas une mousse ne soupire    3
que la lune est dans le ciel                       2
que l'oreille de l'homme est attentive            3
```

```
le premier chantre | de la création ‖ entonne | ses hymnes | à l'Éternel.
        2                            3
```

Ici l'organisation est très différente, toute la phrase est construite pour faire attendre la dernière proposition ; il y a une disproportion voulue entre les subordonnées et la principale qu'elles réclament.

Cette disproportion est d'autant plus sensible que la période est ordinairement organisée **par masses croissantes**, comme on peut le vérifier en comparant le nombre des groupes rythmiques dans chacune des parties symétriques ; certes, la variété est recherchée dans le rythme comme dans les constructions, mais il est rare que le dernier terme d'une série ne soit pas le plus volumineux. Cet élargissement est appelé **« cadence majeure »**. On l'observe dans le détail de la dernière proposition : 2 groupes + 3 groupes ; on l'y observe même dans le nombre des syllabes prononcées (en ne comptant pas les e muets que la prose parlée ne fait pas entendre) :

⌠ 1er groupe : 4 syllabes   ⌠ 3e groupe : 2 syllabes
⌡ 2e groupe : 5 syllabes | 4e groupe : 2 syllabes
                                             ⌡ 5e groupe : 4 syllabes

Mais globalement cette proposition est très courte par rapport aux subordonnées qui précèdent : elle en acquiert d'autant plus de puissance.

troisième partie

RHE
TO
RIQVE

Chapitre 1
Rhétorique classique

70 HISTOIRE DE LA RHÉTORIQUE

Roland Barthes (§ 7) retrace dans un article de la revue *Communications* (N° 16, 1970) l'histoire de la rhétorique, qui couvre deux millénaires et demi.

Au début du Ve siècle avant J.-C., des querelles de propriété disputées en Sicile devant des jurys populaires firent rivaliser les plaideurs d'une éloquence que des maîtres comme Empédocle se chargèrent d'enseigner à Syracuse. Dès le milieu du siècle, cet art fut importé à Athènes. C'est ainsi que vint s'y établir en 427 le philosophe sicilien Gorgias, célèbre interlocuteur de Socrate dans le dialogue de Platon auquel il a donné son nom. Cet art de la prose consistait en règles concernant l'ordre *(taxis)* et les figures *(skhêmata)*.

Pour Platon (dialogues de *Gorgias* et de *Phèdre*, début du IVe s.), il existe deux rhétoriques, la bonne, ou *dialectique*, qui démontre la vérité, et la mauvaise, celle des rhéteurs et sophistes, qui démontre indifféremment le faux et le vrai.

Trois livres d'Aristote (384-322) distinguent deux arts *(tekhnai)* : la **rhétorique**, art du discours, et la **poétique**, art de la création imaginaire. Le but est de persuader ; l'émetteur du message cherche les arguments, appropriés à la situation ; il tient compte du destinataire (de ce qu'il aime, de ce qu'il croit) ; il énonce son message selon des techniques de *taxis* et de *lexis* (manière de dire, figures).

L'afflux des rhéteurs grecs à Rome à partir du IIe s. avant J.-C. aboutit à l'institution de classes de rhétorique où se pratiquaient les exercices de persuasion *(suasoriae)* et de discussion *(controversiae)*.

On doit à l'avocat Cicéron de nombreux ouvrages de rhétorique, principalement le *De oratore*, où est développée l'étude du style *(elocutio)*. Mais Quintilien surtout, professeur de rhétorique (40-118), programmant dans les douze livres du *De institutione oratoris* toute la formation pédagogique de l'orateur, eut de son vivant, puis à partir du IVᵉ s. jusqu'à l'époque de Racine et Rollin, un prestige considérable. Selon ses conseils, l'enfant, après avoir appris une langue pure de sa nourrice, de son esclave pédagogue et de ses parents, recevait à partir de 7 ans l'enseignement général du *grammairien*, et vers 14 ans celui du *rhéteur* destiné à le rendre puissant par la parole. Mais le livre X de Quintilien s'adressait aussi à *celui qui veut écrire.*

Barthes attribue à Ovide, Horace, Denys d'Halicarnasse et Plutarque une conception unitaire de la rhétorique et de la poétique, fondant la notion moderne de **littérature.**

Au Moyen Age, la culture générale, nourrie aux sources antiques, consistait en sept « arts libéraux » (c'est-à-dire non lucratifs) divisés en deux groupes correspondant aux deux voies de la sagesse (indépendamment de la théologie) :

le **trivium**
$\begin{cases} \textit{Grammatica} \\ \textit{Dialectica (ou logica)} \\ \textit{Rhetorica} \end{cases}$

le **quadrivium**
$\begin{cases} \textit{Musica} \\ \textit{Arithmetica} \\ \textit{Geometria} \\ \textit{Astronomia} \end{cases}$

La théorie de la rhétorique se divisait en cinq parties :

— l'**invention** (grec *eurêsis*, lat. *inventio*) ;
— la **disposition** (grec *taxis*, lat. *dispositio*) ;
— le **style** (grec *lexis*, lat. *elocutio*) ;
— l'**action** (grec *hupokrisis*, lat. *actio*) ;
— la **mémoire** (grec *mnêmê*, lat. *memoria*).

Les deux dernières, concernant seulement l'apprentissage du geste, de la diction et de la mémoire indispensable à l'orateur, étaient peu développées dans les manuels, souvent totalement négligées.

Dès le XIIᵉ s., les trois arts du trivium se disputèrent le domaine commun des « secrets de la parole », et, contre la philosophie *(logique)* envahissante, la grammaire s'intégra à la rhétorique pour constituer le domaine restreint appelé aujourd'hui « Lettres ».

A la fin du XVᵉ s., un remaniement opposa, à la *Première rhétorique* (générale), une *Seconde rhétorique* (poétique) d'où naquirent les *Arts poétiques* (Thomas Sebillet, Ronsard, Boileau, etc.).

L'événement le plus notable par la suite fut la publication en 1730 du *Traité des tropes* dont l'auteur, Du Marsais, limitait d'ailleurs son étude aux altérations du sémantisme lexical. Son livre fit autorité près d'un siècle, mais Pierre Fontanier, en 1818, mit en évidence les lacunes de cette théorie, qu'il rajeunit en 1821 dans un manuel pour l'étude des tropes, et compléta en 1827 dans un livre des *Figures autres que tropes.* On aboutissait à un inventaire comparable à celui de la stylistique du XXᵉ s., moins riche sur bien des points, mais dont une partie, qu'on appelle « figures de pensée », n'entre pas dans le champ de celle-ci.

Il est dit au § 7 dans quel discrédit tomba la rhétorique à partir de l'époque romantique, et comment elle s'en est remise depuis 1950.

71 LES GENRES DE LA RHÉTORIQUE ANCIENNE

Née pour répondre à des besoins précis, la rhétorique a connu jusqu'à la fin du Moyen Age trois **genres** définis par leurs motivations :
— le **judiciaire**, où il s'agit d'accuser ou de défendre ;
— le **délibératif**, où il s'agit de persuader ou de dissuader ;
— le **démonstratif**, où il s'agit de louer ou de blâmer.

Une terminologie propre à l'art oratoire distingue (avec les mêmes contenus) : l'éloquence du **barreau**, celle de la **tribune** et celle de la **chaire**.

L'histoire des genres classiques a été minutieusement retracée par Gérard Genette dans l'*Introduction à l'architexte* (1979). On s'étonne que cette partition ait pu traverser tant de siècles, pieusement recueillie et transmise, inchangée dans l'essentiel, quand elle pèche si manifestement à la base. L'avocat ou le procureur qui accuse ou défend ne peut le faire sans persuader, louer ou blâmer. De fait, les théoriciens du XVIIᵉ s. (Le Gras, Bary) et du XVIIIᵉ (Crevier) reconnaissaient que « les genres se prêtent un secours mutuel » et qu'un sermon, par exemple, peut relever du délibératif autant que du démonstratif.

L'application de ces cadres aux œuvres littéraires était encore plus difficile, et dut peut-être sa pérennité aux prouesses qu'elle donnait lieu d'accomplir aux étudiants et à leurs maîtres, et aux critiques de salon, pour rattacher au judiciaire, au délibératif ou au démonstratif telle ode de Malherbe, telle comédie (ou telle tirade) de Molière, telle fable de La Fontaine.

Pour aller plus au fond des choses, la commodité qu'offrait ce dogme de la trinité des genres avait pour base naturelle l'existence de trois fonctions du langage : inciter, persuader, émouvoir, que recouvraient grossièrement les noms des trois genres.

72 LES « FIGURES DE PENSÉE »

L'art oratoire use de formes d'expression qui ne relèvent pas de la stylistique parce qu'elles ne peuvent être identifiées par la substitution d'un mot à un autre, d'une construction syntaxique à une autre ; ces tours appelés « figures de pensée » dépassent le cadre du mot et souvent de la phrase, et méritent donc mieux que les autres le nom de « figures de rhétorique », selon le jugement d'Henri Suhamy (§ 7), à qui nous empruntons la liste suivante, dans l'ordre alphabétique :

> anthorisme, anticipation, antiparastase, apodioxis, aporie, association, astéisme, autocatégorème, chleuasme, commination, communication, concession, conglobation, contrefision, correction, délibération, déprécation, diasyrme, dubitation, épanorthose, épitrope, expolition, gnomisme, hypobole, hypotypose, imprécation, ironie, licence, mythologisme, occupation, optation, paradoxe, parhyponoïan, paromologie, parrhésie, permission, précaution, prétérition, prétermission, prolepse, prosopopée, prospoïèse, question, réjection, rétroaction, sarcasme, suspens ou sustentation, synchorèse.

Quelques-uns de ces mots sont connus, donc clairs, par exemple *concession*, qui désigne le procédé consistant à admettre un fait avancé par l'adversaire pour montrer qu'il ne joue pas en sa faveur ; exemple :

> « *Je ne conteste pas que votre gouvernement a rempli les caisses de l'État ; eh bien, le mien disposera de ce trésor pour réparer les injustices sociales.* »

(Ce propos tenu en mai 1981 par un candidat à la présidence de la République n'est pas textuel ; quelle qu'en ait été la forme, il relevait de la « concession » sur le seul plan de la pensée, et non de la linguistique.)

D'autres termes sont très savants, mais désignent des faits d'expression tout aussi communs, comme la *parrhésie* consistant à déverser ce qu'on a sur le cœur, l'*hypobole* ou *occupation* qui va au-devant des objections en y répondant, etc.

Il n'est pas indifférent d'apprendre que tous les artifices, toutes les démarches, tous les effets déployés dans le discours le plus talentueux comme dans la conversation la plus banale ont été catalogués en rhétorique, mais il faut savoir aussi que les orateurs, même de métier, et surtout les meilleurs, ignorent cette nomenclature et font des hypoboles comme M. Jourdain faisait de la prose. Ils ne sont pas les seuls, car comme disait François de Neufchâteau (employant *trope* au sens de figure) :

> *A la ville, à la cour, dans les champs, à la Halle,*
> *L'éloquence du cœur par les tropes s'exhale.*

Remarque :

Fontanier estimait facile de reconnaître les « figures de pensée » : ce sont celles qui subsistent quant au fond si l'on change les mots.
Ce critère ne les distingue en fait que des figures de son et des figures de mot ; une inversion reste figure de syntaxe si l'on change les mots.
Et que penser des « figures de combinaison » (§ 37), par exemple de l'antithèse, qui résulte bien d'un contraste lexical entre deux mots, mais subsiste si chacun d'eux est remplacé par un synonyme ?

> *O merveille ! ô néant ! O splendeur ! ô vanité !*

Tracer une limite entre faits de langue et faits de pensée n'est jamais aussi simple qu'on l'a longtemps cru, particulièrement quand il s'agit de cette activité linguistique qu'est l'énonciation.

Chapitre 2
Rhétorique moderne

A. Genres littéraires

73 RHÉTORIQUE ET LITTÉRATURE

Née pour l'enseignement de l'art oratoire, la rhétorique, au cours des siècles, s'est appliquée de plus en plus aux créations des écrivains (prosateurs et poètes). Aujourd'hui, le moins qu'on puisse dire est que l'éloquence du barreau, de la tribune ou de la chaire n'est pas le premier centre d'intérêt des recherches sur l'analyse du discours. A côté de l'étude de texte qui s'attaque à toute espèce de document oral ou écrit (prospectus pharmaceutiques, commandements militaires, inscriptions, prières, etc.), il subsiste une rhétorique dont le champ d'étude est défini par le terme de **littérature**.

Mais il en est de ce terme comme des autres « mots abstraits » mentionnés au § 42 : il n'a pas de référent universel stable. La définition de ce qu'on entend par littérature est un problème souvent agité sans résultat positif. A ceux qui définissent l'« objet littéraire » comme un **« système clos »**, d'autres répondent que le Règlement du métro en est un aussi (M. Arrivé). A ceux qui pensent que la littérature est une **fiction**, on peut objecter que les Mémoires et beaucoup de poèmes lyriques n'ont rien de fictif. Reste le fait que l'œuvre littéraire vise le résultat de **plaire** par son expression ; l'« art pour l'art », qui est ailleurs l'art pour le beau plastique, devient ici l'art pour le beau linguistique. Définition que récusent les philosophes pour qui la notion de « beau » n'a pas de référent stable.

On s'en tiendra ici (sur ce point comme sur tous les autres) à une définition pragmatique et fonctionnelle, en considérant comme littéraire tout discours **fait pour plaire**, selon une conception durable ou passagère, universelle ou personnelle, mondiale ou locale du beau langagier, et même si un autre but est visé, secondairement ou primordialement. Ainsi, des mémoires, écrits pour informer de soi (et des autres) les contemporains ou la postérité, sont littéraires dès que l'expression s'en veut agréable ; des mots croisés, faits pour exercer la compétence lexicale et l'intelligence du destinataire, sont littéraires du moment qu'ils alignent des définitions jouant plaisamment sur les mots.

Ainsi délimité le champ de la rhétorique, celle-ci apparaît bien comme une **esthétique du langage**, ce que ne voulait pas être la stylistique de Bally (§ 4).

74 LA NOTION DE GENRE LITTÉRAIRE

La différence doit être clairement vue entre la **rhétorique** ainsi définie et la **critique littéraire**. Cette dernière rend compte du particulier, c'est-à-dire de chaque œuvre, dont elle fait connaître l'auteur, sa vie et la manière dont elle apparaît dans l'œuvre, les circonstances de la composition, le retentissement social, politique, philosophique. C'est un commentaire historique et une interprétation psychologique appuyés sur une connaissance érudite de l'écrivain et de son siècle.

Un esprit « structuraliste » inspiré des méthodes linguistiques mises en honneur par Ferdinand de Saussure et ses élèves dans la première moitié du XXᵉ s. a conduit un groupe de philosophes et de linguistes, dont Roland Barthes est le plus notoire, à créer une « nouvelle critique » qui se désintéresse du singulier anecdotique pour ne voir dans l'œuvre que l'universel, de même que les linguistes analysent chaque discours (chaque énoncé) en mots et en constructions de sens général, applicables à n'importe quel référent.
Une esthétique du langage doit cataloguer les formes et les couleurs qui permettent de définir chaque œuvre. Les couleurs sont les tons et les « styles » (au sens ancien du mot) dont il sera question plus loin. Les formes sont les « genres littéraires », tels que la comédie, le poème épique, le roman, l'épigramme.
On a vu au § 71 combien pouvait être dépassé — et inadapté à la littérature — le catalogue ancien des genres littéraires. On comprend qu'une des tâches des nouveaux rhétoriciens ait été de reprendre à zéro l'inventaire des genres. Dès 1939 la question avait fait l'objet d'un congrès à Lyon. En 1942 Jean Pommier, dans une conférence à l'École Normale Supérieure (publiée en 1945), avait expliqué pragmatiquement l'existence de genres par la réponse à des besoins sociaux permanents ou passagers, tout en soulignant la difficulté de tracer des frontières entre genres, et en esquissant une hiérarchie désespérément complexe, car chaque genre (par exemple le *roman*) se divise en *sous-genres* innombrables (romans psychologiques, sociaux, régionalistes, exotiques, maritimes, érotiques, scientifiques, policiers, etc.) ; chaque genre est flanqué de *paragenres* (à côté du roman, la nouvelle et le conte) ; et des *supergenres* (comme le lyrisme, le théâtre) établissent des ponts entre genres.

La méthode structurale apporte-t-elle, avec des critères précis, un espoir de simplification ?

On a fait grand cas, pendant quelques années, du critère de l'emploi des temps proposé par E. Benveniste pour distinguer le « récit historique » du « discours » (oral) ; mais d'une part le critère est discutable comme il est montré au § 56, d'autre part cette bipartition de la littérature est aussi sommaire et décevante que la tripartition classique.

Une structure pyramidale, où chaque genre se diviserait en espèces, elles-mêmes genres de plusieurs espèces (cf. C.F.C. § 70), est un mythe. Il existe à chaque époque un certain nombre de genres dont les facteurs non hiérarchisés sont à prendre dans le schéma de la communication (§ 6) :

Canal : oral (conférence, discours) ou écrit (lettre, roman, etc.) ; canal visuel associé (théâtre).

Code : prose ou vers ; musique associée (chanson).

Locuteur : agent de l'action (mémoires) ou seulement narrateur (roman, récit historique) ; parlant en son nom (poème lyrique) ou faisant parler des personnages (théâtre) ; grave ou plaisant ; solennel ou simple, etc.

Destinataire : particulier (lettre), assemblée (discours), ensemble anonyme et illimité de lecteurs (livre) ou d'auditeurs (drame, chanson).

Situation : actuelle (pamphlet, critique), révolue (roman historique), future (science-fiction), générale (pensée, maxime, proverbe), vraie (reportage), imaginaire (conte), exotique, régionale, tragique, comique, etc.

Motivation : ce facteur (absent des schémas de Shannon et de Jakobson) distingue les œuvres ayant pour objet d'inciter (manifeste, réquisitoire, publicité), d'informer (récits de toutes sortes, reportages, poésie didactique) ou d'émouvoir (tragédie, comédie, poésie lyrique, satire, apologie, panégyrique, épithalame, épigramme, diatribe).

L'interférence de tant de facteurs fonctionnels donnerait une infinité de formes différentes si le nombre de celles-ci n'était limité par un phénomène de substrat qu'on appelle l'**intertextualité** : l'œuvre d'art n'est généralement pas créée par un libre choix de l'artiste, mais à partir d'œuvres préexistantes (de même que la pensée s'exprime dans les formes préétablies du lexique et de la grammaire). Molière s'inspire des comédies de Térence qui s'inspirait de Ménandre ; La Fontaine imite Phèdre qui imitait Ésope. Les grandes odes de Ronsard imitent Pindare, ses odes légères **Anacréon**. La tragédie classique, parfois agrémentée de chœurs, remonte aux modèles grecs. Il existe ainsi des archétypes de formes littéraires (les *architextes* de G. Genette) qu'on peut essayer de définir en retenant, des **différentes** réalisations, les traits communs.

Remarque :

Il faut observer avec Charles P. Bouton (*La signification,* 1979) que la situation d'écrivain modifie dans une certaine mesure le schéma normal de la communication ; l'auteur d'un texte écrit peut ignorer son destinataire jusqu'à l'oublier ou s'y substituer : « Le premier lecteur de celui qui écrit est lui-même et son acte s'organise en fonction d'un jeu de miroir. » Sa personnalité tend ainsi à prendre une importance considérable, qui justifie la démarche historicienne de la critique traditionnelle. Sa phrase peut s'allonger indéfiniment (Proust, Butor) et son discours peut devenir obscur jusqu'à l'hermétisme total — si l'auteur assume lui-même les frais de l'édition.

75 STRUCTURE DE QUELQUES GENRES « MINEURS »

Le linguiste est à l'aise pour définir structuralement les genres dont les limites excèdent peu celles de la phrase, ou d'un couple de phrases :

La maxime : Après Jules Lemaître qui dans *les Contemporains* donnait avec humour la recette de plusieurs types de « pensées », Roland Barthes observait, dans une Introduction à l'œuvre de La Rochefoucauld, que l'auteur des *Maximes* utilise un nombre restreint de types de phrases ; Serge Meleuc (*Langages,* mai 1969) a montré que l'extension du nom dans la maxime est toujours universelle et marquée, la personne toujours générale, la variation temporelle du verbe réduite à l'emploi de l'auxiliaire d'accompli, et que le verbe ne peut manquer.

Le proverbe : Au contraire, les proverbes et dictons (étudiés par A.-J. Greimas en 1960) se passent souvent d'actualisateurs et de verbes : *Chose promise, chose due ;* ils sont souvent archaïques par l'absence d'article et d'antécédent, par l'inversion, par le lexique : *Oignez vilain, il vous poindra.* S'il y a un verbe, il est généralement au présent de l'indicatif ou à l'impératif associé à l'indicatif futur. La structure phrastique est souvent binaire.

La devinette : Une typologie des devinettes a été proposée par Tzvetan Todorov dans le *Journal de psychologie* (janvier-juin 1973). Les éléments constants en sont la forme dialoguée (question - réponse) et la synonymie des deux répliques (la question contenant une définition de la réponse) : *« Qu'est-ce qui est toujours à l'abri et toujours mouillé ? — La langue. »* La définition est souvent un paradoxe (comme dans l'exemple donné) et souvent une métaphore, comme dans cette devinette d'un recueil bulgare :

> *J'ai étalé une peau de buffle, j'y ai mis des pois à sécher,*
> *J'ai attaché une poule pour les garder.*
> *— Le ciel, les étoiles, la lune.*

Le slogan : A la différence des genres précédents, celui-ci cultive la modalité impérative et l'éloge, usant pour accrocher l'attention de tous les artifices du style : *Partez du bon pneu !* (Michelin XZX) ; *Peugeot, une bonne odeur de vélo ; Heureux* (Anisette) ; *Achetez-vous des yeux* (vidéo) ; *Vivez la montagne vraie* (résidences alpines) ; *Bronzez moins cher* (résidences vendéennes) ; *Changer la vie ; Mort aux lois...* ; il recherche la rime (*Hinault, Renault, Bravault,* publicité des cycles Renault Elf Gitane après la 3e victoire de Bernard Hinault au tour de France) et le calembour *(Pas de santé sans thé des familles)* et s'associe **très souvent** à une image (*« Enfoncez-vous bien ça dans la tête ! »,* publicité pour la poudre de Kock illustrée pendant un demi-siècle d'une tête dans laquelle un maillet enfonce un coin) et à une mélodie *(Dop Dop Dop ! Dop Dop Dop ! Tout le monde adopte Dop !).*

76 GENRES « MAJEURS »

La définition structurale devient plus difficile à mesure qu'on s'éloigne des micro-structures.

Les œuvres en vers ont longtemps obéi à des règles formelles assez strictes qui en facilitent la définition (Poèmes à forme fixe, § 112).

Les œuvres littéraires en prose appartiennent surtout aux genres du théâtre et du récit, distingués à première vue par la forme dialoguée ou monologuée du discours — mais il existe des romans dialogués, comme *l'Inquisitoire* de R. Pinget, et certains critiques distinguent un théâtre écrit d'un théâtre parlé (P. Larthomas).

Les deux genres connaissent ce qu'on appelle en langage filmique le long et le court métrage.

Au théâtre, le long métrage a été, des *Juives* de Robert Garnier à *Cyrano de Bergerac* en passant par *Ruy Blas*, la pièce en cinq actes, plutôt fréquente qu'obligatoire chez les Grecs, mais érigée en règle par Horace. On doit tenir pour structurale la fameuse « règle des trois unités », qui tomba sous les coups de Victor Hugo. On a souvent distingué la tragédie de la comédie en disant que la première fait pleurer, la seconde rire (le drame romantique a les deux effets) ; critère de comportement souvent en défaut. Selon une boutade de Rivarol (rappelée par A. Kibédi Varga dans l'ouvrage collectif *Théorie de la littérature*, 1981), tragédie et comédie, avant leur fusion dans le drame, se distinguaient surtout par des éléments « thématiques » :

	TRAGÉDIE	COMÉDIE
1er acte	Le héros mourra	Le héros se mariera
2e acte	Il ne mourra pas	Il ne se mariera pas
3e acte	Il mourra	Il se mariera
4e acte	Il ne mourra pas	Il ne se mariera pas
5e acte	Il meurt	Il se marie

Cette méthode de structuration par « thèmes » imaginée pour rire à la fin du XVIIIe s. a été appliquée avec sérieux aux genres du récit, qui ont abandonné dès la fin du Moyen Age la forme versifiée, et dont le nombre de pages et de chapitres, voire de volumes, est des plus variables. L'initiateur a été le folkloriste russe Vladimir Propp, auteur en 1928 d'une *Morphologie du conte* présentée en France par Cl. Lévi-Strauss en 1960. Examinant cent contes jugés par lui représentatifs du conte merveilleux populaire russe, Propp les analysait en thèmes appelés par lui **fonctions**, au nombre de 31, s'enchaînant dans un ordre qu'il tenait pour le *schéma canonique* du genre. Après un Prologue définissant la situation initiale du conte, les fonctions se succédaient ainsi :

1. Un des membres de la famille est absent du foyer.
2. Une interdiction est adressée au héros.
3. L'interdiction est violée.
4. Le méchant cherche à se renseigner.
5. Le méchant reçoit l'information relative à sa future victime.
Etc.

Si cet inventaire définissait pertinemment pour Propp le corpus de cent contes qu'il s'était d'ailleurs choisi, il nous suffit de lire les cinq premières « fonctions » pour constater qu'elles n'ont rien à voir avec ce qu'on rencontre dans nos contes de fées.

L'Américain Alan Dundes a proposé une autre liste de fonctions, moins nombreuses et plus générales, applicables à des contes amérindiens et pratiquement à des contes du monde entier. En admettant l'absence possible de certaines fonctions ou leur mutuelle substitution, on peut ramener n'importe quel conte à n'importe quelle norme arbitrairement posée (tout comme on « engendre » n'importe quelle phrase par effacements et transformations à partir de n'importe quel canon imaginaire). Cependant les théoriciens de cette rhétorique générative (comme les grammairiens pour la phrase) ont cherché la base la plus simple possible, l'archétype minimal, et, de simplification en simplification, sont arrivés à définir le récit comme « le passage d'un état antérieur (...) à un état ultérieur (...) opéré à l'aide d'un faire (ou d'un procès) » (Greimas et Courtès, *Sémiotique, Dictionnaire raisonné de la théorie du langage*, 1979). On retrouve là, en plus abstrait, le schéma traditionnellement observé dans la fable comme dans la tragédie, et conseillé pour les rédactions scolaires : *exposition, nœud, dénouement.*

La tradition enseignait aussi la distinction des espèces du genre narratif et celle des sous-espèces.

Selon Dampmartin (1803), le **roman** est « l'histoire de la vie privée », tandis que l'**Histoire** n'est souvent que « le roman de la vie publique ».

Alors que le roman pose un type humain, un milieu social, et raconte les aventures qui en découlent, avec souvent une idéologie (politique, philosophique, sentimentale) pour connotation, le **conte** est une suite d'aventures captivantes dont les personnages, réels ou surnaturels, ont les caractères convenant le mieux au déroulement de l'intrigue.

Le conte peut être aussi long qu'un roman : les romans de la Table ronde sont des contes. La **nouvelle** est un roman court, ne s'étendant guère au-delà d'un épisode et peignant un personnage plutôt qu'une société.

Toutes ces définitions traditionnelles, très banales, ont aux yeux des nouveaux rhétoriciens le défaut d'être fondées sur des caractères du référent (le sujet traité), qui relèvent de la substance de l'œuvre et non de sa forme. On n'en usera donc qu'à titre provisoire en attendant les progrès de la rhétorique structurale.

B. Types de discours

77 DISCOURS NARRATIF

S'il est ardu de définir les genres littéraires par leur structure d'ensemble (début, corps, fin), du moins est-il aisé d'identifier des échantillons de l'un ou de l'autre par l'analyse des caractères du discours. C'est ce que va montrer l'étude de quelques courts textes.

Le premier est un chapitre de *Marie-Claire*, prix Femina 1910, où Marguerite Audoux racontait son enfance et son apprentissage de couturière :

Débuts à l'orphelinat

J'eus tout de suite une amie.
Je la vis venir vers moi en se dandinant, l'air effronté.
Elle n'était guère plus haute que le banc sur lequel j'étais assise. Elle appuya ses coudes sans façon sur moi, et elle me dit :
« Pourquoi ne joues-tu pas ? »
Je répondis que j'avais mal au côté.
« Ah ! oui, reprit-elle ; ta maman était poitrinaire, et sœur Gabrielle a dit que tu mourrais bientôt. »
Elle grimpa sur le banc, s'assit en faisant disparaître sous elle ses petites jambes ; puis elle me demanda mon nom, mon âge, m'apprit qu'elle s'appelait Ismérie, qu'elle était

plus vieille que moi, et que le médecin disait qu'elle ne gran-
dirait jamais. Elle m'apprit aussi que la maîtresse de classe
s'appelait sœur Marie-Aimée, qu'elle était très méchante et
punissait sévèrement les bavardes.
Elle sauta tout d'un coup sur ses pieds en criant :
« Augustine ! »
Sa voix était comme celle d'un garçon, et ses jambes étaient
un peu tordues.
A la fin de la récréation, je l'aperçus sur le dos d'Augustine,
qui la balançait d'une épaule sur l'autre, comme pour la jeter
à terre. En passant devant moi, elle me cria de sa grosse
voix :
« Tu me porteras aussi, dis ? »
Je fis bientôt la connaissance d'Augustine.

On a choisi ce texte parce qu'il représente admirablement le récit pur. Quoique M. Audoux raconte sa vie et s'exprime à la première personne, elle ne dit aucune des réflexions, aucun des sentiments qui ont pu lui venir à l'esprit quand elle avait cinq ans. Elle montre la vie comme la montrent aujourd'hui les films (l'émotion suscitée n'en est que plus forte).

Le système des temps est celui du français écrit (C.F.C. § 191). Le passé simple *(j'eus, je la vis...)* ne connote aucune attitude « bourgeoise » (cf. § 56, Rem.) chez cette fille du peuple que des hommes comme Charles-Louis Philippe, Francis Jourdain encouragèrent à écrire. Il marque la progression du récit, suspendue de temps en temps pour une description (à l'Imparfait) que motive toujours l'action *(elle n'était guère plus haute que le banc... Sa voix était comme celle d'un garçon, et ses jambes étaient un peu tordues)*, ou pour un propos rapporté.

Les propos au discours direct sont d'une langue simple dont on ne songe pas à contester la vraisemblance ; si Marguerite Audoux avait fait parler Ismérie dans un registre populaire *(Pourquoi que tu joues pas ?)*, elle aurait indûment donné à croire que Marie-Claire pouvait être sensible à cette différence de niveau.

Paradoxalement, le récit à la 1re personne favorise la plus grande objectivité, le narrateur ne décrivant que ce qu'il a vu et entendu. Le récit ne s'écarte pas de lui, et y revient toujours comme dans la vie : *Je fis bientôt la connaissance d'Augustine.*

78 DISCOURS DRAMATIQUE

Le bonheur des Créons

(Antigone, sœur de Polynice, brave l'ordre donné par Créon, roi de Thèbes, de laisser sans sépulture le cadavre de son frère, ennemi public abattu. Créon, dont le fils est fiancé à Antigone, essaie de la raisonner.)

CRÉON, la secoue : *Te tairas-tu, enfin ?*

ANTIGONE : *Pourquoi veux-tu me faire taire ? Parce que tu sais que j'ai raison ? Tu crois que je ne lis pas dans tes yeux que tu le sais ? Tu sais que j'ai raison, mais tu ne l'avoueras jamais parce que tu es en train de défendre ton bonheur en ce moment comme un os.*

CRÉON : *Le tien et le mien, oui, imbécile !*

ANTIGONE : *Vous me dégoûtez tous avec votre bonheur ! Avec votre vie qu'il faut aimer coûte que coûte. On dirait des chiens qui lèchent tout ce qu'ils trouvent. Et cette petite chance pour tous les jours, si on n'est pas trop exigeant. Moi, je veux tout, tout de suite — et que ce soit entier — ou alors je refuse ! Je ne veux pas être modeste, moi, et me contenter d'un petit morceau si j'ai été bien sage. Je veux être sûre de tout aujourd'hui et que cela soit aussi beau que quand j'étais petite — ou mourir.*

CRÉON : *Allez, commence, commence, comme ton père !*

ANTIGONE : *Comme mon père, oui ! Nous sommes de ceux qui posent les questions jusqu'au bout. Jusqu'à ce qu'il ne reste vraiment plus la petite chance d'espoir vivante, la plus petite chance d'espoir à étrangler. Nous sommes de ceux qui lui sautent dessus quand ils le rencontrent votre espoir, votre cher espoir, votre sale espoir !*

CRÉON : *Tais-toi ! Si tu te voyais criant ces mots, tu es laide.*

(Jean Anouilh, *Antigone*)

Ce texte, écrit dans le registre du français courant, consiste uniquement en paroles échangées, à part une courte indication de geste *(la secoue)*. Le discours relève de l'oral

— par l'emploi des 1re et 2e personnes ;

— par les temps : présent et futur, un passé composé à valeur d'aspect *(si j'ai été bien sage)*, un imparfait *(quand j'étais petite)* ;

— par l'expression directe des modalités : interrogation *(Pourquoi veux-tu me faire taire ?* etc.), volonté *(Te tairas-tu, enfin ? Tais-toi !)*, exclamation (marquée par les points spéciaux) ; certaines modalités ne sont marquées que par l'intonation : *Tu crois que je ne lis pas dans tes yeux que tu le sais ? Vous me dégoûtez tous avec votre bonheur ! ;*

— par l'interjection *(enfin, allez)* et l'apostrophe insultante *(imbécile !)* ;

— par l'ellipse *(Et cette petite chance pour tous les jours ; Comme mon père, oui ! Si tu te voyais criant ces mots).*

L'expression est renforcée par quelques figures :

— répétition : *tu sais que j'ai raison* (2 fois), *tu le sais ; commence, commence ; comme ton père ! Comme mon père ;* avec qualification et alliance de mots : *votre espoir, votre cher espoir, votre sale espoir ;*

— redondance : *je veux tout... et que ce soit entier ;*

— anticipation *(Moi, je veux tout)* et reprise *(Je ne veux pas être modeste, moi ; quand ils le rencontrent votre espoir)* ;

— comparaisons et métaphores : *défendre ton bonheur comme un os ; on dirait des chiens qui lèchent tout ce qu'ils trouvent, la plus petite chance d'espoir à étrangler ; qui lui sautent dessus.*

A la différence du romancier, l'auteur dramatique a besoin, pour donner tout son sens au message, d'auxiliaires qui participent vraiment à la création : le metteur en scène, le décorateur, le costumier, surtout les acteurs. L'*Antigone* d'Anouilh, qui ne fait pas injure à celle de Sophocle, se joue dans un décor neutre en costumes modernes qui lui donnent une portée intemporelle.

Représentative du discours dramatique le plus naturel, le plus dépouillé et le plus fort, elle est une des rares réussites du genre tragique au XXᵉ siècle.

79 DISCOURS DIDACTIQUE

Préhistoire du Groenland

Après la surrection de la dernière chaîne précambrienne et son nivellement, de l'an moins 500 à l'an moins 350 (en millions d'années, toujours), le Groenland a été recouvert, au Nord et à l'Est tout au moins, par la mer. Puis, vers l'an moins 350, tandis que le centre et le Sud restaient calmes, les bordures nord-ouest et nord-est étaient, en même temps que l'Écosse, affectées par d'importants plissements, générateurs de chaînes de montagnes, plissements qu'on appelle calédoniens, du nom latin de l'Écosse.

Ensuite tout redevient calme et la mer reprend ses droits ; elle n'est pas très profonde ; souvent des terres émergent et les débris de plantes terrestres s'accumulent dans les marécages : tantôt ils ne nous ont laissé que leurs empreintes ; tantôt, dûment attaqués par les bactéries, ils se tranforment en lignites, que l'homme exploite aujourd'hui comme combustible. Pas trace de glacier ; les empreintes de plantes indiquent au contraire qu'il y a 60 millions d'années, le Groenland, comme le Spitzberg, jouissait d'un climat tropical, la température moyenne avoisinait 20° ; il y a 20 millions d'années, le Groenland portait encore une végétation de châtaignier, hêtre, peuplier, vigne et séquoia.

(André de Cayeux, *Terre arctique*, Arthaud, 1949)

● A la différence des deux textes précédents, celui-ci se caractérise par le **lexique** :

— mots savants (*surrection*, nom d'action de *surgir* ; *précambrienne*, adjectif désignant ce qui date du début de l'ère primaire ; *calédoniens*, expliqué par l'auteur ; *bactéries, lignites, séquoia*) ;

— noms propres : *Écosse, Scandinavie, Ardennes, Groenland, Spitzberg* ;

— précisions chiffrées : *l'an moins 500, 20°*.

● Le caractère savant apparaît dans la **morphologie** par le nombre singulier des derniers noms *(châtaignier, hêtre, peuplier, vigne et séquoia)*, déterminant de manière générale le type de végétation sans évoquer le concret du paysage (cf. C.F.C. § 114, fin).

Pour énoncer des procès (géologiques) qui se sont déroulés entre 500 et 50 millions d'années avant notre époque, l'auteur emploie trois temps :

— le Présent : *Ensuite tout redevient calme et la mer reprend ses droits ;* les descriptions intervenant restent au présent *(elle n'est pas très profonde)* ; il s'agit évidemment du présent intemporel (C.F.C. § 185) sans aucune nuance de vivacité narrative ! La science se situe hors du temps.

— le Passé composé, appelé ici par la mention d'un intervalle : *de l'an moins 500 à l'an moins 350, le Groenland a été recouvert par la mer ;* le Présent passif *(est recouvert)* pourrait laisser croire qu'il s'agit d'un état présent ayant succédé à cet intervalle.

— l'Imparfait, indiquant clairement la concomitance, en un point du passé *(vers l'an moins 350)* d'un état *(restaient calmes)* et d'un procès prolongé ou répété *(étaient affectés par d'importants plissements).*

● La **syntaxe** est savante

— par l'emploi des constructions nominales (§ 61) : *après la surrection de la dernière chaîne et son nivellement ; affectées par d'importants plissements, générateurs de chaînes...*

— par la logique de l'organisation digne d'un cours de géologie :

1er paragraphe { **1re phrase** : La mer recouvre le Groenland.
{ **2e phrase** : Des terres émergent.

2e paragraphe { **1re phrase** : Relief plat, marécages.
{ **2e phrase** : Traces de végétation tropicale et tempérée.

L'auteur était attaché comme géologue à l'expédition Paul-Émile Victor au Groenland en 1948 ; son livre joint la rigueur du compte rendu scientifique (comme dans ce passage) au pittoresque et à l'humour des observations vécues.

80 DISCOURS SATIRIQUE

Anima vilis

A force d'insulter les vaillants et les justes,
A force de flatter les trahisons augustes,
A force d'être abject et d'ajuster des tas
De sophismes hideux aux plus noirs attentats,
Cet homme espère atteindre aux grandeurs ; il s'essouffle
A passer scélérat, lui qui n'est que maroufle.
Ce pédagogue aspire au grade de coquin.
Ce rhéteur, ver de terre et de lettres, pasquin
Qui s'acharne sur nous et dont toujours nous rîmes,
Tâche d'être promu complice des grands crimes.
Il raillait l'art, et c'est tout simple en vérité.
La laideur est aveugle et sourde à la beauté.
Mais être un idiot ne peut plus lui suffire,
Il est jaloux du tigre à qui la peur dit : Sire !

Il veut être aussi lui sénateur des forêts ;
Il veut avoir, ainsi que Montluc ou Verrès,
Sa caverne ou sa cage avec grilles et trappes
Dans la ménagerie énorme des satrapes.
Ah ça, tu perds ton temps et ta peine, grimaud !
Aliboron n'est pas aisément Béhémoth ;
Le burlesque n'est pas facilement sinistre ;
Fusses-tu meurtrier, tu demeurerais cuistre.
(...) Devenir historique, impossible pour toi !
Sortir du mépris simple et compter dans l'effroi,
Toi, jamais ! ton front bas exclut ce noir panache.
Ton sort est d'être, jeune, inepte, et vieux, ganache.

(Hugo, *Les quatre vents de l'esprit*,
I, *Le livre satirique*, XII)

Le discours satirique, dont des exemples plus connus sont à tirer des *Châtiments*, est plus oratoire que délibératif. Victor Hugo manie le fouet, contre des victimes que la prudence lui impose souvent de ne pas nommer, cet anonymat ayant pour corollaire une grande imprécision sur les fautes qu'il leur impute. La critique traditionnelle aurait à tâche d'éclaircir (comme le faisaient plus facilement les contemporains) quel homme est visé, et pourquoi. Le stylisticien n'en a cure puisque seule compte pour lui comme pour le poète la force verbale du châtiment infligé.

Ces 26 vers ne sont qu'un extrait d'une pièce qui en compte 74, et dont le thème est unique : cet homme est incapable de grandeur même dans le crime. D'un bout à l'autre de la pièce, le rapport *maroufle/scélérat* est transposé dans les registres les plus divers :

pédagogue/coquin	*Aliboron/Béhémoth*
rhéteur/complice de crimes	*burlesque/sinistre*
grimaud/satrape	*mépris/effroi*

(et plus loin :	
ramper/mordre	*roquet/loup*
tétard/dragon	*miauler/rugir*
ver/boa	*chat/jaguar*
huître/hydre	*méchanceté/furie*
cidre/vin	*nain/géant*
Brusquet/Arétin	*lézard/crocodile)*

● La plupart de ces mots ont un sens péjoratif par dénotation. Ceux qui ne l'auraient pas le prennent par connotation du fait de leur insertion dans la série analogique posée au départ ; ainsi *pédagogue* et *rhéteur* deviennent synonymes de *grimaud* (parent par croisement de *grimace* et de *grimoire*, c'est-à-dire de *grammaire*) ; le *ver*, l'*huître*, le *chat*, le *lézard*, le *cidre* même sortent rabaissés et ridicules de cet inventaire des êtres et des choses médiocres, et l'on songe aux injures inattendues et absurdes qu'échangent les enfants ou les ivrognes à court de vocabulaire dans la lancée d'une belle série.

Beaucoup de ces mots sont **métaphoriques**, beaucoup **hyperboliques**, les autres tirent leur force de l'analogie, du contraste *(promu complice, noir panache)* et surtout de l'**accumulation**. Autant de traits auxquels se reconnaît la verve satirique des poètes comme celle des harengères.

Mais au stock de noms et d'adjectifs usuels dans l'injure, comme *abject, idiot, cuistre, ganache*, Hugo ajoute mainte invective de lettré : *pasquin* (nom donné en Italie à une statue où les Romains affichaient des écrits satiriques, à cause d'un tailleur nommé *Pasquino* célèbre par ses médisances) ; *Montluc,* coupable d'atrocités dans la répression des protestants ; *Verrès,* oppresseur et bourreau qui ne recula et ne s'enfuit que devant l'éloquence de Cicéron ; les *satrapes,* gouverneurs tyranniques en Perse ; *Aliboron,* âne prétentieux, et *Béhémoth,* bête monstrueuse et maléfique de la Bible.

● Morphologiquement, la satire se marque d'abord par l'emploi de l'adjectif démonstratif *(cet homme)* qui montre l'adversaire du doigt et qui implique l'attribution préalable de tous les caractères dénotés et connotés par le nom choisi : *ce pédagogue, ce rhéteur.*

Le pronom de la 3e personne, succédant à la désignation blessante, prend une nuance de mépris sous sa forme de reprise appuyée à la césure : *Il veut être aussi **lui** sénateur des forêts.* Mais surtout il **prépare le passage** brutal au **tutoiement** de mépris : *tu perds ton temps et ta peine.*

● Le trait syntaxique propre à la satire est la conjugaison de tous les procédés de qualification :

— phrase attributive : *à passer scélérat, lui qui n'est que maroufle ; être promu complice ; il est jaloux du tigre ; il veut être sénateur ; tu demeurerais cuistre ; devenir historique ; être, jeune, inepte, et vieux, ganache ;*

— apposition : *ver de terre et de lettres, pasquin ;*

— apostrophe : *grimaud !*

— simple dénomination : *ce pédagogue, ce rhéteur.*

Quelques anaphores oratoires (répétitions de constructions) aident au lancement en rafale des projectiles lexicaux : *A force d'insulter, A force de flatter, A force d'être abject ; Il veut être..., Il veut avoir...*

Déchaînée ou retenue, la satire met en œuvre toutes les ressources du lexique pour flétrir l'individu visé. C'est la violence en parole, vite amortie, lorsqu'elle se prolonge, par un phénomène de surimpression. De cette limite Victor Hugo, emporté par sa facilité, n'a pas eu conscience.

81 DISCOURS POLÉMIQUE

Réhabilitation du bourgeois

Et tout d'abord, à propos de cette impertinente appellation, le bourgeois, *nous déclarons que nous ne partageons nullement les préjugés de nos grands confrères artistiques qui se sont évertués depuis plusieurs années à jeter l'anathème sur cet être inoffensif qui ne demanderait pas mieux que d'aimer la bonne peinture, si ces messieurs savaient la lui faire comprendre, et si les artistes la lui montraient plus souvent.*

Ce mot, qui sent l'argot d'atelier d'une lieue, devrait être supprimé du dictionnaire de la critique.

Il n'y a plus de bourgeois, depuis que le bourgeois — ce qui prouve sa bonne volonté à devenir artistique, à l'égard des feuilletonistes — se sert lui-même de cette injure.

> *En second lieu le bourgeois — puisque bourgeois il y a — est fort respectable ; car il faut plaire à ceux aux frais de qui l'on veut vivre.*
>
> *Et enfin, il y a tant de bourgeois parmi les artistes, qu'il vaut mieux, en somme, supprimer un mot qui ne caractérise aucun vice particulier de caste, puisqu'il peut s'appliquer également aux uns, qui ne demandent pas mieux que de ne plus le mériter, et aux autres, qui ne se sont jamais doutés qu'ils en étaient dignes.*
>
> (Baudelaire, *Salon de 1845*)

Ce passage de l'Introduction du *Salon de 1845* n'a pas les traits du discours narratif, ni dramatique, ni didactique, ni satirique ; il se range dans le genre **délibératif**, qui peut être judiciaire (au tribunal), ou scientifique (démonstration), ou polémique (du grec *polemos*, guerre). Ici Baudelaire déclare son intention d'attaquer et de réfuter une erreur courante. Par anticonformisme naturel ou par goût du paradoxe, il prend la défense du bourgeois, cible traditionnelle des artistes, particulièrement méprisé sous le règne de Louis-Philippe.

Le discours polémique emprunte souvent le style satirique ou pathétique, mais son essence est dans la démonstration. Baudelaire reste sobre, et série les arguments :

1° *Bourgeois* est une injure à double tranchant depuis que les bourgeois l'emploient eux-mêmes contre une certaine critique (les *feuilletonistes*) jugée par Baudelaire (dans le paragraphe précédant ce texte) « tantôt niaise, tantôt furieuse, jamais indépendante ».

2° L'art vit des libéralités des bourgeois, qui achètent des tableaux et entretiennent des musées ; il est décent de respecter ce mécénat collectif.

3° Le contenu péjoratif qu'on met sous le mot *bourgeois* est en fait un défaut de jugement dont font très souvent preuve, à leur insu, les artistes eux-mêmes.

Ce texte n'est pas caractérisé par le vocabulaire, qui est celui d'un Français cultivé, et a très peu vieilli depuis le XIXe s.

Rien à signaler dans la morphologie, sauf le *nous* par lequel se désignent traditionnellement les auteurs, même s'ils parlent comme ici en leur seul nom. Le polémiste engage dans le combat sa propre personne, mais n'oublie pas que le *moi* est « haïssable ».

C'est la **syntaxe**, la logique de la phrase, qui marque ici le genre polémique. Chaque phrase est complexe, bien close par un alinéa final, et veut marquer un progrès vers la conclusion qu'exprime de surcroît la dernière. Qui voudrait analyser le cheminement logique ne trouverait qu'une rigueur superficielle, les différentes étapes du raisonnement se recouvrant partiellement comme dans un exposé oral improvisé.

En fait Baudelaire développe ici à la diable un *topos* (lieu commun) personnel — qu'il reprendra dans la fin de ce *Salon* et dans celui de l'année suivante. Et sa « lutte » *(polemos)* est moins pour défendre les bourgeois que pour attaquer ceux qu'il appellera, au début du *Salon de 1846*, les « aristocrates de la pensée », ces « pharisiens » qui dirigent le goût de l'épicier (« homme céleste », *homo bonae voluntatis*) et le fourvoient. A leurs conseils néfastes, il suffirait d'en substituer de salutaires, les siens.

82 DISCOURS ORATOIRE

Fin du discours prononcé par Jean Jaurès, adjoint au maire de Toulouse, à la distribution des prix du Grand lycée.

(...) Il faut que vous appreniez à dire « moi », non par les témérités de l'indiscipline et de l'orgueil, mais par la force de la vie intérieure. Il faut que, par un surcroît d'efforts et par l'exaltation de toutes vos passions nobles, vous amassiez en votre âme des trésors inviolables. Il faut que vous vous arrachiez parfois à tous les soucis extérieurs, à toutes les nécessités extérieures, aux examens de métier, à la société elle-même, pour retrouver en profondeur la pleine solitude et la pleine liberté ; il faut, lorsque vous lisez les belles pages des grands écrivains et les beaux vers des grands poètes, que vous vous pénétriez à fond et de leur inspiration et du détail même de leur mécanisme ; qu'ainsi leur beauté entre en vous par tous les sens et s'établisse dans toutes vos facultés ; que leur musique divine soit en vous, qu'elle soit vous-même ; qu'elle se confonde avec les pulsations les plus larges et les vibrations les plus délicates de votre être, et qu'à travers la société quelle qu'elle soit, vous portiez toujours en vous l'accompagnement sublime des chants immortels. (...) Il faut, lorsque vous étudiez en physiciens, par l'observation et le calcul, la subtilité et la complexité mobile des forces, que vous sentiez le prestige de l'univers, relativement stable et toujours mouvant, tremblotant et éternel et que votre conception positive des choses s'élargisse dans le mystère et le rêve comme ces horizons des soirs d'été où la lumière s'éteint, où l'éclair s'allume et où l'œil même croit démêler les subtiles mutations des forces dans l'infini mystérieux.

Alors, jeunes gens, vous aurez développé en vous la seule puissance qui ne passera pas, la puissance de l'âme ; alors vous vous serez haussés au-dessus de toutes les nécessités, de toutes les fatalités et de la société elle-même, en ce qu'elle aura toujours de matériel et de brutal. Alors, dans les institutions extérieures, en quelque manière que l'avenir les transforme, vous ferez passer la liberté et la fierté de vos âmes. Et, de quelque façon qu'elle soit aménagée, vous ferez jaillir, dans la vieille forêt humaine, l'immortelle fraîcheur des sources.

(31 juillet 1892)

Ancien élève de l'École Normale Supérieure, agrégé de philosophie, Jaurès développe ici, devant une jeunesse dont il espère beaucoup, des sujets qui lui tiennent à cœur : l'enrichissement par l'étude, le mystère des forces de l'univers (sa thèse portait sur *la réalité du monde sensible*), la puissance de l'âme humaine et l'espoir d'un progrès social.

Il ne faut donc pas imputer à une déformation de tribun grandiloquent le caractère ampoulé du **vocabulaire** où abondent les formules hyperboliques : *les belles pages des grands écrivains, les beaux vers des grands poètes, leur musique divine, l'accompagnement sublime des chants immortels, l'immortelle fraîcheur des sources.* L'emphase était jusqu'en 1940 un ornement obligatoire (comme la présence des professeurs en toge) du discours de distribution des prix ; mais Jaurès n'avait pas à se forcer, ne songeant pas à rendre les grands hommes du passé responsables des vices des institutions qu'il condamnait, et jugeant au contraire leur exemple propre à exalter les dons et les tendances généreuses des jeunes.

Comme la poésie, l'éloquence se pare de figures, et particulièrement d'images : *amasser en votre âme des trésors inviolables ; que leur beauté entre en vous par tous les sens et s'établisse dans toutes vos facultés ; que leur musique... se confonde avec les pulsations et les vibrations de votre être,... l'accompagnement sublime des chants immortels* (métaphores originales dont la cohérence ne peut manquer d'être appréciée par les lycéens initiés aux propriétés des ondes). La comparaison devient grandiose et fort appropriée à la circonstance quand Jaurès évoque, en ce 31 juillet libérateur, les orages du ciel d'été et la fraîcheur des sources éternellement jeunes à l'ombre des forêts. Ce qu'il démontre ainsi n'est pas faux, mais on doit reconnaître que l'argument des images ne résiste pas mieux ici qu'ailleurs à l'examen froid de la raison. C'est un des traits du discours oratoire d'avoir plus de prise sur les cœurs que sur les cerveaux : comparaison y tient lieu de raison, la fin justifiant les moyens.

La **morphologie** n'est pas très marquée ; ordinairement, l'orateur prodigue les épithètes et les impératifs. On a relevé plus haut quelques adjectifs que le goût moderne tolérerait mal, mais Jaurès, en philosophe, multiplie surtout les noms, qui fixent et articulent les concepts. En moraliste, il remplace le commandement par l'énoncé déclaratif d'une règle impersonnelle : *il faut.*

C'est essentiellement par le type de **phrase** que se manifeste le discours oratoire. Il doit éviter une série de phrases simples, vite monotones, dont chaque point final est une fissure par où s'échappe l'attention, et où l'absence de relief exclut toute perspective sur l'ensemble du discours. Au moins dans ses grands passages, l'orateur a besoin de phrases amples, mais claires, dont il souligne la charpente par des répétitions de mots, et qui portent elles-mêmes des marques d'appartenance à de plus larges unités. Ces marques sont des formules anaphoriques (répétées) de lancement :

— *Il faut que,* employé six fois (et une septième dans la phrase sautée, qui vantait l'exemple d'Euclide et d'Archimède) ; le sens est celui d'une exhortation ;

— *Alors,* employé trois fois, qui présente le bénéfice moral à attendre des efforts demandés.

Ces caractères syntaxiques propres au discours oratoire sont évidemment liés à la situation de communication orale qui le caractérise : enchaîner pour parer tout relâchement de l'attention, répéter pour rappeler le schéma de l'enchaînement.

83 DISCOURS LYRIQUE

Solo de lune

Je fume, étalé face au ciel,
Sur l'impériale de la diligence,
Ma carcasse est cahotée, mon âme danse
Comme un Ariel ;
Sans miel, sans fiel, ma belle âme danse,
O routes, coteaux, ô fumées, ô vallons,
Ma belle âme, ah ! récapitulons.

Nous nous aimions comme deux fous,
On s'est quitté sans en parler,
Un spleen me tenait exilé,
Et ce spleen me venait de tout. Bon.

Ses yeux disaient : « Comprenez-vous ?
Pourquoi ne comprenez-vous pas ? »
Mais nul n'a voulu faire le premier pas,
Voulant trop tomber ensemble à genoux.
(Comprenez-vous ?)

Où est-elle à cette heure ?
Peut-être qu'elle pleure...
Où est-elle à cette heure ?
Oh ! du moins, soigne-toi, je t'en conjure !

O fraîcheur des bois le long de la route,
O châle de mélancolie, toute âme est un peu aux écoutes,
Que ma vie
Fait envie !
Cette impériale de diligence tient de la magie.

(Jules Laforgue, *Derniers vers,* 1886)

Le **lyrisme** est l'expression par un artiste de ses propres sentiments. Il n'implique pas en principe la forme poétique, et c'est pourquoi la versification de ce texte (un des premiers écrits en vers libres) retiendra peu ici notre attention.

Le **lexique** de l'œuvre lyrique se signale obligatoirement par une abondance de mots dénotant ou connotant le sentiment. Le propre de Laforgue — dans toute son œuvre — est de faire alterner le céleste et le terrestre ; on rencontre ici pêle-mêle :

— des mots poétiques : *ciel, âme, Ariel* (esprit de l'air dans la *Tempête* de Shakespeare), *miel, fiel* (partenaires habituels de *ciel* et d'*Ariel* en poésie), *coteaux, fumées, vallons, spleen* (évoquant Baudelaire), *exilé* (exprimant toujours chez Laforgue l'incommunicabilité), *elle pleure, fraîcheur des bois, mélancolie, magie ;*

— des mots prosaïques : *je fume, étalé, l'impériale de la diligence, carcasse, cahotée, récapitulons, bon, soigne-toi.*

On a critiqué ce goût « baroque » du chaud-et-froid lexical. C'est oublier que, chez Laforgue, la pauvreté et la maladie coupaient les ailes du romantisme. Son lyrisme désenchanté trouve ainsi une expression adéquate, et n'est pas pour déplaire aux très nombreux lecteurs qui se sentent l'âme partagée entre Don Quichotte et Sancho Pança.

Tout le contraste est résumé dans le 3e vers *(Ma carcasse est cahotée, mon âme danse)* ou dans le 7e *(Ma belle âme, ah ! récapitulons).* Et le compte rendu de l'idylle manquée occupe un quatrain qui serait le seul régulier de la pièce (octosyllabes à rimes embrassées) si Laforgue n'avait, volontairement, tout détruit par ce *Bon,* 9e syllabe hétérophone, qui marque le point (final).

La métaphore sied au lyrisme, puisqu'elle exprime les sentiments qui n'ont pas de dénotation propre : *mon âme danse, ô châle de mélancolie, toute âme est un peu aux écoutes.* Une « figure de pensée », l'ironie (§ 86), est affectionnée par Laforgue : *ma belle âme, que ma vie fait envie !*

La marque spécifique du lyrisme est dans la **morphologie**, puisqu'elle assure l'ancrage des faits évoqués dans le réel du poète. Le *je* d'un roman peut être un narrateur quelconque dont le lecteur est invité à prendre la place (§ 55) ; en poésie, *je* désigne l'auteur lui-même, qui étale ses sentiments ordinaires ou exceptionnels sans demander qu'on les épouse. L'article défini devant *diligence* présente ce véhicule comme si nous y étions déjà (§ 54). La *carcasse* est bien celle, chétive, qui appartient en propre à Laforgue *(ma)*. Les choses se compliquent avec *nous*, qui introduit au 8e vers une personne seconde ou troisième, c'est-à-dire un destinataire particulier ou un tiers ; énigme que le lecteur devra tenter de résoudre en lisant tout le reste de la pièce (longue de 107 vers) ; au vers suivant, *on* désigne plus familièrement (alternance des registres) les mêmes personnes. Le possessif *ses*, au début de la 3e « strophe », fait opter pour une tierce personne, probablement différente d'une destinataire possible. A la fin de la même strophe, *comprenez-vous* reprend-il la question de l'inconnue, ou s'adresse-t-il à quelque destinataire du poème, unique (*vous* de politesse) ou collectif (tous les lecteurs) ? Trois possibilités dont aucune ne peut être écartée. La 4e strophe fait état de l'inconnue à la 3e personne *(Où est-elle ?)*, et le dernier vers paraît s'adresser à une seule destinataire, qui a besoin de se soigner ; les exégètes y reconnaissent l'Anglaise que Laforgue épousera bientôt, et qui mourra phtisique un an après lui.

En définitive, il faut admettre que le poète raconte ici à sa fiancée un des nombreux flirts manqués de son timide et fier passé. Pense-t-il l'intéresser (l'inquiéter ?) par cet « amour fou » resté muet ? Espère-t-il intéresser le monde bienveillant des lecteurs ? Le poète lyrique s'intéresse lui-même à lui-même : partage qui voudra ses joies ou ses peines, devine qui pourra la confidence. Le discours lyrique est le seul qui se passe d'établir des ponts entre le réel du lecteur destinataire et le réel (ou le rêve) de l'auteur locuteur.

Les caractères **syntaxiques** du discours lyrique sont généralement ceux de la langue affective : alternance des modalités *(Récapitulons. Où est-elle à cette heure ? Soigne-toi. Que ma vie fait envie !)*, décalages de discours marqués par des parenthèses, phrases non propositionnelles *(O routes... ; ô fraîcheur des bois)*, interjections *(Ah ! Oh ! Bon)* ; mais ces traits se retrouvent dans le discours oratoire, et dans le discours dramatique qui est souvent un lyrisme placé dans la bouche des personnages ; lyrique est le regret qu'exprimait Phèdre en songeant au chasseur Hippolyte :

> *Dieux ! Que ne suis-je assise à l'ombre des forêts !*

Du moins laissait-elle pudiquement indéterminée l'identité du char vers lequel son esprit s'égarait :

> *Suivre de l'œil un char fuyant dans la carrière !*
>
> *(Phèdre,* 178)

C. Styles de discours

84 TONS ET STYLES PERSONNELS

Il est des traits de nature stylistique largement indépendants des types de discours : ce sont ceux qui composent les **tons** et les **styles** (au sens où l'entendait Buffon : « Le style est l'homme même ») :

— Comme une œuvre dramatique peut avoir le ton pathétique (tragédie, drame, comédie larmoyante du XVIIIe s.) ou le ton comique (comédie, farce), il y a des récits émouvants et des récits drôles, des poèmes tristes (élégies) et des gais (odelettes). Le ton choisi dépend en quelque mesure du référent (sujet traité), mais aussi des circonstances (oraison funèbre, chanson à boire).

— Chaque écrivain a son style personnel, généralement reconnaissable quel que soit le genre traité. Les dénombrements, comptabilisés par des machines électroniques, permettent plus ou moins de définir chaque style par des constantes : pourcentage d'adjectifs anticipés, d'inversions du sujet, de Passés simples ou de Présents de narration, de coordinations binaires ou ternaires, etc. Les formules ainsi établies peuvent éventuellement appuyer ou affirmer l'attribution d'une œuvre à tel ou tel auteur (ainsi, Frédéric Deloffre a délimité les parties apocryphes du *Paysan parvenu*, roman de Marivaux, en se fondant sur l'absence de formes composées du démonstratif comme *cet...-ci, cet...-là*, et sur la présence du tour *être dans le cas de* + Infinitif, délimitation ultérieurement confirmée par les découvertes de l'histoire littéraire).

Remarque :
Il faut se garder d'attribuer à un auteur les traits d'une époque. Ainsi, Montaigne pratique un style « binaire » :

> *Les nostres (lois) françoises prestent aucunement la main, par leur* **desreiglement** *et* **deformité**, *au* **desordre** *et* **corruption** *qui se voit en leur* **dispensation** *et* **execution**. *(Essais, III, 13)*

Or ce redoublement de l'expression se retrouve chez un grand nombre d'auteurs du XVIe s. On en a donné plusieurs explications, entre autres le besoin d'éclaircir un mot savant, dans un texte traduit du latin, par un équivalent courant : *diaphanes et transparens ; en office et devoir*, etc.

Ce besoin, non pertinent dans les exemples de Montaigne, est du moins à compter parmi les éléments qui ont favorisé la grande extension de cet usage au siècle de l'humanisme.

85 LES TONS PATHÉTIQUES

Le mot *pathos*, emprunté au grec où il signifiait « passion », désignait en rhétorique ancienne tous les procédés propres à susciter l'émotion ; comme on y comptait au premier chef des figures telles que l'hyperbole et l'anacoluthe, dont la répétition donne un discours emphatique et confus, le mot est devenu synonyme de *galimatias*, et la rhétorique nouvelle ne l'a conservé que dans le dérivé *pathétique.*

D'excellents exemples du ton pathétique pourraient être tirés des tragédies françaises depuis *les Juives* de Robert Garnier. Pour mieux prouver que le ton pathétique n'est pas lié au genre littéraire de la tragédie, non plus qu'à la poésie lyrique (Lamartine, Hugo), on a emprunté l'exemple suivant au récit autobiographique de François Cavanna, *Bête et méchant* (1981) ; l'auteur, connu comme humoriste, y trouve un accent spontanément tragique pour raconter, dans la chronologie de ses souvenirs, la mort de sa femme :

Le mur de l'hôpital.

(Cavanna a conduit Liliane à l'hôpital Tenon à une heure du matin ; venu s'informer à 5 heures, il apprend qu'elle est morte, et refuse de le croire.)

— *Vous pourrez la voir cet après-midi, à la morgue de l'hôpital.*

A la morgue. C'était tout simple. Les morts à la morgue. Il y a des mots qui mettent les choses en place. La morgue a soudain rendu vrai le cauchemar. Solide. Technique. A trois dimensions. Quand on dit « la morgue », l'heure du doute est passée. Je n'ai plus douté. J'ai accepté. J'ai lâché mon bout de planche et j'ai coulé à pic.

(...) On est con, dans ces moments. Enfin, je suis con. Une seule idée : ne pas avoir l'air d'un plouc, faire ce qui se fait, dire ce qui se dit. Voyons, que suis-je censé dire ? Ah, oui.

— *Et de quoi serait-elle morte ?*
— *Voyez l'interne de garde, escalier ceci, salle cela.*
— *Merci.*

J'ai dit « Merci ». Peut-être même « Merci, monsieur ». J'ai marché vers la porte, je ne savais plus pourquoi, on m'avait dit d'aller quelque part, j'y allais, où, je ne savais plus, j'ai marché vers la porte du petit bureau, les deux murs faisaient un coin, je me suis calé dans le coin, debout, face au mur, le front appuyé contre le creux de l'angle du coin, et quelque chose m'est sorti de la gorge, un hurlement comme les fous dans les films, comme les chiens qui redeviennent loups, un hurlement sans mots, qui me sortait tout seul, impossible de le retenir, j'aurais voulu, j'avais honte, j'ai hurlé, hurlé, hurlé. Je ne pleurais pas, je hurlais.

Je suppose qu'ils m'ont calmé, qu'ils m'ont fait une piqûre, je ne sais quoi, qu'ils m'ont emmené à l'écart, je ne sais pas, je ne me rappelle rien, je me rappelle seulement m'être retrouvé sur le trottoir de l'avenue Gambetta, c'était un dimanche matin, un joli dimanche d'été, les arbres étaient verts, les oiseaux chantaient, comme dans une chanson à deux sous. 26 juin 1949. Ces choses-là existent.

Le **lexique** de ce passage est du registre adopté par l'auteur dans tout l'ouvrage (et dans les précédents volumes de ses mémoires) : registre populaire, marqué ici seulement par deux qualificatifs des plus vulgaires, appliqués à lui-même. Aucune recherche de termes à résonance psychologique, pas un nom de sentiment. Il peint le tragique de la situation par la brutalité des paroles rapportées *(Vous pourrez la voir à la morgue ; Voyez l'interne de garde)* et par les détails du décor qui restent dans sa mémoire *(les deux murs faisaient un coin ; les arbres étaient verts)* ; sa détresse morale est évoquée par son propre comportement, observé du dehors parce qu'il n'en était pas maître *(quelque chose m'est sorti de la gorge, un hurlement... ; je suppose qu'ils m'ont calmé, qu'ils m'ont fait une piqûre)* ; comme Marguerite Audoux dans le passage de *Marie-Claire* cité au § 77, Cavanna conserve une totale objectivité à l'égard du référent dont il est le témoin, et que résume le substantif *choses (Ces choses-là existent)*, mot le plus neutre et le plus pauvre de la langue, seul acceptable quand tous les autres seraient faibles, celui qu'employait V. Hugo pour résumer ses souvenirs du temps où sa fille était en vie : *Toutes ces choses sont passées (Les Contemplations, IV, 6).*

Un caractère lexical propre à ce texte est le grand nombre des répétitions de mots :

— *à la morgue* (3 fois), *la morgue* (2 fois) ;
— *faire ce qui se fait, dire ce qui se dit* ;
— *j'ai marché vers la porte, j'ai marché vers la porte du petit bureau* ;
— *je ne savais plus pourquoi, je ne savais plus, je ne sais quoi, je ne sais pas* ;
— *faisaient un coin, dans le coin, l'angle du coin* ;
— *quelque chose m'est sorti de la gorge,... qui me sortait tout seul* ;
— *un hurlement, un hurlement sans mots, j'ai hurlé, hurlé, hurlé,... je hurlais* ;
— *un dimanche matin, un joli dimanche d'été.*

La répétition du verbe *hurler* dénote et connote le prolongement incoercible de l'action ; celle des mots *morgue* et *coin* insiste sur le caractère tangible et réel de la situation. Les autres témoignent l'absence d'une recherche d'élégance verbale qui serait intempestive, et peut-être aussi l'effet pathologique de la commotion.

Les tropes se réduisent à quelques métaphores dans le début, plus réalistes que poétiques : l'adjectif *vrai* est glosé *solide, technique, à trois dimensions,* et la subite conscience de la réalité est formulée comme une noyade : *J'ai lâché mon bout de planche et j'ai coulé à pic.* Dans la suite, il sera recouru à la comparaison explicite pour évoquer ce que la langue n'a pas réuni dans un mot : *un hurlement comme les fous dans les films, comme les chiens qui redeviennent loups.*

Deux détails **morphologiques** à remarquer :

— « *Et de quoi serait-elle morte ?* » ; le mode irréel parce que Cavanna ne veut pas encore admettre verbalement la mort de Liliane ;

— « *... escalier ceci, salle cela* » ; les précisions ont été données, non écoutées, l'esprit étant ailleurs ; mais il n'oublie pas la date gravée au cimetière : *26 juin 1949.*

La **syntaxe** désorganisée reflète l'état moral. Les phrases propositionnelles alternent avec les mots phrases : *Les morts à la morgue. Solide. Technique. A trois dimensions. Une seule idée...* Les modalités rendent l'effort mental pour refaire surface : *Voyons, que suis-je censé dire ? Ah, oui.* La subordination fait place à la juxtaposition : *j'ai marché vers la porte, je ne savais plus pourquoi ; impossible de le retenir, j'aurais voulu, j'avais honte* ; la hiérarchie est supprimée, même entre propositions coordonnées : rien que des virgules de *J'ai marché* à *j'ai hurlé*, de *Je suppose* à *une chanson à deux sous.*

Au total, une page qui touche plus que les lamentations d'Amital et des reines chez Robert Garnier *(Les Juives).* Le pathétique sans le pathos.

86 LES TONS COMIQUES

Le ton **comique** est celui d'un texte qui fait rire non par son ridicule, mais par son esprit. Certains types de traits spirituels ont reçu des noms particuliers : l'**humour** et l'**ironie**.

L'HUMOUR

L'humour feint de **donner pour rationnel ce qui ne l'est pas.** Il est toujours sérieux, mais désabusé, et s'exerce volontiers aux dépens de l'auteur lui-même, conscient de l'absurdité de ses actes.

Il existe un humour des mots, s'appliquant aux bizarreries de la langue, et principalement du vocabulaire. Le fantaisiste Raymond Devos s'y est spécialisé. Francis Blanche ne lui était pas inférieur dans des séries d'émissions radiophoniques comme « Les travailleurs de la mer », où, par exemple, la chanson de Charles Trenet, *la Mer,* à propos des *reflets d'argent*, était l'occasion de parler des *lames* qui produisent ces reflets, et de la dure vie des *pêcheurs de lames*, les *lamineurs*, qui attendent patiemment *la vague à lame* pendant que la mer fredonne à leurs oreilles *« la célèbre Valse en la mineur, écrite à leur intention par un romantique Polonais qui rendit lame, il y a près d'un siècle »* ; le moment dangereux est celui où *« les lames de fond se précipitent. Il s'agit de saisir le fil de chaque lame, de l'enrouler sur une bobine »* ; au port, les hommes éprouvent la solidité de leurs prises *« en les frappant sur un brise-lame ». « Ensuite, c'est le repassage, qui se fait à la vapeur et avec une pattemouille. » « Labeur ingrat et pas toujours rémunérateur. En effet, combien de resquilleurs ont trop souvent la lame à l'œil »,* etc. *(Signé Francis Blanche,* éd. J.-C. Lattès).

Au-dessus de l'humour des mots, il y a celui des choses, dont la linguistique fait les frais dans ce texte de Robert Beauvais :

> *Tout le monde connaît la linguistique qui d'ailleurs fait tout pour se faire connaître vu le nombre croissant de savants, de professeurs et d'étudiants qui s'y adonnent.*
>
> *C'est une science consistant à employer un langage incompréhensible pour expliquer les langages compréhensibles.*
>
> *Aucune forme d'expression ne lui a échappé, sauf précisément ce kiskose chien-chien qui est cependant très répandu et pose d'importants problèmes de fond.*
>
> *Une phrase typique, comme « N'**était** un beau tit siensien » est très instructive, du point de vue linguistique.*
>
> *Elle nous permet de constater qu'il n'y a pas de temps présent dans le chien-chien et que le présent s'y exprime par l'imparfait. (...)*
>
> *Cette particularité est d'autant plus surprenante que le chien, animal émotif, non actif, primaire, vit dans l'instant.*
>
> *Mais n'oublions pas que tout langage, d'après les spécialistes, est un découpage syntaxique de l'expérience du monde au niveau d'une communauté linguistique déterminée.*
>
> *Il en résulterait donc que le chien n'a pas de mémoire et que pour lui le passé se confond avec le présent dans une globalité intemporelle qui fausse parfois le dialogue.* (« *Le français kiskose* », Fayard)

La suite du texte relève et commente gravement les autres traits du kiskose chien-chien : remplacement de la 1re et de la 2e personne par la 3e, redoublement des noms *(papatte, nonos)*, dégradation de la chuintante *(sien-*

sien) ; et l'on en vient à l'expression gestuelle des sentiments canins par les mouvements de la queue, avec digression en faveur du darwinisme.

L'IRONIE

L'ironie, classée parmi les « figures de pensée » (§ 72), consiste à **dire le contraire de ce qu'on pense**, mais **d'une manière qui fasse entendre qu'on ne pense pas ce qu'on dit** (sans quoi l'on tombe dans le *mensonge*). Aucun lecteur ne prendra au sérieux l'admiration qu'exprime Courteline à l'égard d'un *salé* (« jeune enfant », en français populaire du début du siècle) dont il subit tous les soirs la présence pendant qu'il écrit dans le coin d'une salle de café :

> *Il y a aussi un salé, âgé d'une vingtaine de mois, lequel, malgré sa grande jeunesse, excelle déjà dans le bel art de faire voltiger sa cuiller par le vide des libres espaces et d'imprimer à sa petite chaise le piétinement successivement monotone, agaçant, puis insupportable, d'une jument qui s'impatiente. Nul doute que cet aimable enfant ait tout à espérer de la vie, car il est plein d'intelligence. Cela se lit sur son visage où revit la flamme paternelle ; mais surtout sa façon de jeter, sans qu'on sache à propos de quoi et à l'instant qu'on s'y attend le moins, des cris perçants de cochon de lait qui s'est pris la queue dans une porte, donne à penser au philosophe, fait augurer avantageusement des séductions de sa conversation encore embryonnaire, hélas !*
> *(Du Courteline pour les jeunes, La gourde, Flammarion)*

LE COMIQUE TOUT VENANT

On parle de « comique », sans plus, quand l'auteur recourt successivement, au gré des occasions, à n'importe quels procédés pour provoquer le rire. Cicéron en donnait la recette à l'orateur, pour gagner la bienveillance de son auditoire :

« En somme, tromper l'attente des auditeurs, railler les défauts de ses semblables, se moquer au besoin des siens propres, recourir à la caricature ou à l'ironie, lancer des naïvetés feintes, relever la sottise d'un adversaire, voilà les moyens d'exciter le rire. » (Traduit du *De oratore*)

Le texte suivant offre un cocktail de traits d'esprit trop varié pour qu'on puisse le classer sous le seul chef de l'humour ou de l'ironie :

Tata de La Rochelle

> *Avec elle une porte qui claque n'est jamais un courant d'air, mais un signe des dieux. Sa radio est branchée sur l'au-delà, sa télévision reçoit les émissions des plus lointaines planètes. Elle ne se nourrit que de protéines qui s'annulent, de racines courbes provenant de basse Bretagne, et ne s'exprime qu'avec la gravité symbolique de Ludmilla Tchérina dans le rôle de Salomé !*

> *Vous l'avez tous reconnue, il s'agit de ma tante Denise, sœur légèrement cadette de ma mère, surnommée « les*

Tantes Jeanne » par le *Nain Jaune,* peut-être parce que, à elle toute seule, elle fait beaucoup de monde.

Depuis la jeunesse de mon père, et depuis mon enfance, le Nain Jaune et moi-même avons toujours cuisiné, mitonné et nourri les sentiments les plus biscornus à l'égard de celle que nous appelions également « la penseuse rustique », « Raskolniquette », « la conférencière des Côtes-du-Nord », « Bovariquette », « la vache qui vote » et autres titres de bassesse, tous plus déplaisants et plus absurdes les uns que les autres.

(Pascal Jardin, *Le Nain Jaune,* Julliard)

Après avoir énoncé avec le sérieux de l'humour certains comportements (totalement inventés) de sa pauvre tante, Pascal Jardin la présente comme une maniaque de la diététique, et compare ses attitudes à celles (bien différemment motivées) d'une danseuse célèbre.

Affectant de donner ce portrait pour très ressemblant (alors qu'il le sait trompeur comme il le dira dans la suite du livre), il feint de croire que tout le monde a reconnu sa tante, sœur *légèrement cadette* de sa mère (comique verbal, l'adverbe *légèrement* ne convenant pas plus à *cadette* qu'à des adjectifs comme *égal, perpendiculaire* ou *jumeau*). Comique verbal encore que l'appellation plurielle *les tantes Jeanne* imaginée par son père (le *Nain Jaune*) et dont il explique la connotation. L'expression *nourrir un sentiment* est ensuite rajeunie et renforcée par des métaphores culinaires *(cuisiné, mitonné)* connotant un acharnement que l'adjectif *biscornus* donne pour diabolique. Enfin défilent les surnoms drôles et méchants qu'il appelle *titres de bassesse,* oxymore (alliance de mots) appliquée à d'autres oxymores comme *penseuse rustique, conférencière des Côtes-du-Nord, la vache qui vote* (évocation des suffragettes et d'une célèbre crème de gruyère), *Raskolniquette* et *Bovariquette* (diminutifs ravalant les noms fameux des héros de Dostoïevsky et de Flaubert).

87 STYLES PERSONNELS

Une conception séparative de l'aspect stylistique et de l'aspect littéraire des œuvres a été favorisée au XXᵉ s. par l'avènement de la stylistique (§ 4).

Une des premières et des plus notoires études d'un style personnel est le dernier chapitre du livre d'Albert Thibaudet sur *Flaubert* (1935), analyse brillante où n'apparaît pas encore l'esprit systématique et exhaustif de la nouvelle discipline.

Thibaudet passe vite sur les **images**, surtout visuelles, artificiellement développées, puis mentionne la **composition en tableaux**, et passe au **rythme périodique ternaire** (croissant ou décroissant), éprouvé au « gueuloir », avec un dernier membre introduit par *et* s'il est le plus long.

Suit la **morphologie** :
— emploi d'époque du substantif sans épithète : *Un apaisement descendait dans son cœur (Trois Contes)* ;
— emploi systématiquement varié des pronoms relatifs (le cauchemar de Flaubert) ;
— prédilection pour l'Imparfait, rompant une série de Passés simples : *Écla-*

tant d'une colère démesurée, il bondit sur eux, à coups de poignard ; et il trépignait, écumant avec des hurlements de bête fauve (Trois Contes), ou transposant un propos au discours *indirect libre* (notion introduite par Ch. Bally en 1912, et que Thibaudet lui reprend avec sa dénomination).

L'étude passe à l'**ordre des mots**, aussi varié que possible, avec un goût propre à Flaubert pour le détachement de l'adverbe en fin de phrase : *D'autres le livraient eux-mêmes, stupidement (La tentation de saint Antoine).* L'examen des conjonctions (comme *tandis que* à valeur non temporelle) amène un retour sur l'emploi de *et*, auquel « nul écrivain n'a fait rendre plus de sens ». Enfin Thibaudet fait état des nombreuses « fautes de français » qu'on reproche à Flaubert *(je m'en rappelle, quoique je suis, causer à quelqu'un, partir à Paris)*, et montre qu'il s'agit d'infractions conscientes, respectant la logique de la langue.

Tout n'est pas dit là sur Flaubert, mais l'essentiel, et bien dit, malgré une certaine absence de plan tenant à la nouveauté de l'entreprise. Aucune impression unique ne se dégage de cet ensemble, qui définit le style d'un individu comme une conjonction de traits distinctifs ne se retrouvant chez aucun autre.

Quantité d'études de style ont été publiées depuis, sous forme de mémoires et de thèses, souvent réduites à un phénomène limité : caractérisation nominale chez Balzac, ordre des mots chez Marcel Proust, etc. Puis les recherches universitaires ont glissé vers d'autres disciplines, mises en question par les théories générativistes nées en Amérique. La vague d'études stylistiques s'est retirée sans avoir abouti à une typologie homologuée des styles, c'est-à-dire à un classement où tous les spécialistes reconnaîtraient des cadres universels. Il en est des styles comme des caractères, dont aucune théorie ne réalise l'accord des psychologues.

Une tentative originale et fine dans le sens d'un tel classement a été cependant publiée par Henri Morier sous le titre *La psychologie des styles* (Genève, 1959). L'auteur y classe à la fois les styles et les caractères, en vertu du principe de Sénèque *Oratio vultus animi est* (le discours est le visage de l'âme), repris de Platon. Huit chapitres sont consacrés aux différentes classes de caractères : *faibles, délicats, équilibrés, positifs, forts, hybrides, subtils, défectueux.* Chaque classe est manifestée par un certain nombre de styles ; ainsi les caractères subtils sont représentés par les styles *malicieux, passionnel, diamant, hermétique, tambourin, névrotomique, surréaliste* et *loup-phoque.* Il se trouve un auteur pour illustrer chaque style : La Fontaine (le *malicieux*), Valéry (le *diamant*), Mallarmé (l'*hermétique*), Proust (le *névrotomique*, qui dissèque les nerfs). Des textes empruntés à *Paroles*, de Jacques Prévert, illustrent le style *loup-phoque*, ainsi nommé parce qu'il cultive le jeu de mots et le coq-à-l'âne, cherchant « le baroque, le paradoxal, le disparate, le voyant, le toc » par tous les procédés :

— incohérence technique : *J'ai mis mon képi dans la cage et je suis sorti avec l'oiseau sur la tête (Quartier libre)* ; un évêque *vomit des tickets de métro (La crosse en l'air)* ; l'auteur ménage les rencontres les plus hétéroclites pour en tirer une apparence de profondeur, « comme s'il existait une intelligence du hasard » : *Un hussard de la farce et un dindon de la mort* ;

— antanaclase : *La terre tourne comme le lait* ; *une beauté pure comme le vin rouge* ;

— cliché dissocié : une guitare *berce l'enfance de l'art* ;

— image paronomastique : *Ceux qui croient, Ceux qui croient croire, Ceux qui croa-croa* ;

— jeux phoniques : *La pipe au papa du pape Pie pue ; j'arrive à Sabi en paro* (contrepèterie : *Paris, sabots*) ; *la grande dolichocéphale sur son sofa s'affale et fait la folle* ;

— échange de compléments : *Je fume ma porte sur le pas de ma pipe.*

Morier juge Prévert en poète, et condamne sa forme négligée, appropriée à la « rigolade » : pas de rimes, pas de cadence, hiatus à volonté.

Pour qui n'y cherche pas la poésie, mais seulement un discours comique, la forme semi-versifiée peut au contraire passer pour un ingrédient de plus, et non le pire, dans la potion hilarifique, faite pour le bonheur des écoliers qui « cachent un oiseau dans leur pupitre » et pour qui seize et seize ne font rien, « et surtout pas trente-deux ».

On peut partager ou non les jugements très personnels de Morier, du moins en retiendra-t-on le principe scientifique de ne considérer dans l'individu que ce qui fait de lui le représentant d'une classe, celle-ci fût-elle réduite, dans les faits, à un « singleton » (C.F.C. § 108).

D. Invention et composition

88 INVENTIO ET DISPOSITIO

On sait que si la nouvelle rhétorique, née vers 1960, s'est confinée plus ou moins dans le domaine de ce que l'antiquité appelait *elocutio* (§ 7), la rhétorique ancienne enseignait, et de façon prescriptive, les techniques désignées par les termes **inventio** et **dispositio** (§ 70) : que dire, et dans quel ordre ?

La recherche du contenu était rigoureusement programmée, dans les traités antiques, par l'examen d'un certain nombre de points ou « **lieux** » (en grec *topoi* et en latin *loci*, ou chez Quintilien *sedes argumentorum*), commodément formulés en un vers au XII⁰ s. :

> *Quis, quid, ubi, quibus auxiliis, cur, quomodo, quando.*
> (Matthieu de Vendôme)

Ces mots interrogatifs dessinent le plan idéal d'une recherche et d'un exposé concernant un fait raconté et mis en question : Qui ? quoi ? où ? à l'aide de qui ou de quoi ? pourquoi ? de quelle manière ? quand ?

Bien entendu, des lieux pouvaient être omis, ou ajoutés, ou subdivisés, et l'ordre (imposé ci par le rythme de l'hexamètre) était modifiable.

La disposition des arguments, motifs, faits et ornements constituant la substance du discours n'était pas non plus laissée au hasard. Le canon en était donné ainsi pour le discours classique *(oratio)* :

1° **Exorde** (destiné à gagner l'attention et la bienveillance des auditeurs).

2° **Narration** (exposé des faits, « *diégèse* », cf. § 14) ; l'ordre peut être chronologique *(ordo naturalis)* ou prendre les faits au milieu de leur déroulement *(ordo artificialis).*

3° **Argumentation,** positive (l'orateur expose sa thèse), négative (réfutation de la thèse adverse), souvent les deux successivement.

4° **Péroraison :** résumé *(recapitulatio)* et appel aux sentiments, à la décision.

Ce plan était prescrit même pour le genre épistolaire au XVIIe s. On s'ingéniait à le retrouver dans les œuvres littéraires anciennes et classiques, quitte à justifier les écarts par des effacements, des substitutions ou des additions.

Des modèles différents régissaient pourtant la composition des sermons, particulièrement des *homélies,* fondées sur un texte dont l'économie pouvait commander l'ordre de la prédication.

Remarque :
Le terme de « lieux » associé à l'adjectif « communs » (grec *koinoi topoi,* latin *loci communes)* avait en rhétorique un autre sens, désignant des motifs préfabriqués, proverbes, paraboles, fables, anecdotes, développements philosophiques ou autres, sortes de clichés de pensée susceptibles d'infinies applications particulières, et propres à étoffer chaque nouveau discours — principalement dans l'improvisation (l'argot scolaire conserve à ce genre de motif le nom de *topo).*

89 IDÉES ET PLAN EN RHÉTORIQUE MODERNE

L'enseignement rhétorique actuellement donné se réduit généralement à un certain nombre de principes d'expérience dont l'un mérite d'être placé en tête : **il est artificiel de distinguer la composition de l'invention.** L'une ne va pas sans l'autre, car on ne met pas en ordre des cases vides, et l'on ne remplit pas des cases sans un ordre préconçu. La découverte de faits et d'arguments remet en question le plan, et la conception d'un nouveau plan aiguille et aiguillonne la recherche des idées.

La création artistique (la *poïèsis* d'Aristote) n'est jamais immédiate et spontanée (à moins qu'il ne s'agisse, comme pour un peintre, d'une dextérité exploitée dans l'instant, mais qui suppose des années d'apprentissage). Dans la naissance de l'œuvre, il ne faut pas voir l'intervention d'une Muse, mais « le rôle du hasard, celui de la réflexion, celui de l'imitation, celui de la culture et du milieu » (Paul Valéry), joints à la connaissance des techniques propres à l'art exercé (poésie, peinture, musique, etc.).

L'artiste ne peut être passif. On connaît la définition du génie par Edison : « 1 % d'inspiration, 99 % de transpiration. » Charlie Chaplin écrivait :

> « Les idées viennent du grand désir qu'on éprouve de les avoir. L'élimination après l'accumulation est le moyen d'arriver à ses fins. (...) Comment les a-t-on ? Par la persévérance poussée jusqu'à la folie. Il faut être capable de supporter l'angoisse et d'entretenir longtemps son enthousiasme. »
>
> *(Histoire de ma vie)*

La quête du cinéaste n'est pas différente en cela de celle du poète : Paul Valéry portait un poème plusieurs années dans son esprit, avant de le mettre au jour.

D'excellents conseils ont été donnés par Jean Pommier dans la leçon d'ouverture de son cours au Collège de France, où il succédait à Paul Valéry. Ce qu'on appelle « Muse » n'était à ses yeux que le « petit lutin » qui joue en nous et que les psychologues appellent « subconscient ». Ce qu'il nous souffle n'est pas toujours merveilleux, mais à nous de choisir et, entre les trouvailles, de boucher les trous.

Il est indiqué de jeter sur le papier les idées que le hasard nous envoie, et d'appliquer notre esprit à en faire cristalliser d'autres. Ne pas nous contenter du « chaos d'images, d'impulsions et de schèmes » composant le « barbotage de la conscience », mais endiguer et nourrir ce chaos par le contrôle de l'intelligence, et surtout par l'**écriture**. Les manuscrits de Balzac, de Dostoïevsky sont couverts de ratures, qui les rendaient parfois illisibles sauf pour eux-mêmes et leurs imprimeurs. L'auteur d'une dissertation, d'un article, d'une nouvelle, d'un mémoire a tout intérêt à remplacer la technique des ratures par celle du **montage**, telle que pouvait la pratiquer Charlot coupant et collant ses films, conservant le dixième des « plans » et modifiant l'ordre du tournage jusqu'à obtenir la séquence la plus claire pour l'intelligence et la plus frappante pour le sentiment. Les ciseaux et la colle sont, avec le stylo, les accessoires indispensables de l'écrivain — et le verso des pages restera toujours blanc pour permettre les coupures. Quelques-uns affirment avoir obtenu toujours du « premier jet » la rédaction définitive ; c'est un don rarissime qu'on peut leur envier, mais qui se rencontre chez les pires plus souvent que chez les meilleurs. Relisez et récrivez, « vingt fois » (Boileau). De nouvelles étincelles se produiront, des combinaisons imprévues comme si des affinités jouaient, dépendant moins de votre volonté que de votre attention.

Le **temps** est un facteur capital de la création, et l'adage selon lequel « la nuit porte conseil » est vrai entre autres pour l'écrivain ; les idées viennent surtout quand on réfléchit, mais aussi aux moments où l'on réfléchit le moins, pourvu que notre ordinateur mental secret ait été informé des données de la recherche ; il se bloque dans la précipitation.

Un autre facteur essentiel selon Valéry est la **contrainte**. Jean Pommier illustre ce thème de belles images comme celle d'un palais de marbre qui ne peut s'élever au milieu du limon à moins de prendre appui sur un sous-sol résistant, et l'on se rappelle l'axiome parnassien :

> *Oui, l'œuvre sort plus belle*
> *ᐳ D'une forme au travail*
> *Rebelle.* (Th. Gautier)

On a vu au § 10, à propos du vers, comment la contrainte rythmique peut jouer ce rôle de catalyseur : l'obstacle qui s'oppose au cours routinier de la pensée ou de l'expression oblige l'artiste à des détours où il rencontre l'idée neuve ou le mot original. Que de terres inconnues ont été découvertes par des marins échappés aux tempêtes !

Il est du moins une faculté sur laquelle notre volonté a quelque prise, c'est la raison, à qui revient le premier rôle dans l'**organisation** des idées. La même raison qui dictait l'ordre classique du discours judiciaire (§ 88) inspirera tel ou tel ordre selon le genre de discours, le référent, les circonstances de la communication, le destinataire. Il n'y a pas de règle unique, et c'est avec les plus grandes réserves qu'on rappellera ici pour terminer l'usage qui a cours dans les exercices scolaires.

Jusqu'au baccalauréat, le **commentaire oral de texte** peut suivre l'ordre des paragraphes et des phrases, après un bref exposé situant le passage dans la littérature et dans l'œuvre de son auteur. Un commentaire **écrit** sera de préférence **composé**, éclairant le texte sous plusieurs angles successifs en accusant tous ses traits propres, et disposé dans l'ordre de l'**intérêt croissant** (ce qui n'exclut pas de terminer par la forme).

De nombreux traités proposent des règles pour la **dissertation** (1). Certains substituent à la notion de plan celle de **mouvement**, impliquant l'enchaînement des parties vers une conclusion que doit justifier chaque phrase du texte. Tous recommandent un développement en trois parties, la troisième faisant le départ, comme la « belle » dans un match en trois manches. Le modèle habituellement invoqué est la triade de la dialectique hégélienne : *thèse, antithèse, synthèse*. Le nombre trois a probablement des vertus non négligeables (moins est maigre, plus est lassant), mais il serait naïf de croire que toute erreur ait son erreur contraire, et qu'une synthèse d'erreurs engendre la vérité comme une base et un acide donnent un sel.

(1) Aujourd'hui remplacée par l'**essai littéraire**.

quatrième partie

POÉTIQUE

Chapitre 1
Le vers régulier

A. Généralités

90 VERSIFICATION ; VERS RÉGULIERS ET VERS LIBRES

On parle et l'on écrit en **prose** quand on utilise les ressources de la langue sans observer d'autres règles que celles de la grammaire :

> *Nicole, apportez-moi mes pantoufles, et me donnez mon bonnet de nuit.* (Molière, *Le Bourgeois Gentilhomme.*)

L'étude du style nous a montré que certains procédés d'expression sont plus agréables que d'autres, soit à l'oreille, soit à l'esprit. On écrit **en vers** quand on applique comme des règles certains de ces procédés de style, principalement ceux qui intéressent les sons, le rythme de la phrase (§ 10).

Pendant longtemps les règles des vers ont été très nettement définies et rigoureusement observées. Fixé par Malherbe (1555-1628) et Boileau (1636-1711), le **vers régulier** a été pratiqué par les poètes de l'époque **classique** (Corneille, Racine, Molière, La Fontaine...), puis par ceux de l'époque **romantique** (Lamartine, Vigny, Hugo, Musset...).

Depuis un siècle les règles de la versification ont été assouplies, remises en question, rajeunies par des poètes qui se sont fait chacun un code de versification individuel et ont appelé leurs vers des **vers libres**.

91 MESURE ET RYTHME EN POÉSIE

A l'origine, le vers était toujours accompagné de musique, tous les poèmes étaient des « chansons ».

C'est par des qualités musicales que se définit le vers régulier. Il nous charme par l'oreille, il agit sur nous par les réactions nerveuses et musculaires que suscitent ses sonorités.

Comme la musique, le vers est **mesuré**, mais l'unité de mesure n'y est pas le *temps*, divisible, c'est la **syllabe**, indivisible. Nous verrons comment il faut compter les syllabes.

On appelle **mètre** d'un vers le nombre de syllabes prononcées dans ce vers ; **une dernière syllabe muette n'est pas comptée** ; ainsi les vers suivants ont 8 syllabes :

> *Un agneau se désaltérait*
> *Dans le courant d'une onde pur(e).*

Comme la musique, le vers est **rythmé**. Alors qu'en musique, le rythme est marqué par les temps forts, le rythme propre de la poésie est marqué par la **rime** qui **termine le vers**.

On sait que la structure de la phrase se traduit phoniquement par des **accents toniques** (C.F.C. § 39) et par des **pauses** (C.F.C. § 41) qui donnent un rythme à la phrase (supra, § 21). La versification impose une **contrainte** à la phrase en l'obligeant à s'inscrire dans le rythme du mètre, si bien que trois rythmes se superposent, s'entrelacent, se contrarient éventuellement comme les diverses voix dans le « contrepoint » musical. Mais un point à ne pas oublier, et justement souligné par Benoît de Cornulier dans l'ouvrage collectif *Théorie de la littérature* (1981) est le caractère primordial du rythme métrique : une syllabe tonique ne compte pas plus qu'une autre dans le mètre, et les pauses, à la différence des silences en musique, n'y comptent pour rien, quelle que soit leur durée.

Voici la 3e et la 4e strophes d'un poème de Maurice Magre, *Dernière chanson du poète ivre (Le poème de la jeunesse)* :

> *Sur le vieux puits accoudés,*
> *Nous vîmes nous regarder*
> *Les yeux de la lune.*
> *Un à un, dans l'eau qui dort,*
> *J'ai jeté trois écus d'or,*
> *Toute ma fortune.*
>
> *Et, pauvre fou, j'ignorais*
> *Qu'avec eux mon cœur tombait*
> *Dans cette eau profonde.*
> *C'était pour te faire voir*
> *Que j'aimais mieux tes yeux noirs*
> *Que les biens du monde.*

Et voici deux tableaux qui montrent la coïncidence relative du rythme des vers et du rythme des phrases dans chacune des deux strophes :

STROPHE 3 **Compte en syllabes**

	vers 1	vers 2	vers 3	vers 4	vers 5	vers 6
rimes	7	7	5	7	7	5
accents	4 + 3	2 + 5	2 + 3	3 + 4	3 + 4	1 + 4
pauses	7	12		3 + 4	7	5

STROPHE 4

rimes	7	7	5	7	7	5
accents	1 + 3 + 3	3 + 2 + 2	3 + 2	2 + 5	4 + 3	3 + 2
pauses	1 + 3 + 10		5		19	

Le rythme du **mètre** apparaît clairement : chaque strophe a la formule métrique : 7 + 7 + 5 + 7 + 7 + 5.

Le rythme des **accents** s'inscrit partout dans le rythme du mètre, mais le plus souvent par l'addition d'éléments plus courts dont le nombre et le rapport entre eux sont variables (4 + 3, 2 + 5, 2 + 3,... 1 + 3 + 3, 3 + 2 + 2,...).

Dans la strophe 3, le rythme des **pauses** épouse au vers 1 celui de la rime ; il s'élargit ensuite et recouvre deux vers, puis coupe en deux le vers 4, enfin coïncide avec le mètre de 5 et 6. Divorce plus marqué à la strophe 4, dans les deux premiers vers. Coïncidence au vers 3. Enfin la dernière phrase recouvre trois vers.

Tout l'art des vers réside dans l'accord ou le désaccord de ces trois rythmes.

Remarques :
a) La syllabe est divisible en **phonèmes** (C.F.C. § 34), mais le phonème, unité pertinente en phonétique, ne l'est pas en versification pour le compte des syllabes.
b) Le rythme du mètre n'a rien à voir avec celui de la respiration ni avec celui des battements du cœur. Il varie dans la pièce de Maurice Magre de 7 à 5, ailleurs bien plus, sans aucune répercussion pulmonaire ni cardiaque.

92 VERS COMPLEXES ; CÉSURE

Voici quatre vers des *Contemplations (A Villequier)* :

> *Je sais que le fruit tombe au vent qui le secoue,*
> *Que l'oiseau perd sa plume et la fleur son parfum ;*
> *Que la création est une grande roue*
> *Qui ne peut se mouvoir sans écraser quelqu'un.*

Ces vers ont chacun 12 syllabes. Le tableau suivant figure par des cases pleines les syllabes toniques vers par vers :

	1	2	3	4	5	6	7	8	9	10	11	12
1		■				■		■				■
2			■			■			■			■
3						■						■
4			■			■				■		■

On constate qu'un accent tonique porte toujours non seulement sur la 12e syllabe, mais sur la 6e. L'examen d'un nombre quelconque de vers de 12 syllabes confirmerait que la 6e y est presque toujours accentuée, alors que toutes les autres, sauf la 12e, le sont irrégulièrement. Tout accent coïncidant avec une fin de mot ou avec la dernière syllabe non muette d'un mot (C.F.C. § 39), il y a toujours une séparation de mots entre la 6e et la 7e syllabe (la finale muette de *tombe* s'élidant devant *au*, celle de *plume* devant *et*). Cette coupure est appelée **césure** (du latin *caesura*, coupure).

La césure est obligatoire à la 6e syllabe du vers de 12 syllabes ; si le mot se termine par un *e* muet à la 7e syllabe, il faut qu'il soit élidé.

En somme, un vers de 12 syllabes est composé de deux mesures de six syllabes, qu'on appelle **hémistiches**. C'est un vers **complexe**.

Jusqu'au milieu du XIXe siècle, les poètes, qui n'avaient qu'une idée confuse de l'existence d'un accent, concevaient la césure comme une séparation de mots. Ce caractère est d'ailleurs plus constant que le caractère tonique de la 6e syllabe, qui n'apparaît pas dans les vers suivants :

> *Toujours aimer, toujours souffrir, toujours mourir.*
>
> (Corneille, *Suréna.*)

> *Ils se battent, combat terrible, corps-à-corps.*
>
> (Hugo, *Légende des siècles*)

Dans les vers de 10 syllabes la césure est ordinairement après la 4e syllabe (plus rarement après la 6e) :

> *Trois grands pendards | vinrent à l'étourdie*
> *En ce palais | me dire en désarroi :*
> *« Nous vous faisons | prisonnier par le roi. »* (Marot.)

A partir du XVe siècle, quelques poètes l'ont placée après la 5e syllabe, ce qui change tout à fait le caractère du vers ; dans le passage suivant, le rythme convient au sentiment de mélancolie et d'incertitude qui se dégage du texte :

> *J'ai dit à mon cœur, | à mon faible cœur :*
> *N'est-ce point assez | de tant de tristesse ?*
> *Et ne vois-tu pas | que changer sans cesse,*
> *C'est à chaque pas | trouver la douleur ?* (Musset.)

Remarques :
a) En ancien français, une syllabe muette ne comptant pas dans le vers pouvait se trouver à la césure comme en fin de vers ; c'est la « césure épique » :

> *De plusurs chos(es) | a remembrer li prist.*
>
> (Chanson de Roland.)

Cette liberté disparut en Moyen français ; Jacques Fabri, au début du XVIe s., interdit l'*e* « féminin » dans la syllabe qui suit l'accent de la césure, à moins qu'il ne fût élidé.

b) Au Moyen Age, l'accent devant la césure était assez indépendant du texte — comme la mélodie d'une chanson — et pouvait même frapper une syllabe atone par nature, par exemple une terminaison de mot contenant un *e* muet. Cette possibilité (connue sous le nom de « césure lyrique ») se conserva jusqu'au XVe siècle ; en voici, parmi bien d'autres, un exemple de Charles d'Orléans :

> *Requier pardon, | bien te viendra aidier*
> *Nostre Dame, | la trespuissant princesse.*

Ces vers de 10 syllabes ont la césure après la 4e ; donc l'*e* de *Dame* est accentué. Cet usage artificiel a toutefois décliné dès le XIVe s., et depuis le XVIe les règles n'admettent plus qu'une syllabe muette précède la césure.

93 LES DIFFÉRENTS MÈTRES

Le vers de 12 syllabes est le plus long vers régulier.

Un théoricien du XVe siècle l'a nommé **alexandrin** parce qu'il est employé dans le *Roman d'Alexandre* (fin du XIIe siècle), mais il apparut dès 1130-1140 dans des chansons de croisade en provençal et en français.

Il fut au Moyen Age un vers lourd, majestueux, employé surtout dans les vies de saints et la poésie morale, mais sa grande fortune date du XVIIe siècle, époque où l'on apprit à en tirer, par le jeu des accents mobiles (§ 105), des effets de plus en plus variés.

Le Moyen Age usa d'un vers de 11 syllabes, qui devint rare à partir du XIVe siècle, sauf dans les chansons, où la musique soutient le rythme.

Le vers de 10 syllabes, ou **décasyllabe**, attesté le premier (*Sainte Eulalie*, IXe siècle) fut au contraire un des mètres les plus couramment employés. Antérieur à l'alexandrin (auquel il donna peut-être naissance), il lui fut longtemps préféré dans la chanson de geste. Il fut étendu à tous les genres, et appelé le « vers commun » au XVe siècle, époque de sa suprématie. Il succomba plus tard devant l'alexandrin, mais ne fut jamais délaissé, et fournit toujours aux conteurs familiers ou satiriques un rythme alerte qui met leur esprit en valeur :

> Puis me faisant admirer la clôture,
> Triple la porte et triple la serrure,
> Grilles, verrous, barreaux de tout côté :
> « C'est, me dit-il, pour votre sûreté. »
> (Voltaire, sur son emprisonnement à la Bastille.)

Le vers de 9 syllabes, sauf dans la poésie lyrique chantée, eut peu de faveur au Moyen Age, encore moins à l'époque classique ; c'est une hardiesse de la part de Verlaine d'avoir écrit son *Art Poétique* en vers de 9 syllabes :

> De la musique avant toute chose,
> Et pour cela préfère l'Impair
> Plus vague et plus soluble dans l'air,
> Sans rien en lui qui pèse ou qui pose.

Césuré après la 4e syllabe (comme ici) ou après la 5e, il est en fait plus claudicant que « soluble dans l'air », et Verlaine lui-même, après l'avoir ainsi recommandé, n'en a guère usé.

Le vers de 8 syllabes, ou **octosyllabe**, attesté dès le Xe siècle *(Passion, Saint Léger)*, eut une grande fortune au Moyen Age dans le roman courtois comme dans les fabliaux, dans le drame sérieux comme dans les farces ; « C'est, dès l'origine, un vers universel » (Georges Lote). La raison de ce succès ? Il est **le plus long vers simple**, c'est-à-dire sans césure, donc le vers le moins contraignant. Ainsi s'explique qu'on l'emploie encore aujourd'hui par prédilection dans les chansonnettes, les impromptus, les bouts-rimés.

Mais il se prête à tous les sujets, même lyriques :

> *Suis-je né trop tôt ou trop tard ?*
> *Qu'est-ce que je fais en ce monde ?*
> *O vous tous, ma peine est profonde.*
> *Priez pour le pauvre Gaspard.* (Verlaine)

Le vers de **7 syllabes** est plus sautillant ; il convient aux pièces courtes :

> *Autrefois le rat de ville*
> *Invita le rat des champs,*
> *D'une façon fort civile,*
> *A des reliefs d'ortolans.* (La Fontaine.)

Les vers plus courts (6, 5, 4, 3, 2 et une syllabe) ne s'emploient guère en séries continues : leur rythme serait difficile à supporter longtemps ; de plus, le retour fréquent des rimes obligerait le poète à sacrifier le sens.

Les pièces écrites uniquement en vers courts présentent surtout l'intérêt de tours de force, comme ce poème d'Amédée Pommier, intitulé *Le Nain*, qui compte 390 vers de 3 syllabes :

> *C'est un gnome*
> *Si mignon*
> *Qu'on le nomme*
> *Champignon.*
> *Une épingle*
> *Fait la tringle*
> *De son lit ;*
> *D'une miette*
> *Son assiette*
> *Se remplit...*

Le même poète a écrit en vers d'une syllabe (en style « laconique ») une pièce intitulée *Sparte*, dont voici quelques vers :

> *Dure*   *Chastes*   *Riches*
> *Loi ;*   *Mœurs ;*   *Faits ;*
> *Sûre*   *Vastes*   *Chiches*
> *Foi ;*   *Cœurs...*   *Mets...*

Dans ce genre de vers la syntaxe est forcément tyrannisée, car chaque mot doit être accentué. Il n'en est pas de même lorsque des vers très courts sont intercalés parmi des vers plus longs :

> *C'était, dans la nuit brune,*
> *Sur le clocher jauni,*
>   *La lune,*
> *Comme un point sur un i.* (Musset, *Ballade à la lune.*)

Les différences de mètre sont souvent harmonisées au sens : la lune était en gros plan dans le quatrain de Musset. Dans ces vers de Laforgue, la brièveté soudaine produit un effet « conclusif » :

> *Un trou, qu'asperge un prêtre âgé qui se morfond,*
> *Bâille à ce libéré de l'être ; et voici qu'on*
>   *Le déverse*
>   *Au fond.*

B. Compte des syllabes

94 « E MUET » PRÉCÉDÉ D'UNE CONSONNE

L'*e* muet précédé d'une consonne, s'il n'est pas élidé ou placé en fin de vers, fait toujours une syllabe. Ainsi le vers suivant a huit syllabes :

> *Hercule veut qu'on se remue.* (La Fontaine.)

La même phrase, dans la langue parlée, n'aurait que six syllabes :

> *Hercul' veut qu'on s'remue.*

La prononciation de l'*e* muet après consonne n'est d'ailleurs nullement désagréable ; elle fait articuler plus nettement la consonne et donne au vers une limpidité, un équilibre conformes au rythme propre de la langue française (consonne + voyelle + consonne + voyelle, etc.). Joseph Vendryès compare, au vers bien connu de Victor Hugo :

> *Donne-lui tout de même à boire, dit mon père.*

celui qu'on pourrait écrire en se conformant à la prononciation de la langue parlée :

> *Donn'lui tout d'même à boire un' goutt' d'eau, dit mon père.*

Ces deux vers ont 12 syllabes, mais le second est difficile à dire, comme ceux-ci, qui veulent imiter la prononciation d'un vieux marin :

> *V' saurez pour vot' gouvern' que j'avions mis not' sac*
> *Et l' pavillon d'l'Emp'reur sur c't'espèc' d' bric à brac.*
> (Tristan Corbière.)

Remarque :
L'*e* du pronom *le* après un verbe à l'Impératif ne peut être élidé en français moderne, mais il pouvait l'être autrefois, et Molière écrivait encore :

> *Mais, mon petit Monsieur, prenez-l(e) un peu moins haut.*

L'usage s'imposa au XVIIe . d'accentuer ce pronom et Racine, qui avait écrit dans la *Thébaïde* :

> *Accordez-le à mes vœux, accordez-le à mes crimes,*

corrigea ainsi :

> *Ne le refusez pas à mes vœux, à mes crimes.*

L'usage ancien ne se rencontrera plus que par licence, par exemple chez Victor Hugo.

95 « E MUET » PRÉCÉDÉ D'UNE VOYELLE

1° **A l'intérieur d'un mot,** l'*e* muet précédé d'une voyelle ne compte pas dans le vers :

> *Ceux que vous oubliez ne vous oublieront pas.* (Hugo.)
> *Quiconque remuera, par la mort ! je l'assomme.* (Molière.)

2° **A la fin d'un mot,** on ne tolère cet *e* muet que s'il est élidé ou s'il termine le vers :

> *Sur ma jou(e), en riant, elle essui(e) une larme.* (Racine.)
> *Grand Dieu, voici ton heure, on t'amène ta proie.* (Racine.)

En dehors de ces cas, des mots comme *joue, essuie, proie, plaie, pensée, joie,* sont interdits dans les vers réguliers ; on peut parler d'une *voix douce,* mais non de la *voie lactée,* à moins de résoudre la difficulté comme Edmond Rostand :

> *Il jaillirait du lait — Du lait ? — Oui, de la voie*
> *Lactée.*

Par exception, on autorisait, à l'époque classique, les formes verbales *aient, soient,* et les désinences en -*aient,* qui sont d'usage très courant, et on les comptait comme *ait, soit* :

> *Je consens que mes yeux **soient** toujours abusés.* (Racine.)

Les romantiques y ajoutèrent les formes analogues : *aies, voient, croient, fuient...*

Remarques :
a) Avant Malherbe, un *e* muet précédé de voyelle pouvait compter pour une syllabe en fin de mot devant une consonne ; voici donc un vers de 10 syllabes :

> *Je suis ton cœur, ai-**e** pitié de moi.* (Marot.)

Chez Malherbe et après lui, une telle prononciation est tout à fait exceptionnelle.

b) Les poètes classiques remplaçaient certains *e* non prononcés par un accent circonflexe :

> *Ma foi, sur l'avenir bien fou qui se fîra.* (Racine.)

96 DIÉRÈSE, SYNÉRÈSE

Deux voyelles **sonores,** c'est-à-dire autres qu'un *e* muet, se suivant à l'intérieur d'un mot comptent pour deux syllabes ; on prononce : *po-ète, su-ave, j'oubli-ais, il pri-a.*

Mais on sait qu'il existe des semi-consonnes, que l'orthographe confond avec les voyelles *i, u, ou* (C.F.C. § 32) ; en principe, ces semi-consonnes ne devraient pas compter pour des voyelles.

Cette règle est observée pour la semi-consonne « wé » quand elle n'est pas écrite : *foi, foin* (1 syllabe) ; *oui* et ordinairement *fouet* font aussi une syllabe ; ailleurs, *ou* compte **comme une voyelle** : *alou-ette, jou-ons.*

Elle est observée pour la semi-consonne « ué » : les mots *lui, juin, fuir* ne comptent que pour une syllabe ; *bru-ire, bru-ine* et parfois *ru-ine* font exception.

Mais avec « yod », **les hésitations sont nombreuses** ; des mots que nous prononçons avec *i* consonne sont prononcés en vers avec *i* voyelle : on dit qu'on fait la **diérèse** ; ainsi *nation* fait en prose deux syllabes, et en vers trois : *na-ti-on.*

Au contraire, des mots comme *piété* ou *pitié* sont prononcés avec **synérèse** : *pié-té, pi-tié.*

Pour certains mots, la diérèse maintient un usage ancien : *nation* se prononçait avec diérèse au XVIIe s., et l'*i* s'est consonnifié au cours du XVIIIe ; mais pour d'autres, comme *piété* (*pi-é-té* au XVIIe), l'usage en vers a suivi l'évolution de la prononciation courante.

Parfois la prononciation change pour un même mot d'un poète à l'autre ; comparer :

> Vous fûtes **hier** loué par des gens de grand poids. (Molière)
> Mais **hi-er** il m'aborde, et me serrant la main... (Boileau)

Il arrive à Victor Hugo de pratiquer, pour ce mot, les deux usages à cinq vers d'intervalle. La commodité est le facteur prépondérant. Dans d'autres cas, le goût du poète guide son choix ; en effet, la diérèse est plus agréable à l'oreille (ou à la bouche) que la synérèse ; il suffit pour le constater de prononcer le vers suivant en 12 syllabes (avec deux diérèses) puis en 10 syllabes (en faisant deux fois la synérèse) :

> La na**tion** chérie a vi**ol**é sa foi. (Racine)

La diérèse convient parfaitement à des mots comme *violon, mélodieux, délicieux.* Mais elle est ridicule quand le ton devient prosaïque :

> le nommé Marc Lefort
> Est méca**nicien** sur la ligne du Nord. (François Coppée)

Dans ces vers, Apollinaire l'emploie plaisamment pour accuser la lenteur de la mastication :

> Je mâche lentement ma por**tion** de bœuf
> Je me promène seul le soir de cinq à neuf. (Calligrammes)

Remarque :
La langue parlée moderne fait toujours la diérèse dans les mots où *i* est précédé d'un groupe de consonnes : *ouvri-er, sangli-er.* Il n'en a pas toujours été de même ; ces mots en vers sont comptés avec synérèse jusqu'à Malherbe :

> Ainsi chante l'ou**vrier** en faisant son ouvrage. (Du Bellay)

Chez Malherbe et après lui, cette prononciation est rare.

C. La rime

97 DÉFINITION ; RIMES MASCULINES ET FÉMININES

Définition : **Deux mots riment ensemble quand leur dernière voyelle sonore, et éventuellement les consonnes qui la suivent, ont le même timbre :**

barbu	espoir	sarcelle
pointu	le soir	son aile

Bien qu'un *e* muet en fin de vers ne compte pas pour une syllabe, on n'admet pas qu'un mot de terminaison sonore rime avec un mot de terminaison muette : *clerc* ne peut rimer avec *claire*.

On distingue donc des rimes **masculines** : *clerc, chair*
et des rimes **féminines** : *claire, chère.*

Les partisans du vers libre ont protesté contre cette règle en disant que, l'*e* muet final ne se prononçant pas, *clerc* et *claire* d'une part, *chair* et *chère* d'autre part ont exactement le même son. Mais on sait (§ 94) qu'une prononciation artificielle de l'*e* muet est maintenue en vers ; de plus, la rime peut être sensible à l'esprit en même temps qu'à l'oreille : les amateurs de poésie, connaissant généralement l'orthographe, trouvent normal que les finales muettes, quand les vers sont mis en musique, comptent pour un temps (*J'ai du bon tabac dans ma tabatiè-re*) ; on estime que la rime féminine a un effet « suspensif », la masculine (surtout vocalique) un effet « conclusif » (*j'ai du bon tabac, tu n'en auras pas*).

Ces valeurs sont exploitées dans la chanson bien connue :

> *Plaisir d'amour ne dure qu'un-un mo**ment***
> *Chagrin d'amour dure toute la vi-i-**e**.*

Les vertus de l'*e* final ont été joliment chantées par le citoyen Crouzet dans une épître au citoyen Sicard *contre la proposition qu'il avoit faite de substituer un autre signe à cette voyelle* ; l'*e* muet est censé plaider lui-même sa cause :

> *Réformateur de l'alphabet,*
> *J'avais conçu quelque espérance,*
> *A titre de sourd et muet,*
> *D'intéresser ta bienveillance. (...)*
>
> *On ne me compte pas, dis-tu,*
> *Dans les vers où je suis finale ;*
> *Ah ! c'est alors que ma vertu*
> *Par d'heureux effets se signale.*
>
> *Pour peindre un objet étendu,*
> *J'allonge une rime sonore,*
> *Et quand le vers est entendu,*
> *La syllabe résonne encore. (...)*
>
> *Par le dernier frémissement*
> *Du son qui doucement* expire,
> *Je peins le doux gémissement*
> *De l'eau qui murmure et* soupire.
>
> *Quoique l'on m'appelle* muet,
> *Je dis beaucoup plus qu'on ne pense,*
> *Je ressemble au sage discret*
> *Dont on écoute le silence.*

(Journal de Paris, An III)

Remarques :
a) Il y a simplement **assonance** quand deux voyelles sonores identiques sont suivies de consonnes finales différentes : *clerc, chef ; éclaire, emmène.*
Les premiers poètes français (ex. : *La Chanson de Roland*) ne s'astreignaient qu'à l'assonance.

b) Une **rime intérieure** (avec un mot placé à l'intérieur du vers) s'ajoute parfois à la rime finale ; la poésie régulière évite les rimes intérieures, sauf si elles concourent à un effet de sens :

> *Rapports d'experts, transports, trois interlocutoires,*
> *Griefs et frais nouveaux, baux et procès-verbaux,*
> *J'obtiens lettres royaux, et je m'inscris en faux.* (Racine.)

c) On appelle **vers blancs** des vers sans rime. Ils ne se rencontrent que dans la poésie libre ou dans la prose (§ 21), où leur présence était considérée par Vaugelas comme une faute de style.

98 QUALITÉS DE LA RIME POUR L'OREILLE

La qualité des rimes a fait de tout temps l'objet de règles ou de recommandations dans les *Arts poétiques* ou les manifestes. Elle doit satisfaire d'abord à certaines conditions **pour l'oreille**, dont l'observation plus ou moins stricte a fait distinguer des rimes *pauvres*, des rimes *suffisantes* et des rimes *riches*.

La rime est **pauvre** quand l'homophonie porte seulement sur la voyelle accentuée, non suivie de consonne :

barbu	*moi*	*ma mie*
pointu	*roi*	*la scie.*

Elle est admise en poésie régulière surtout si l'un des deux mots est un monosyllabe : *horizon/nom.*

La rime est **suffisante** quand la voyelle identique est suivie d'une consonne identique :

cheval	*bise*
égal	*grise*

Quant à la rime **riche**, deux conceptions opposées sont confrontées par Theodor Elwert (*Traité de versification française des origines à nos jours,* 1965) :

— La première, celle de la tradition, « à laquelle il convient (selon Elwert) de se tenir », dit que la rime est riche dès que l'homophonie porte sur la voyelle tonique et sur la consonne précédente, appelée **consonne d'appui**, qu'il y ait ou non une consonne qui suive :

vendu	*mer*	*avoue*	*paisible*
perdu	*amer*	*dévoue*	*risible.*

— La seconde conception, qu'il appelle « moderne », celle de Grammont, part d'un simple compte des phonèmes identiques ; à partir de 3 phonèmes, la rime est riche, que l'on ait :

> consonne + voyelle + consonne : *cheval/rival* ;
> consonne + consonne + voyelle : *tordu/perdu* ;
> voyelle + consonne + consonne : *verve/serve.*

Les voyelles étant plus audibles que les consonnes, la rime est également riche si la voyelle tonique est précédée d'une « voyelle d'appui » identique : *inouï/réjoui.*

Et l'homophonie voyelle + consonne + voyelle, où trois phonèmes seulement sont identiques, mais comprennent deux voyelles, est une rime plus que riche, une rime **double** ou **léonine** : *vendu/pendu, bouton/croûton.*

Comme l'essentiel, en matière de terminologie, est de réaliser l'unité, on choisira de préférence la conception « moderne », à l'exemple de Jean Mazaleyrat dans ses *Éléments de métrique française.*

Des versificateurs se sont ingéniés à trouver des rimes plus que riches, dites « milliardaires ». On cite quelques couples de vers dont toutes les syllabes sont identiques. Mais ce sont là des jeux sans rapport avec la poésie. Une rime trop riche tombe fatalement dans le calembour, la rime **équivoque** ou **équivoquée** chère aux Grands Rhétoriqueurs et condamnée par Du Bellay ; en voici un exemple de Marot :

> *Celle de qui jadis le très clair lustre*
> *Soulait chasser toute obscure **souffrance**,*
> *Faisant régner Paix divine **sous France**.*

99 QUALITÉS DE LA RIME POUR L'ŒIL

Chat et *achats* riment parfaitement pour l'oreille ; pourtant leur rime n'est pas admise dans les vers réguliers. La rime d'un pluriel en *s* ou en *x* avec un singulier sans *s* ou *x* est interdite. Mais rien n'empêche de faire rimer *votre courroux* avec *mes coups* (Racine).

Des rimes comme *cou* et *loup, seing* et *main* ont été blâmées par des théoriciens scrupuleux, qui acceptaient au contraire *long* et *jonc, faim* et *fin.*

Ces particularités ont des raisons historiques. Ainsi, l'interdiction d'une rime comme *le vent/je vends* s'explique en remontant à une époque où ce *t* et cet *s* se prononçaient devant une pause. L'écriture ayant maintenu des lettres disparues de la prononciation, les poètes ont admis par routine, ou imposé, des règles d'homographie qui ne répondaient plus à leur usage oral.

Remarque :
Inversement, la tradition a conservé des rimes aujourd'hui satisfaisantes pour l'œil et non pour l'oreille, comme *Burrhus/plu(s), Xercès/exerçais ; Iris/lambri(s), David/vi(t)*. Ces rimes **défectueuses** se trouvent chez Hugo comme chez Racine où elles pouvaient être encore justifiées par la prononciation.

100 QUALITÉS DE LA RIME POUR LE SENS

Un mot ne peut rimer avec lui-même.

Par suite, deux mots composés d'un même radical comme *bon**heur*** et *mal**heur*** ne peuvent rimer ensemble.

On rejette aussi la rime de deux mots de sens trop voisin, comme *père* et *mère*.

On évite d'accoupler des mots de même structure morphologique ou terminés par un même suffixe, si la rime est pauvre : *porter/laisser*, *pleura/chanta*, *ourson/chaton*.

Une rime trop facile, si elle ne choque pas l'oreille, déplaît à l'esprit.

Le théoricien Jean Cohen (*Structure du langage poétique*, 1966), jugeant la rime d'autant plus poétique qu'elle s'écarte de l'homophonie grammaticale (comme *porteront/sortiront*, *élevage/nettoyage*), a compté, pour 100 vers de différents poètes classiques, romantiques et symbolistes, le nombre de rimes « non catégorielles », c'est-à-dire associant des mots de classe grammaticale différente. Il a trouvé un pourcentage moyen de 56 pour les classiques, 86 pour les romantiques, 92 pour les symbolistes, preuve d'une évolution dans le sens de la poésie, avec plafond chez Mallarmé dont le sonnet du *Cygne* (*Le vierge, le vivace*, etc.) présente des rimes 100 % non catégorielles.

101 RENOUVELLEMENT DES RIMES

Selon le poète et théoricien Jean Suberville, le dictionnaire des rimes comprend 571 sortes de rimes (105 sortes de terminaisons en *a*, 122 en *é* ou *è*, 106 en *i*, 161 en *o*, 77 en *u*) ; la variété est assez grande pour expliquer que la versification française ait pu en tirer parti. mais elle n'offre malgré tout aux poètes qu'un choix limité.

Certaines rimes reviennent si fréquemment qu'elles finissent par lasser un lecteur délicat : Corneille dans *le Cid* fait rimer cinq fois *honte* et *comte*, six fois *amour* et *jour*, sept fois *âme* et *flamme*.

Au XIXᵉ siècle, les poètes romantiques et leurs successeurs, las des rimes inlassablement répétées par les classiques, attachèrent plus de prix à la nouveauté et à la rareté, faisant rimer noms propres exotiques, mots accessoires, mots étrangers :

> Même jusqu'à Madagascar
> Son nom était parvenu, car...
>
> (Th. de Banville, *Le saut du tremplin.*)

> C'est sur un cou qui, raide, émerge
> D'une fraise empesée idem,
> Une face imberbe au cold-cream,
> Un air d'hydrocéphale asperge. (J. Laforgue, *Pierrots.*)

Remarque :
Un certain nombre de mots ne peuvent être employés en fin de vers, parce qu'ils n'ont pas de rime connue : *dogme, pauvre, fisc, peuple, meurtre, genre, monstre, poil, humble, usurpe...* Parmi ces mots on a longtemps compté *triomphe*, jusqu'au jour où deux ingénieux (et savants) versificateurs, Daniel et Philippe Berthelot, lui ont donné cinq rimes dans un sonnet somptueux : *gromphe* (coléoptère de la famille des scarabées), *romphe* (térébinthacée), *chrysogomphe* (dont les charnières sont en or), *Gomphe* (ville de Thessalie), *gomphe* (petite libellule éphémère) !

102 DISPOSITION DES RIMES

Désignons par AA, BB, CC, etc., des couples de mots rimant ensemble. Les rimes sont **plates** si elles se succèdent dans l'ordre AABBCC, etc. :

Jeanne était au pain sec dans le cabinet noir,	A
Pour un crime quelconque, et, manquant au devoir,	A
J'allai voir la proscrite en pleine forfaiture,	B
Et lui glissai dans l'ombre un pot de confiture.	B

(Victor Hugo.)

Les rimes sont **croisées** si elles se succèdent dans l'ordre ABAB, etc. :

Elle avait l'air d'une princesse	A
Quand je la tenais par la main,	B
Elle cherchait des fleurs sans cesse	A
Et des pauvres dans le chemin.	B

(Victor Hugo.)

Les rimes sont **embrassées** si elles se succèdent dans l'ordre ABBA, etc. :

C'est l'heure de pensée où s'allument les lampes.	A
La ville, où peu à peu toute rumeur s'éteint,	B
Déserte, se recule en un vague lointain	B
Et prend cette douceur des anciennes estampes.	A

(A. Samain.)

Quand le même son est reproduit plus de deux fois, la rime est dite **redoublée** :

Avec ses lumineux frissons	A
Elle a de si douces façons	A
De se pencher sur les buissons	A
Et les clairières !	B

(M. Rollinat, *La lune.*)

Les rimes sont **mêlées** quand les poètes recourent successivement à ces différentes dispositions sans autre règle que leur fantaisie, ou leur sens de l'effet à produire ; on en trouvera les meilleurs exemples chez La Fontaine.

103 ALTERNANCE DES RIMES MASCULINES ET FÉMININES

Quelle que soit la disposition des rimes, dans les vers réguliers **les rimes masculines doivent alterner avec les rimes féminines** : on ne place donc jamais, à la fin de deux vers consécutifs, des rimes masculines différentes ou des rimes féminines différentes.

Cette règle est observée dans les textes cités au paragraphe précédent.

Remarque :
L'alternance des rimes masculines et féminines n'est obligatoire que depuis Malherbe. Le Moyen Age n'en avait aucune idée, quoique l'*e* final ne fût pas encore totalement muet. L'usage s'instaura au XIVe s. dans les rimes plates, puis au XVe dans les rimes croisées. Les poètes de la Pléiade le recommandèrent sans l'observer rigoureusement.

D. Interférence avec l'accent

104 L'ACCENT ET LA COUPE

C'est au XIXᵉ siècle seulement qu'on s'est aperçu, en comparant notre versification à celle de l'Italie et de l'Espagne, que le vers français possédait un rythme des accents.

Ce rythme est principalement donné par les **accents toniques** (§ 91) : la syllabe tonique est prononcée en principe plus longue, plus forte et plus aiguë que les syllabes atones. Si parfois, sous l'influence d'un sentiment ou de la modalité, une autre syllabe est mise en valeur par la hauteur ou l'intensité, la syllabe tonique n'en reste pas moins la plus longue.

Le vers suivant, de Baudelaire, prononcé par la comédienne Marguerite Moréno, a été enregistré et le diagramme obtenu a été mesuré avec une grande précision ; nous indiquons sous chaque syllabe, en centièmes de seconde, le temps mis à la prononcer :

> J'ai long-*temps* ha-bi-*té* sous de *vas*-tes por-*tiques*
>
> 26 42   46   21 25 41 14 32 64 28 38   58

On voit en comparant les nombres comment l'accent tonique (frappant la syllabe soulignée d'un trait) divise ce vers en groupes rythmiques (§ 21) :
3 + 3 + 3 + 3

On dit que la syllabe accentuée et la syllabe qui la suit sont séparées par une **coupe** : le vers de Baudelaire est donc coupé entre -*temps* et *ha*-, entre -*té* et *sous*, entre *vas*- et -*tes*.

Les accents de la 6ᵉ et de la 12ᵉ syllabe sont **obligatoires** (§ 91) ; les autres sont en nombre **libre** et placés **librement**. On appelle les premiers **accents fixes** et les seconds **accents mobiles**.

Tous les accents contribuent au même degré à instituer le rythme accentuel.

Chaque **groupe rythmique** est formé de syllabes de durée croissante, d'où il résulte une impression d'élan.

Ce rythme est uniforme dans l'exemple donné, il n'en est pas toujours de même, et les variations du rythme accentuel sont la source de nombreux effets.

Remarques :
a) Une différence notable sépare les coupes libres de la césure (§ 92) : quand elles coupent un mot de terminaison féminine (comme *vas / tes* dans l'exemple), la finale muette de ce mot n'est pas forcément élidée (ici, -*tes* constitue la 10ᵉ syllabe, point de départ d'un groupe de durée croissante). La coupe libre n'est pas obligatoirement, comme la césure, une coupe de mot. Un mot peut « enjamber » la coupe, comme ici *vas / tes*. On parle en ce cas de **coupe enjambante**.

b) Dans le vers suivant :

> Trem*ble*, m'a-t-elle *dit*, *fille* *digne* de *moi*. (Racine)

la pause obligatoire après le mot *tremble* empêche qu'on fasse de sa finale muette le début d'un groupe rythmique ; la durée de la syllabe -*ble* est d'ailleurs supérieure à celle de la syllabe qui le suit *(m'a)*. On doit donc couper le premier hémistiche en 2 + 4 et non en 1 + 5.

Ici la coupe n'enjambe pas le mot, elle vient après, et le groupe rythmique, au lieu d'être croissant, subit une chute brusque. Ce contre-temps rythmique a souvent pour effet de mettre le mot en valeur, de renforcer son signifié affectif. Morier l'appelle **coupe lyrique** par analogie avec la césure lyrique (§ 92, Rem. b).

105 LES ACCENTS MOBILES ÉTUDIÉS DANS L'ALEXANDRIN

On étudiera le jeu des accents mobiles dans l'alexandrin parce qu'ils s'y présentent en plus grand nombre, entrent en concurrence ou en association avec les deux accents fixes et apportent d'heureuses variations au rythme trop égal de ce vers.

L'historien du vers Georges Lote date du XVIIe siècle l'usage de faire entendre au théâtre, à côté des accents fixes qui frappaient l'alexandrin à la 6e et à la 12e syllabe, des accents mobiles déterminant des coupes qui imitent la diversité du débit naturel. Corneille, et surtout Racine, en ont usé avec art, mais modération ; les poètes du XIXe siècle, surtout Victor Hugo, en ont exploité les ressources à satiété.

La **place** des accents mobiles combinés avec les accents fixes détermine le rythme particulier du vers, rythme dont les effets, très variés, sont à expliquer en fonction du sens ; exemple :

> N'est-ce _point_ à vos _yeux_ un spectacle assez _doux_
> Que la _veuve_ d'Hec_tor_ pleu_rante_ à vos ge_noux_ ? (Racine)

Le rythme du premier vers est égal : 3 + 3 + 3 + 3 ; Andromaque s'exprime avec douceur et sang-froid. Le second vers produit le même effet ; pourtant son rythme est : 3 + 3 + 2 + 4 ; mais la prononciation tend à rétablir la durée égale des deux derniers groupes rythmiques, en allongeant les deux syllabes de _pleurante_, ce qui donne au mot un accent encore plus touchant.

Le **nombre** des accents mobiles ne dépasse guère deux, ce qui fait quatre accents dans le vers :

> Parle-_lui_ tous les _jours_ des ver_tus_ de son _père_.

Des accents trop nombreux suppriment le rythme, comme en témoigne ce vers fabriqué à dessein par J. Suberville :

> _Lacs_, _prés_, _bois_, _monts_, _ifs_, _pins_, _eaux_, _mers_, _feu_, _ciel_, _tout_ _fuit_.

L'accumulation des accents n'est louable que si l'effet produit s'accorde à l'idée, soit qu'elle exprime l'effort :

> Il _tire_, _traîne_, _geint_, _tire_ en_core_ et s'ar_rête_. (Hugo)

soit qu'elle exprime une volonté fortement tendue :

> Je vais les déplo_rer_ : _va_, _cours_, _vole_, et nous _venge_.
>
> (Corneille)

La **force** des accents mobiles n'est pas limitée ; dans la plupart des exemples cités ci-dessus, ils sont aussi forts que les accents fixes, mais ils peuvent être plus forts :

> *Seigneur, je ne rends point compte de mes desseins.*
> (Racine).

> *Son esclave trouva grâce devant ses yeux.* (Racine)

> *L'ombre des tours faisait la nuit dans les campagnes.*
> (V. Hugo)

> *Et Thomas, appelé Didyme, était présent.* (V. Hugo)

Dans ces quatre vers, les accents mobiles étouffent complètement l'accent fixe de la césure (que nous n'avons pas marqué), établissant un rythme « ternaire » car ces vers sont coupés respectivement : (2 + 5 + 5) — (3 + 4 + 5) — (4 + 4 + 4) — (3 + 5 + 4).

L'alexandrin coupé ainsi en trois parties est appelé **« trimètre romantique »** parce que les poètes romantiques en ont beaucoup développé l'usage (mais nous voyons qu'ils ne l'ont pas créé). Il faut noter d'ailleurs que le trimètre, s'il a deux coupes, n'a pas deux césures : aucune coupure de mot ne suit obligatoirement ces accents mobiles ; au contraire, tout en affaiblissant l'accent de la 6e syllabe, Victor Hugo a toujours respecté la césure « pour l'œil » à sa place traditionnelle.

Le changement de rythme a surtout pour but d'éviter la monotonie ; il a la valeur expressive de l'insolite. Quelquefois il convient particulièrement au sens du vers :

> *Le coup passa si près que le chapeau tomba*

> *Et que le cheval fit un écart en arrière.* (Victor Hugo)

La césure devrait être après *fit*, mais ce mot ici, dans une bonne diction, ne peut pas être accentué ; la coupe après *cheval* est si forte qu'il semble que la césure fasse un écart — comme le cheval.

> *Et l'on sent bien qu'on est emporté dans l'azur.* (Hugo)

La césure devrait être après *est*, mais il est impossible, dans une bonne diction, de ne pas prononcer ensemble le groupe *est emporté*, en frappant la syllabe *-por-* d'un accent d'insistance (C.F.C. § 40) ; la césure est donc emportée, elle aussi, dans cet élan.

E. Interférence avec la pause

106 RÉPARTITION DES PAUSES ; ENJAMBEMENT

La fin du vers a toujours été marquée par un alinéa, correspondant, du temps où les vers étaient toujours chantés, à la fin d'une phrase musicale. La césure, on le sait, coïncide toujours avec une fin de mot. **Ces deux places appellent des pauses,** et l'on peut s'attendre à y trouver les pauses de sens que marquent les signes de ponctuation.

Il en est ainsi dans la poésie la plus ancienne, par exemple dans la *Chanson de Roland* (XIIᵉ siècle) :

> *Uvrit les oilz, | si li ad dit un mot :*
> *« Men escientre, | tu n'ies mie des noz ! »*
> *Tient l'olifan, | qu'unkes perdre ne volt,*
> *Sil fiert en l'elme, | ki gemmet fut a or.* (2285-2288)

Cette poésie chantée avait besoin d'une cadence très forte, marquée par la concomitance des trois rythmes principaux (§ 91). L'absence de tout accent secondaire à cette époque fait que les membres délimités par la césure et la fin du vers étaient composés de mots étroitement liés entre eux : on n'y relève guère de pauses ailleurs qu'en fin de vers ou à la césure.

Mais voici des décasyllabes écrits par Clément Marot en 1526 :

> *Cestuy Lyon, plus fort qu'un vieil verrat,*
> *Veit une foys que le Rat ne sçavoit*
> *Sortir d'un lieu, pour autant qu'il avoit*
> *Mengé le lard, et la chair toute crue.*

Traduisons en séparant les membres de phrase compris entre les virgules :

> *Ce lion, — plus fort qu'un vieux verrat, —*
> *vit une fois que le rat ne savait sortir d'un lieu, —*
> *parce qu'il avait mangé le lard, —*
> *et la chair toute crue.*

Aux vers 2 et 3, le rythme des pauses ne recouvre pas celui de la mesure ; pour faire sentir la rime, il faudrait séparer dans la prononciation un verbe *(sçavoit)* de son complément d'objet *(sortir)* et un auxiliaire *(avoit)* du participe avec lequel il constitue une forme verbale composée *(mengé)*. La phrase enjambe pour ainsi dire le vers, et Marot a commis là deux **enjambements** qui n'ont pour effet que de brouiller les rythmes. Négligence voulue sans doute, par réaction contre la lourde cadence de l'ancienne poésie.

Il y a **enjambement** lorsque la fin du vers sépare **deux termes étroitement liés entre lesquels le débit normal ne comporte aucune pause**.

Nous verrons (§ 109) qu'on peut aussi parler d'enjambement à la césure.

Remarque :
Parmi les effets d'enjambement on distingue
— le **rejet**, prolongement d'un groupe de mots sur les premières syllabes du vers suivant :

> *Lors sire Rat va commencer à mordre*
> ***Ce gros lien.***   (Marot)

— le **contre-rejet**, anticipation à la fin d'un vers d'un groupe de mots du vers suivant :

> *Un nuage tombé par terre, horrible, **accru***
> *Par des vomissements immenses de fumées.* (Hugo)

107 L'ENJAMBEMENT A L'ÉPOQUE CLASSIQUE

Boileau a condamné implicitement l'enjambement dans l'Art Poétique où, parlant de Malherbe (1555-1628), il dit qu'avec lui

> *Les stances avec grâce apprirent à tomber,*
> *Et le vers sur le vers n'osa plus enjamber.*

Est-ce à dire que les grands poètes classiques se soient interdit tout à fait l'enjambement ? Certes, la plupart de leurs vers se terminent par des pauses, mais on en dirait autant des vers de Victor Hugo, qui passe pour avoir enjambé sans mesure ; le tableau ci-dessous donne les résultats d'un sondage fait au hasard sur 100 vers pris dans les œuvres dramatiques de Corneille, de Racine et de Victor Hugo :

Textes examinés	Total des pauses	Pauses en fin de vers		Pauses à la césure	
		Nombre	pour 100 pauses	Nombre	pour 100 pauses
Corneille *Le Cid* (1636) v. 793-892	153	87	56,8	40	26,1
Racine *Andromaque* (1667) v. 805-904	168	92	54,7	36	21,4
V. Hugo *Ruy Blas* (1838) Acte III, v. 204-303	216	91	42,1	49	22,6
Moyennes	179	90	50,3	41,6	23,2

Les chiffres diffèrent assez peu d'un poète à l'autre ; un vers seulement sur dix, en moyenne, se termine sans ponctuation, ce qui ne veut pas toujours dire qu'il soit enjambé, car il est souvent possible de suspendre légèrement le débit en l'absence de tout signe de pause :

> *N'est-ce point à vos yeux un spectacle assez doux*
> *Que la veuve d'Hector pleurante à vos genoux ?* (Racine)

Mais voici des exemples d'enjambement indiscutables parce qu'on y voit séparés des termes étroitement liés par le sens (§ 106) :

Sujet-verbe :

> *Là-dessus, maître rat, plein de belle espérance,*
> *Approche de l'écaille, allonge un peu le cou,*
> *Se sent pris comme aux lacs ; car **l'huître tout d'un coup***
> ***Se referme...*** (La Fontaine, *Fables*, VIII, 9)

Verbe-objet :

> *Et concluez. — Puis donc qu'on nous permet de **prendre***
> ***Haleine.*** (Racine, *les Plaideurs*, III, sc. 3)

Nom-complément de nom :

> *Mais j'aperçois venir **Madame la Comtesse***
> ***De Pimbesche...*** (Racine, *Les Plaideurs*, I, sc. 6)

Les classiques ont donc pratiqué l'enjambement, ils y ont vu, en raison de son caractère insolite, une source d'effets, mais on remarquera que **ces**

effets ne sont pleinement sentis que si l'on observe la pause habituelle en fin de vers. C'est de cette façon qu'il faut lire les vers cités plus haut si l'on veut produire un effet de surprise *(se referme)*, d'essoufflement *(prendre - haleine)*, de contraste *(la Comtesse - de Pimbesche)*.

Boileau lui-même, qui condamne l'enjambement, a su mainte fois en tirer parti. Cela prouve que sa condamnation visait surtout l'enjambement tel que Marot le pratiquait, où le sens ne justifie aucune pause.

108 L'ENJAMBEMENT A L'ÉPOQUE ROMANTIQUE

L'enjambement connut un regain de faveur avec André Chénier et surtout au XIX⁰ siècle avec Victor Hugo.

On relève chez ce dernier maint enjambement du type classique, dont l'expressivité résulte d'un effet d'attente :

> *Comment vous nommez-vous ?-Il me dit :-***Je me nomme***
> ***Le pauvre.***

Mais il use aussi abondamment, surtout dans l'épopée, de l'enjambement que pratiquait Marot pour rompre l'uniformité du rythme classique de l'alexandrin. Ainsi :

> *Et l'aube se montra, rouge, joyeuse et lente ;*
> *On eût cru voir sourire une bouche sanglante.*
> *Je me mis à penser à ma mère ; le vent*
> *Semblait me parler bas ; à la guerre souvent*
> *Dans le lever du jour c'est la mort qui se lève.*
>
> (*Le cimetière d'Eylau,* v. 103-107)

Aucun effet de style ne justifie ici un arrêt de la voix après *le vent*, ni après *souvent* où l'absence de virgule est probablement voulue par l'auteur.

De tels vers posent un problème épineux de diction.

Ce texte a été lu deux fois, très lentement, en sacrifiant entièrement le rythme du mètre au rythme des pauses, dans une classe de quatrième de 34 élèves ; ceux-ci devaient noter les rimes au passage :

> 8 élèves n'ont relevé aucune rime aux vers 105 et 106.
> 23 élèves ont cru que les rimes étaient *mère* et *guerre.*
> 3 élèves seulement ont compris que *vent* rimait avec *souvent.*

Victor Hugo a-t-il pris à l'égard de la rime autant de liberté qu'à l'égard de la césure (§ 105) ? Les observe-t-il pour l'œil et nullement pour l'oreille ?

On verra (Chapitre II) que les modernes vers-libristes se passent de la rime et règlent leurs alinéas sur le sens, non sur une mesure fixe :

> *J'en ai vu un qui s'était assis sur le chapeau d'un autre*
> *il était pâle*
> *il tremblait*
> *il attendait quelque chose... n'importe quoi...*
> *la guerre... la fin du monde...*
>
> (Jacques Prévert, *J'en ai vu plusieurs...*)

Victor Hugo aurait-il écrit des « vers libres » avant la lettre ? Il serait aussi arbitraire de le nier que de l'affirmer. Nous pensons plutôt qu'en l'absence d'un témoignage formel de l'auteur il ne faut laisser perdre aucune des richesses qu'il nous offre : on lira ses vers enjambés sans marquer de pause artificielle, mais en appuyant sur la dernière syllabe sonore pour faire entendre la rime. Qu'aucun chant ne soit sacrifié dans le contrepoint des rythmes du vers.

Chez Hugo et ses contemporains, la rupture du rythme par l'enjambement n'est pas toujours recherchée pour elle-même : parfois rejets et contre-rejets évoquent le désordre d'une mêlée, d'un chaos, ou le prosaïsme du discours familier. Sans vouloir justifier tous les exemples qu'on en rencontrera, on s'efforcera toujours de les comprendre en fonction du sens particulier du passage.

109 ENJAMBEMENT A LA CÉSURE

D'après le tableau donné au § 107, dans le discours tragique en vers, les pauses qui ne sont pas à la fin du vers sont presque pour moitié à la césure.

La division classique de l'alexandrin en deux parties égales a fait de ce vers un véritable « moule à antithèses » (Charles Bally) ; rappelons quelques exemples fameux :

> *A vaincre sans péril, on triomphe sans gloire.* (Corneille)
> *Devine si tu peux, et choisis si tu l'oses.* (Corneille)

La pause à la césure peut manquer comme la pause en fin de vers, et son absence produit des effets comparables à ceux de l'enjambement lorsqu'au milieu du vers se trouvent deux mots étroitement liés par le sens :

> *Puis on vit Canos, mont plus affreux que l'Erèbe.* (Hugo)

Ici, la pause principale de la 5e syllabe a pour seul effet de rompre le rythme.

> *Comme par une main noire, dans de la nuit,*
> *Nous nous sentîmes prendre...* (Hugo)

Ici l'effet est celui d'un rejet (§ 106, Rem.) ; la pause principale est après la 7e syllabe, mais Sully Prudhomme remarquait que la césure régulière n'est pas complètement effacée : l'habitude entraîne une légère pause avant *noire*, donnant à cet adjectif un relief terrifiant.

> *Les deux mille vaisseaux qu'on voit à l'horizon*
> *Ne me font pas peur. J'ai nos quatre cents galères.* (Hugo)

Effet de contre-rejet, la pause principale est après la 5e syllabe, mais l'habitude entraîne une pause après *J'ai,* donnant plus de relief à l'évocation de la flottille grecque fièrement opposée aux forces navales des Perses.

L'enjambement à la césure n'a pas été visé par l'interdit de Boileau, on en relève beaucoup d'exemples chez Corneille et Racine.

Les effets de pause sont le plus souvent combinés avec des effets d'accent ; classiques et romantiques ont su trouver dans ces combinaisons le moyen de rehausser la valeur d'un mot :

> *Dans un si grand revers que vous reste-t-il ? — Moi.*
>
> (Corneille)

Détaché entre la pause et la fin du vers, semblant constituer à lui seul un hémistiche, le pronom fortement accentué donne à la fois l'impression d'isolement et de puissance.

> Et Barabbas debout, transfiguré, tremblant,
> Terrible, cria : — Peuple, affreux peuple sanglant,
> Qu'as-tu fait ? (Hugo)

Détaché entre deux pauses, frappé de l'accent fixe de la 6e syllabe, le cri de Barabbas déchire le silence et l'obscurité.

En vue de bien lire les vers, on s'attachera à expliquer tous les déplacements d'accent et de pause ; mais on n'oubliera pas que beaucoup ne sont dus qu'au souci de varier le rythme. Victor Hugo va même jusqu'à le supprimer complètement :

> Elle paie à chacun sa dette, au jour la nuit, (3 + 3 + 2 + 2 + 2)
> A la nuit le jour, l'herbe aux rocs, aux fleurs le fruit.
> (3 + 2 + 1 + 2 + 2 + 2). (La terre)

Il faut relire ce dernier vers et compter les syllabes pour s'assurer qu'il en a douze. C'est donc légitimement que l'auteur a pu écrire, dans les Contemplations :

> J'ai disloqué ce grand niais d'alexandrin.

F. L'hiatus

110 CONTRAINTE EUPHONIQUE DE L'HIATUS

On appelle **hiatus** la rencontre d'une voyelle sonore finale avec une voyelle sonore initiale d'un mot : un lieu enchanteur.

Boileau, dans l'Art poétique, a interdit l'hiatus :

> Gardez qu'une voyelle à courir trop hâtée
> Ne soit d'une voyelle en son chemin heurtée.

Cette règle est une des plus discutables de la versification française. Sans doute, certains hiatus sont désagréables à entendre (ou à prononcer), et comme on évite les rencontres de consonnes on doit éviter les rencontres de voyelles trop semblables : Il va à Arras, une jolie île, un cousin inconnu, la vertu humaine. Mais il en est d'autres qui ne choquent guère l'oreille, notamment lorsque la première voyelle est **très fermée** (i, u, ou) ; les bons poètes modernes se les permettent :

> Folle que tu es... (Musset)
> Les durs pavés qui étincellent
> Semblent de lumineux sursauts. (Comtesse de Noailles)

Pourquoi, en effet, interdire de tels hiatus, alors qu'on les permet à l'intérieur des mots comme tuer, Louis, crier, violon (prononcé avec diérèse, cf. § 96) ?

Pourtant l'interdiction de l'hiatus a des précédents en Grèce et à Rome. La versification grecque l'admettait, mais l'orateur Isocrate le proscrivait en prose. Les règles du vers latin l'interdisaient sauf à la césure, et Cicéron, qui le déconseillait aux orateurs, créa le mot *hiatus* sur le verbe *hiare*, « être béant, mal joint ». Est-ce donc pour l'amour du latin que nos poètes auraient interdit l'hiatus ? En réalité, la langue française ne l'aimait pas : le *t* de *aima-t-il,* qui s'est imposé au XVIe s., est autant euphonique qu'analogique, et l'usage des liaisons conservant les voyelles finales quand elles disparurent devant consonne est une autre preuve de cette aversion. On tolère l'hiatus dans les mots, parce que ceux-ci sont donnés d'avance, mais on préfère l'éviter dans les séquences phoniques librement choisies.

Ce qu'il y a de plus artificiel dans la règle de l'hiatus, ce sont les exceptions qu'elle a comportées chez les poètes classiques eux-mêmes, partout où une lettre évitait **pour l'œil** la rencontre des deux voyelles entendues :

— soit un *e* muet élidé :

> *Hector tomba sous lui, Troie expira sous vous.* (Racine)

— soit un *h* aspiré :

> *On a peine à haïr ce qu'on a tant aimé.* (Corneille)

— soit une consonne qui n'existait que dans l'orthographe :

> *La faim aux animaux ne faisait point la guerre.* (La Fontaine)
> *De ce nid, à l'instant, sortirent tous les vices.* (Boileau)

Cette tolérance est mise spirituellement à profit par Victor Hugo, qui écrit, recourant à une orthographe du Moyen Age :

> *Satan nud et ses ailes roussies.*

Excusons le poète d'avoir fait passer, au prix d'une faute d'orthographe, un hiatus qui ne choque pas l'oreille. Mais ne lui pardonnons pas d'avoir abusé de la même tolérance en écrivant :

> *L'océan en créant Cypris voulut s'absoudre.*

Remarques :
a) On admet l'hiatus devant *oui, onze, ouate,* sous prétexte que ces mots, ne se prêtant pas à l'élision, sont semblables aux mots qui commencent par *h* aspiré : *ce oui, le onzième, la ouate.*
b) L'oreille n'est nullement choquée par un hiatus entre deux mots que sépare une pause ou la césure :

> *Ou, aigre dans sa fièvre verte, l'émeraude.* (H. de Régnier)
> *Dans son livre divin on m'apprend à la lire.* (Racine)

G. Groupement des vers

111 STROPHES

Dans les poèmes dramatiques (tragédies, comédies, drames), les vers sont presque tous des alexandrins à rimes plates ; c'est aussi la disposition qu'ont adoptée Boileau pour ses *Satires*, Hugo dans certaines pièces de sa *Légende des Siècles*.

Au contraire, La Fontaine fait varier au gré de sa fantaisie, et selon le mouvement que réclame son sujet, la longueur des vers et l'ordre des rimes (cf. § 102 et § 115).

La **strophe** évite à la fois l'uniformité plate et la variété excessive. C'est un groupe de 2 à 12 vers où le nombre des syllabes et la disposition des rimes peuvent être variés ; ce groupe est ordinairement répété plusieurs fois dans un poème, et chaque fois la longueur des vers et l'ordre des rimes sont les mêmes.

On appelle **distique** une strophe de 2 vers.

On appelle **tercet** une strophe de 3 vers.

Les strophes plus longues sont le **quatrain** (4 vers), le quintil (5 vers), le sizain (6), le septain (7), le huitain (8), le neuvain (9), le dizain (10), le onzain (11), le douzain (12).

Il y a peu d'exemples de strophes de plus de 12 vers ; au-delà de ce nombre, le compte des vers devient difficile (comme le compte des syllabes au-delà de 12).

Souvent toute la strophe est organisée en vue de rendre plus frappant ou plus agréable le dernier vers :

> *Quand le soleil rit dans les coins,*
> *Quand le vent joue avec les foins,*
> *A l'époque où l'on a le moins*
> > *D'inquiétudes ;*
> *Avec Mai, le mois enchanteur*
> *Qui donne à l'air bonne senteur,*
> *Il nous revient, l'oiseau chanteur*
> > *Des solitudes.*   (M. Rollinat)

La strophe est aux vers ce que la période est à la prose ; elle contient souvent un sens cohérent et complet. Par sa répétition, elle institue un rythme par-dessus les rythmes du vers et des rimes.

Plusieurs strophes se terminent quelquefois par un même vers, ou un même groupe de vers, appelé **refrain**, qui souligne le rythme strophique, étant à la strophe ce que la rime est au vers ; le refrain joint cependant au plaisir de l'oreille un plaisir de l'esprit, par l'ingéniosité avec laquelle un signifié phrastique ou propositionnel constant est articulé à des contextes différents. Le refrain caractérise surtout la poésie chantée : chansons et poèmes à forme fixe (§ 112).

Le retour d'un vers (ou plusieurs) n'est pas obligatoirement une fin de strophe. Il peut être un début, rampe de lancement d'idées à orientation variable ou à portée croissante. Dans ce poème (idéaliste) de Gabriel Audisio en vers libres, des homophonies de toutes sortes sont disposées librement, mais créent un rythme qui, joint à l'isométrie (la permanence du mètre, ici hexasyllabique), permet de parler encore de discours poétique et de distinguer des strophes :

Les étoiles

> *Donnez-moi des étoiles*
> *Et j'en ferai des yeux,*

Tous les yeux de la terre,
Tous les yeux d'un amour.
Donnez-moi des étoiles
Pour suspendre au visage
Des aveugles, des fous.

Vous dites qu'ils ont froid,
Vous dites qu'ils sont nus ?
Ne prenez pas la peine,
La charité les tue.

Mais une étoile en feu
Dans toutes les prunelles,
Mais des milliers d'étoiles
A leurs cous, à leurs doigts,
Plus rien ne les entrave,
Le salut les habite.

Donnez-moi des étoiles
Pour inonder la mer
Pour noyer les épaves
Pour rendre l'univers
A tous les morts vivants.
(Poèmes du lustre noir, Éd. Robert Laffont, 1944)

Remarque :
Le terme de **stance**, emprunté à l'italien, a été parfois employé à la place de *strophe*
(mot grec) ; il désigne généralement des strophes de sujet lyrique ou religieux.
On appelle **couplets** les strophes d'une chanson.

112 POÈMES À FORME FIXE

Dans le texte d'Audisio cité au précédent paragraphe, la composition des
strophes est libre et non constante. Au Moyen Age, les **laisses** (dérivé
régressif du verbe *laisser* exprimant la permissivité) des Chansons de geste
étaient de durée facultative, et n'avaient d'unité que par leur assonance.
Les **lais** (mot parent du celtique *laid*, chant, poème) étaient faits de strophes
de composition facultative et non constante dans le poème. Mais le **rondeau**, le **triolet**, le **virelai**, la **ballade**, le **chant royal**, la **villanelle** étaient réglés
par des contraintes rigoureuses, et caractérisés notamment par un refrain
d'un ou plusieurs vers. Évoquons seulement le rondeau, chanson de ronde,
construit sur deux rimes, qui a beaucoup évolué du XIIIe au XVIe s. ; il se compose en général de 12 à 15 vers dont le premier (ou son début appelé *ren-
trement*) est repris au milieu et à la fin ; Voiture en donnait ainsi la recette :

Ma foy, c'est fait de moi, car Isabeau
M'a conjuré de lui faire un Rondeau.
Cela me met en une peine extresme.
Quoi treize vers, huit en eau, cinq en esme ;
Je luy ferois aussi-tost un bateau.

En voilà cinq pourtant en un morceau.
Faisons-en huit, en invoquant Brodeau,
Et puis mettons, par quelque stratagème :
Ma foy, c'est fait !

> *Si je pouvois encor de mon cerveau*
> *Tirer cinq vers, l'ouvrage serai beau.*
> *Mais cependant je suis dedans l'onzième,*
> *Et si je crois que je fais le douzième,*
> *En voilà trèze ajustez au niveau.*
> *Ma foy, c'est fait.*

Les poètes de la Pléiade, dédaigneux des anciens genres (dévalués par l'inflation formaliste et maniériste des Rhétoriqueurs), empruntèrent des formes à l'Antiquité (l'**ode**) et à l'Italie (le **sonnet**).

Le sonnet se compose de 4 strophes : 2 quatrains, 2 tercets ; les deux quatrains sont faits sur les mêmes rimes ; la disposition des rimes dans les tercets est le plus souvent CCD EDE (ou EED).

> *Comme le champ semé en verdure foisonne,*
> *De verdure se hausse en tuyau verdissant,*
> *Du tuyau se hérisse en épi florissant,*
> *D'épi jaunit en grain, que le chaud assaisonne ;*
>
> *Et comme en la saison le rustique moissonne*
> *Les ondoyants cheveux du sillon blondissant,*
> *Les met d'ordre en javelle, et du blé jaunissant*
> *Sur le champ dépouillé mille gerbes façonne :*
>
> *Ainsi, de peu à peu, crût l'Empire romain,*
> *Tant qu'il fut dépouillé par la barbare main,*
> *Qui ne laissa de lui que ces marques antiques*
>
> *Que chacun va pillant : comme on voit le glaneur*
> *Cheminant pas à pas recueillir les reliques*
> *De ce qui va tombant après le moissonneur.*
>
> (Joachim du Bellay, *Les Antiquités de Rome*)

Les Romantiques revinrent aux modèles médiévaux, et empruntèrent à la poésie malaise le **pantoum** ou **pantoun** formé de quatrains dont le 2e et le 4e étaient repris aux 1er et 3e vers du quatrain suivant ; Baudelaire en a laissé l'exemple le plus connu :

Harmonie du soir

> *Voici venir les temps où vibrant sur sa tige*
> *Chaque fleur s'évapore ainsi qu'un encensoir ;*
> *Les sons et les parfums tournent dans l'air du soir ;*
> *Valse mélancolique et langoureux vertige !*
>
> *Chaque fleur s'évapore ainsi qu'un encensoir ;*
> *Le violon frémit comme un cœur qui s'afflige ;*
> *Valse mélancolique et langoureux vertige !*
> *Le ciel est triste et beau comme un grand reposoir. (...)*

Remarque :
On appelle **épigramme, épitaphe, madrigal,** des poèmes assujettis à une seule loi : la brièveté, et qui se caractérisent surtout par l'idée exprimée ; ce sont donc des genres littéraires plutôt que des poèmes à forme fixe.
Une épigramme n'est souvent qu'« un bon mot de deux rimes orné » (Boileau) :

> *Pourquoi, sans l'écouter, applaudis-tu Clitandre ?*
> *— C'est que j'aime bien mieux l'applaudir que l'entendre.*
>
> (Écouchard-Lebrun)

Une épitaphe est proprement une inscription à graver sur un tombeau.
Un madrigal est une pièce galante.

Chapitre 2
Le vers libre

113 NAISSANCE DU VERS LIBRE

Plusieurs esprits originaux eurent l'idée, au XIXe s., de libérer la poésie de la versification en traduisant leurs sentiments et leurs visions dans la forme d'une prose qui emprunte à la langue poétique maint trait de vocabulaire et de syntaxe. Mais ils ne pratiquaient pas l'alinéa. Tels furent Aloysius Bertrand (*Gaspard de la nuit,* 1842), Baudelaire (*Petits poèmes en prose,* 1869) et Arthur Rimbaud (*Une saison en enfer,* 1873).

Rimbaud eut aussi l'audace de couper par des alinéas suivis de majuscules un texte qui n'obéissait pas aux règles de la métrique ; on date de 1873 ces vers libres qui parurent dans son recueil *Les illuminations*, publié par Verlaine en 1886 :

> *Les chars d'argent et de cuivre,*
> *Les proues d'acier et d'argent,*
> *Battent l'écume,*
> *Soulèvent les souches des ronces... (Marine)*

Coup sur coup, à la même époque, parurent des poèmes en vers libres dus à Gustave Kahn (*Palais nomades,* 1887), Jules Laforgue, Francis Vielé-Griffin, Stuart-Merrill, Jean Moréas, Henri de Régnier.

Depuis cette date beaucoup de poètes ont écrit des vers libres ; la plupart d'entre eux ont écrit aussi des vers réguliers. Les lecteurs ont souvent du mal à discerner si les vers sont libres ou réguliers : les auteurs le disent rarement, et si beaucoup ont tenté de faire la théorie du vers libre, aucun n'a su fixer la limite précise entre le vers régulier et le vers libre.

Considérant que la liberté consiste surtout dans l'affranchissement à l'égard d'une loi, nous allons étudier successivement les libertés qu'ont prises les poètes à l'égard de chacune des lois du vers régulier, qu'il aient ou non obéi aux autres lois.

114 COMPTE DES SYLLABES

On sait que le vers régulier impose une prononciation artificielle de l'*e* muet. Ce caractère artificiel a été dénoncé au XIXe siècle, et des poètes ont voulu fonder le compte des syllabes sur la prononciation véritable, tel Tristan Corbière qui remplace par une apostrophe les *e* muets non entendus dans la pièce citée au paragraphe 94.

Francis Jammes ne prend même pas cette peine :

> *Les feuilles ruissellent et font un crépitement dru.*

Ce vers doit probablement être prononcé en 12 syllabes, sans faire entendre les terminaisons muettes de *feuilles* et de *ruissellent.*

Il est d'ailleurs difficile, et toujours arbitraire, de compter les syllabes des vers libres quand ils contiennent des *e* muets. Le vers suivant, dit par le poète, aurait-il 12, 11 ou 10 syllabes ?

> *Qu'est-ce que ça vous fait, puisque la mère pleure ?*
>
> (Fr. Jammes)

La diérèse (§ 96) pose aussi des problèmes. Victor Hugo la fait pour le mot *dictionnaire* :

> *Je mis un bonnet rouge au vieux dictionnaire.*

Mais comment savoir si ce vers de Francis Jammes doit avoir 12 ou 13 syllabes ?

> *Quand j'étais écolier et que mon dictionnaire...*

Remarques :
a) La prononciation relâchée élide avec l'*e* muet les consonnes finales muettes (*s* ou *nt*) qui peuvent le suivre (C.F.C. § 35, Rem. c). On rencontre cette élision dans des vers libres, par exemple dans une pièce de Laforgue en alexandrins :

> *Qui n'a jamais rêvé ? Je voudrais le savoir !*
> *Elles vous sourient avec âme, et puis bonsoir.*

b) La versification classique impose l'élision de tout *e* muet final de mot devant une voyelle ou un *h* muet ; c'est donc une irrégularité de compter cet *e* dans le vers comme le fait René Char dans une pièce en vers octosyllabiques :

> *Rien que le vide et l'avalanche*
> *La détresse et le regret !*

J. Mazaleyrat (*Éléments de métrique française*, p. 66) donne d'autres exemples de Verhaeren et d'Aragon.

115 INÉGALITÉ DES MÈTRES

La versification classique admet le mélange de plusieurs mètres, comme dans les strophes du § 91, mais l'inégalité se reproduit souvent à intervalles réguliers (le vers le plus court se trouve à la 3e et à la 6e place dans le texte de Maurice Magre, et cette disposition se retrouve dans toute la pièce). On mélange différents mètres impairs, ou différents mètres pairs ; moins souvent des mètres impairs sont mêlés à des mètres pairs ; enfin, le voisinage de deux vers n'ayant qu'une syllabe de différence est soigneusement évité : le second paraîtrait faux.

Voici des vers de Racine où ces traditions ne paraissent pas respectées :

D'un cœur qui t'aime,	(4)
Mon Dieu, qui peut troubler la paix ?	(8)
Il cherche en tout ta volonté suprême,	(10)
Et ne se cherche jamais.	(7)
Sur la terre, dans le ciel même,	(8)
Est-il d'autre bonheur que la tranquille paix	(12)
D'un cœur qui t'aime ?	(4)

(Athalie, 1230-1236)

Les vers sont de mètre inégal, un vers de 8 syllabes voisine avec un vers de 7 syllabes ; c'est qu'il s'agit d'un chœur chanté, dont le rythme est donné par la musique.

Voici maintenant un mélange semblable chez La Fontaine :

De bonheur pour ce loup, qui ne pouvait crier,	(12)
Près de là passe une cigogne.	(8)
Il lui fait signe ; elle accourt.	(7)
Voilà l'opératrice aussitôt en besogne.	(12)

(Fables, III, 9, vers 6-9)

Aucun accompagnement musical ne justifie cette inégalité, mais La Fontaine a voulu produire un effet de rapidité par le raccourcissement du mètre du second au 3e vers. Ailleurs il serait vain de chercher une explication à l'inégalité des mètres qui n'est due qu'au caprice de l'auteur, au hasard de la rime offerte :

— Ami, reprit le coq, je ne pouvais jamais	(12)
Apprendre une plus douce et meilleure nouvelle	(12)
Que celle	(2)
De cette paix ;	(4)
Et ce m'est une double joie	(8)
De la tenir de toi. Je vois deux lévriers,	(12)
Qui, je m'assure, sont courriers	(8)
Que pour ce sujet on envoie :	(8)
Ils vont vite et seront dans un moment à nous.	(12)

(Fables, II, 15, Le Coq et le Renard)

La Fontaine, qui jugeait cette manière de varier les mètres « la plus naturelle et par conséquent la meilleure », est un des précurseurs de nos modernes vers-libristes, quoique ceux-ci aient nié son influence. Rapprochons de ces vers un passage d'un poème de Vielé-Griffin intitulé *Le Porcher* :

Flavie,	(2)
Je l'ai revue, un soir,	(6)
Près de la source où je vais boire, au soir	(10)
Depuis de longs vieux jours de vie,	(8)
Menant mes porcs ;	(4)
Elle s'est penchée, à boire à sa main en coupe ;	(12)
Je n'osai lui parler, songeant aux jours d'alors ;	(12)
Mais comme je lui dis : Flavie !	(8)
Parlant de l'autre vie,	(6)
De Marc et Lise et de la troupe,	(8)
De ce qu'il diraient en me voyant là	(10)
Avec mes pourceaux et mon vêtement	(10)
Et mon épieu pour toutes armes,	(8)

> *Elle me regarda si tristement* (10)
> *Que je sentis de chaudes larmes :* (8)
> *O pauvre cœur, dit-elle, et s'en alla.* (10)
> *Souvent, toute une nuit, j'ai songé à cela.* (12)

Il ne faut pas chercher longtemps pour s'apercevoir que les mètres de ces vers sont classiques, et groupés « sans impair ». La seule impression d'irrégularité provient du passage continuel d'un mètre à l'autre, mais ce passage se fait par groupes croissants et décroissants, créant un rythme, comme si la pensée s'épanchait par vagues.

Le mouvement propre de la pensée, c'est ce qu'ont voulu exprimer les vers-libristes, en se réclamant de l'exemple qu'avait donné Hugo par ses audacieux enjambements (§ 108) : « Le rythme est le mouvement même de la pensée... La poétique nouvelle supprime les formes fixes, confère à l'idée-image le droit de se créer sa forme en se développant, comme le fleuve crée son lit. » (Émile Verhaeren) — Le vers libre est « la parole humaine rythmée », il est plus difficile que le vers régulier, « car il y faut de l'oreille ». (Gustave Kahn).

L'oreille habituée aux vers classiques n'est pas choquée par ceux de Kahn, de Verhaeren, de Vielé-Griffin : elle y retrouve, comme chez La Fontaine, des mètres familiers. Au contraire, elle souffre d'entendre Francis Jammes :

> *Lorsqu'il faudra aller vers vous, ô mon Dieu, faites* (12)
> *que ce soit par un jour où la campagne en fête* (12)
> *poudroiera. Je désire, ainsi que je fis ici-bas,* (14)
> *choisir un chemin pour aller, comme il me plaira,* (13)
> *au Paradis, où sont en plein jour les étoiles.* (12)
> *(Prière pour aller au Paradis avec les ânes)*

Les vers 1, 2 et 5 ont 12 syllabes, c'est le mètre qu'adopte volontiers le poète ; mais il intercale dans ces alexandrins des vers parfois un peu plus courts (11 syllabes), souvent un peu plus longs : 14 et 13 syllabes. Il donne ainsi l'impression qu'il n'a pas su compter les syllabes, maladresse savamment simulée qui s'accorde avec la gaucherie affectée de l'expression, avec la naïveté recherchée de la pensée.

Reconnaissons toutefois que ce vers libre ne produit son effet que si le vers régulier chante encore dans la mémoire des lecteurs.

116 MÈTRES NOUVEAUX

En dehors des chansons, les vers de 9 et 11 syllabes avaient été très délaissés par les classiques et les romantiques, et l'alexandrin était le plus long mètre régulier. Marceline Desbordes-Valmore revint au vers de 9 syllabes et Verlaine le choisit hardiment pour écrire son *Art poétique* (cf. § 93) ; il usa aussi du vers de 11 syllabes :

> *Des danses, sur des rythmes d'épithalames,*
> *Bien doucement se pâmaient en longs sanglots.*

Il usa d'un vers de 13 syllabes dans le *Sonnet boiteux* :

> *Ah ! vraiment c'est triste, ah ! vraiment ça finit trop mal.*
> *Il n'est pas permis d'être à ce point infortuné.*

Il risqua même des vers plus longs, ayant jusqu'à 17 syllabes.

Mais ces audaces restent chez lui exceptionnelles et sont toujours destinées à produire un effet : indécision, gaucherie, prosaïsme.

Il n'en est plus de même chez Paul Claudel, dont le « verset » dépasse souvent beaucoup le mètre alexandrin :

> L'enfant chétif qui sait qu'on n'est pas fier de lui et qu'on ne
> l'aime pas beaucoup,
> Quand d'aventure sur lui se pose un regard plus doux,
> Devient tout rouge et se met bravement à sourire, afin de ne
> pas pleurer.

La formule de Paul Fort est différente : il met bout à bout en trompe-l'œil des vers de 8 ou 12 syllabes où la plus grande hardiesse prosodique est l'élision des *e* muets ; sa liberté consiste dans la suppression partielle de l'alinéa :

> Si toutes les filles du monde voulaient se donner la main,
> tout autour de la mer elles pourraient faire une ronde.

117 LIBERTÉ DE LA RIME

Victor Hugo et les romantiques avaient respecté la rime « pour l'œil » ; dès 1844 Théodore de Banville en rejeta la contrainte, faisant rimer — par jeu — les terminaisons masculines avec les féminines :

> Tombez dans mon cœur, souvenirs confus,
> Du haut des branches touffues !
> Oh ! parlez-moi d'elle, antres et rochers,
> Retraites à tous cachées !   (Stalactites)

Verlaine l'imita, condamnant la rime :

> O qui dira les torts de la rime ! (Art poétique)

Il viola la règle d'alternance (§ 103) :

> Dans l'interminable
> Ennui de la plaine
> La neige incertaine
> Luit comme du sable.

Les vers-libristes ont pour la plupart respecté l'usage de la rime, mais d'une rime pour l'oreille, qui devient souvent simple assonance :

> Avec des feuilles dans sa barbe
> Et ses yeux creux qui vous regardent...
>   (Vielé-Griffin, L'Automne)

La voyelle tonique étant l'élément le plus audible de la rime (§ 98), cette infraction est moins grave que celle qui consiste à faire rimer seulement les consonnes finales :

> La pluie battait la fenêtre,
> Le bois sifflait en brûlant.
> J'attends que le matin blanc
> Se lève encor dans les vitres !
>   (F. Carco, La Bohème et mon cœur)

La fantaisie n'est pas plus euphonique, mais a le mérite d'une acrobatie digne des Grands Rhétoriqueurs, quand Jules Laforgue, tout au long d'une pièce de 24 vers, fait varier systématiquement la voyelle devant une consonne identique (rime apophonique) : *tuberculose, écluses, emphase, agonise, braise,* puis inversement : *dièzes, cicatrise, phrases, ruse, closes,* puis *turquoise, faneuses, pelouses,* etc. *(Solutions d'automne).*

La Fontaine avait usé à sa fantaisie de toutes les dispositions régulières de rimes (§ 102) ; les vers-libristes ont été plus loin :

> *Sur un grand div**an**, soie d'arg**ent***
> *et grandes fleurs bl**eues** sur le fond crém**eux***
> *et ses mains égrenant des p**erles**,*
> *bouquet du matin dilig**ent***
> *voici Thétis inconsol**ée**.*
> *Ses cheveux sont ondés comme la vague déf**erle***
> *par un temps doux de belle arriv**ée**.*

(Gustave Kahn, L'Eau)

Dans les deux premiers vers la rime est **intérieure** (§ 97, Rem. b) ; le 3e vers propose une nouvelle rime, qui n'a sa réponse qu'au 6e vers, après deux rimes différentes ; autant d'irrégularités.

Enfin, il arrive aux vers-libristes d'écrire en vers blancs :

> *Au tournant l'eau est crépue*
> *Et les champs claquent des dents*
> *Et les chiens sont des torchons*
> *Léchant les vitres brisées.* (Éluard)

118 LA CÉSURE ET LES ACCENTS

On a vu (§ 109) que Victor Hugo, pour briser la cadence monotone de l'alexandrin, avait affaibli l'accent sur la 6e syllabe au profit des accents mobiles, tout en conservant la césure pour l'œil.

Le champ était ouvert à toutes les audaces ; ses successeurs n'ont pas hésité à placer devant la césure une syllabe totalement inaccentuée :

> *Chaque alouette **qui** va et vient m'est connue.* (Verlaine)
> *Bref, dédaignant d'**être** le lierre parasite...*

(Edmond Rostand)

et même à supprimer la césure :

> *Puis franchement et simplement viens à ma table.* (Verlaine)
> *Sous vos longues chevelures, petites fées.* (Jean Moréas)

Au vers **à césure fixe** a succédé ainsi un vers **à coupes variables.**

La fin du vers pouvait-elle avoir le même sort que la césure ? Verlaine n'hésitait pas à placer à la rime un mot atone par nature :

> *Et dans la splendeur triste d'une lune*
> *Se levant blafarde et solennelle **une***
> *Nuit mélancolique...*
>
> *Je l'aurais quand même tu **me***
> *La refuserais, puisque **je***
> *L'ai là, dans mon cœur, nom de Dieu !*

La fin de vers est encore plus enjambée quand un mot s'y trouve à cheval :

> *Quelle torche brûle l'éther !*
> *Je suis rendu, fourbu, fondu.*
> *Pour vous peindre la chose : un **ther-***
> ***Momètre** qui montait n'est pas redescendu.*

> (Tristan Derème)

Bien avant qu'Aragon réclame pour le poète le droit à la *rime enjambante*, Verlaine se l'était arrogé :

> *Je vole à la gare du Nord,*
> *Mais j'y pense : or, voici que l'**ord-***
> ***E** misère est là qui me mord...*

Cette coupe savante du vieil adjectif *orde* est faite pour amuser l'ami lettré auquel Verlaine dédie cette *Chanson à boire* ; dans un registre plus populaire, et dans une autre chanson à boire *(Le vin)*, Brassens écrit joliment :

> *Quand on est un sa-*
> *ge, et qu'on a du sa-*
> *voir-boire,*
> *on se garde à vue,*
> *en cas de soif u-*
> *ne poire...*

Ces poètes ont-ils voulu supprimer l'accent de fin du vers ? Sûrement non dans le cas de Brassens, qui souligne ces syllabes par le temps fort de sa musique ; les autres non plus, qui visent seulement le renouvellement de la rime et retrouvent ainsi, sans le savoir, par goût de l'acrobatie « funambulesque » (mot de Banville), des procédés fréquents aux XIVe et XVe siècles.

119 LIBERTÉ DES PAUSES

C'est pour renouveler plaisamment le stock des rimes que Verlaine coupait des groupes de mots indissociables (§ 118) ; c'est pour franchir les barrières du mètre que Victor Hugo multipliait les enjambements (§ 108). Les vers-libristes qui se passent de la rime et mesurent leur vers au rythme de la parole n'ont donc plus besoin d'enjamber. Beaucoup s'en gardent en effet.

Mais une pratique devenue inutile se conserve quelquefois sous forme de routine ou de procédé artistique. On relève des enjambements acrobatiques dans les « versets » de Paul Claudel :

> *Faites que je sois entre les hommes comme une personne*
> *sans visage et **ma***
> ***Parole** sur eux sans aucun son comme un semeur de silence,*
> *comme un semeur de ténèbres, comme un semeur d'églises,*
> *Comme un semeur de la mesure de Dieu.*

Le chantre moderne reprend à son compte les facéties du délicieux bohème. Il a dit, dans son ouvrage de théorie *(Positions et propositions)*, quelle force lui paraissent acquérir les mots ainsi arrachés l'un à l'autre :

> *Voilà le lecteur à qui on met sur les bras ce corps mutilé et*
> *tressautant et qui est obligé d'en prendre charge jusqu'à ce*

qu'il ait trouvé le moyen de recoller cet Osiris typograhique.
(Comme Isis réunit les membres dispersés de son époux Osiris, tué par Set.)

Claudel est allé dans ses versets jusqu'à marquer par des blancs des césures contraires au sens :

    Mon pain pour moi   *devient la substance même de Dieu*

(cité par R. Etiemble dans *Poètes ou faiseurs ?* 1966).

120 LIBERTÉ DE L'HIATUS

L'hiatus n'est plus interdit ; Francis Jammes paraît le rechercher pour sa gaucherie :

> *Puis je long**eai un** mur **long et usé** ;*
> *C'était un parc **où é**taient de grands arbres.*

121 SYNTHÈSE

Selon la définition de la poésie choisie au terme du paragraphe 10, les deux mots « vers » et « libre » sont contradictoires.

Paul Claudel imagine un observateur quelconque, par exemple un enfant, écoutant sans les voir deux personnes quelconques, par exemple deux dames, parler de n'importe quoi :

« Quel dialogue entre ces voix !... Quel tour toujours nouveau ! Quelles coupes... Quelles élégantes ondulations de la phrase ponctuée au mépris de la grammaire et que termine un cri de fauvette ! Ah ! il n'y a plus besoin de mesurer et de compter ! Quel soulagement ! » *(Positions et propositions)*

Il est vrai qu'un discours oral sans contrainte formelle a souvent ses charmes (si la voix s'y prête), mais ces charmes sont prosaïques. Monsieur Jourdain, quels que puissent être le timbre et les inflexions de sa voix, ne parle pas en vers quand il demande à Nicole ses pantoufles.

Pour en sortir, l'abbé H. Brémond proposait le concept (et l'entité sousjacente) de « poésie pure » :

« Tout poème doit son caractère proprement poétique à la présence, au rayonnement, à l'action transformante et unifiante d'une réalité mystérieuse que nous appelons poésie pure. »

Une telle définition ne peut satisfaire un théoricien objectif (ni ramener les lecteurs de plus en plus rares) ; elle est propre à égarer les poètes en herbe en leur donnant les vertus du signifié pour celles du signifiant.

Le « vers libre » reste du ressort de la poétique dans la mesure où les poètes n'ont usé que partiellement des libertés proclamées : les uns regagnent par la rime le rythme qu'ils perdent par l'inégalité des mètres, d'autres alignent des vers blancs (§ 97, Rem. c) égaux. Quant aux « versets » de Claudel, sacrifiant le mètre avec la rime, ils ressortissent à la poésie surtout par leur ressemblance avec les traductions des psaumes bibliques, qui sont « vers » dans leur langue originale.

Apollinaire avait publié en 1907 un récit du genre fantastique, inspiré par une visite (en mars 1902) au cimetière de Munich où les dépouilles des morts étaient exposées, avant leur inhumation, dans les cellules vitrées d'une sorte de morgue appelée *obituaire*. Le texte, en prose, commençait ainsi (il figure in extenso dans le *Dossier d'« Alcools »* de Michel Décaudin) :

L'Obituaire

S'étendant sur les côtés du cimetière, l'obituaire l'encadrait comme un cloître. A l'intérieur de ses vitrines pareilles à celles des boutiques de modes, au lieu de sourire debout, les mannequins grimaçaient pour l'avenir.

Deux ans plus tard, dans la revue *Vers et prose*, Apollinaire publia le même texte, sous un autre titre, coupé par des alinéas :

La Maison des morts

S'étendant sur les côtés du cimetière
La maison des morts l'encadrait comme un cloître
A l'intérieur de ses vitrines
Pareilles à celles des boutiques de modes
Au lieu de sourire debout,
Les mannequins grimaçaient pour l'éternité.

Les lecteurs de *Vers et prose* prirent le texte pour des vers libres. Mais des critiques de *l'Intransigeant* montrèrent plus tard qu'ils n'avaient pas été dupes :

« Il est bon parfois, mon cher poète, de faire des vers libres.

Mais ce qui n'est pas bon, c'est de prendre une nouvelle qu'on a publiée dans un journal du matin, de la recopier en écrivant à la ligne au bout de quelques syllabes et d'envoyer ça à une revue comme poème inédit, en vers libres.

N'est-ce pas mon cher confrère ?

Et nous sommes gentils, nous ne vous nommons pas. »

Il est vrai que 203 lignes de cette pièce qui en compte 218 (et qui sera reprise telle quelle dans *Alcools* en 1913) n'avaient droit au nom de vers ni par une constante du mètre ou des pause, ni par aucune homophonie. Et Apollinaire aurait passé très justement pour un imposteur — parmi des milliers d'autres — si le texte n'avait enchâssé dès 1907 une partie en prose rythmée et rimée, découpée par des tirets, qui constituait d'avance un bien beau texte à opposer aux amateurs inconsolables de la stricte règle morte. Quinze vers d'une telle envolée suffisent à justifier l'ambiance poétique créée par les alinéas du contexte. Qu'on en juge par l'extrait suivant, où l'on voit un jeune étudiant parler de sa fiancée, revenue à la vie pour quelques heures de la nuit :

L'étudiant passa une bague
A l'annulaire de la jeune morte
Voici le gage de mon amour
De nos fiançailles
Ni le temps ni l'absence
Ne nous feront oublier nos promesses
Et un jour nous aurons une belle noce
Des touffes de myrte

A nos vêtements et dans vos cheveux
Un beau sermon à l'église
De longs discours après le banquet
Et de la musique
De la musique

Nos enfants
Dit la fiancée
Seront plus beaux plus beaux encore
Hélas ! la bague était brisée
Que s'ils étaient d'argent ou d'or
D'émeraude ou de diamant
Seront plus clairs plus clairs encore
Que les astres du firmament
Que la lumière de l'aurore
Que vos regards mon fiancé
Auront meilleure odeur encore
Hélas ! la bague était brisée
Que le lilas qui vient d'éclore
Que le thym la rose ou qu'un brin
De lavande ou de romarin

Les musiciens s'en étant allés
Nous continuâmes la promenade

Il est difficile de rester froid à l'élan d'espoir qui anime toute la tirade de la fiancée, coupé deux fois par le rappel du présage fatal. Le souci de préparer dignement cette explosion lyrique, de la rendre sensible aux yeux du lecteur comme à son oreille, d'éviter qu'il se fourvoie dès le départ dans le sens d'une interprétation grand-guignolesque, est évidemment la raison — nécessaire et suffisante — qui a déterminé le poète à généraliser l'alinéa. Il reste que sans ces quinze lignes les 203 autres lignes inégales ne pourraient s'appeler des vers.

Chapitre 3
La langue poétique

122 PRONONCIATION POÉTIQUE

Selon le linguiste J. Vendryès, la langue du vers **est artistique** par le fait même qu'elle **impose une prononciation artificielle.** Elle est toujours en retard sur l'usage oral, « c'est une condition même de son existence ». Ce fait, que l'on observe dans beaucoup d'autres langues poétiques, est manifeste en français.

Par exemple, on peut considérer que l'*e* dit « muet », qui en principe se prononçait toujours en ancien français, était réellement muet au XVIIe s. à peu près dans la mesure où il l'est aujourd'hui : Corneille, Racine, Molière observaient dans leurs vers une prononciation déjà artificielle (§ 94). On a vu que l'usage de la diérèse maintient un état ancien (§ 96).

Le maintien de ces usages n'est pas à tenir seulement pour un écart volontaire « antiprose » (Cohen, § 10), il perpétue aussi, comme l'interdiction de l'hiatus (110), une articulation plus euphonique.

On sait que l'allitération (§ 15) est un ornement recherché de certains poètes modernes ; elle a joué un rôle important dans l'ancienne poésie scandinave et germanique, et se retrouve dans la poésie allemande et anglaise des temps modernes.

Les effets d'harmonie suggestive (§ 18), sans être imposés par une règle, sont prisés en poésie, particulièrement quand les sonorités répétées en vue d'un effet se trouvent frappées de l'accent :

> *Tout m'afflige et me nuit et conspire à me nuire.* (Racine)

Mais la musicalité distingue moins catégoriquement la prononciation phonétique que le maintien de certaines traditions :
— double forme de certains mots comme *avec / avecque(s), jusque / jusques, encor / encore* (facilité pour le mètre ou la rime) ;
— élision incorrecte (§ 94, Rem.) ;
— rimes apparemment défectueuses (§ 99, Rem.).

Remarque :

Le cas des rimes dites **normandes** appelle un éclaircissement historique.

Au XVᵉ siècle, l'*r* final ne se faisait plus entendre dans la langue parlée : on prononçait *amou* pour *amour, voi* pour *voir, laboureu* pour *laboureur, couri* pour *courir* ; les grammairiens réagirent vigoureusement et dans beaucoup de mots l'*r* final se rétablit sous leur influence, mais très inégalement selon les milieux. Au XVIIᵉ siècle coexistaient :

1. une prononciation populaire et provinciale, où *clair, amer,* prononcés *clé, amé,* pouvaient rimer avec *aveugler, charmer* ;

2. une diction solennelle où *aveugler, charmer,* prononcés *aveuglèr, charmèr,* pouvaient rimer avec *clair, amer* ;

3. une prononciation, qui devait être celle des « honnêtes gens », où, conformément à l'usage actuel, *clair, amer* ne pouvaient pas rimer avec *aveugler, charmer.* Chez nos grands tragiques, des rimes comme la suivante :

> *Quoi ! Madame, est-ce ainsi qu'il faut dissimuler*
> *Et faut-il perdre ainsi des menaces en l'air ?* (Corneille)

ne sont pas rares, et sont justifiées par la diction solennelle qui était celle des acteurs plutôt que par la prononciation provinciale qui leur a valu le nom de « rimes normandes » (les Normands disent encore *la mé* pour *la mer*).

La rime de *Monsieur* avec *flatteur (Le Corbeau et le Renard),* admise au XVIIᵉ siècle, s'explique par des raisons semblables.

123 SÉMANTISME POÉTIQUE

Quelques traits de style caractérisent la langue des vers à l'époque classique : vocabulaire noble (§ 38), emploi de figures comme la synecdoque (§ 32), la métonymie (§ 33), la métaphore (§ 34), la périphrase (§ 35), l'hyperbole (§ 36), l'antithèse (§ 37).

Ces caractères s'accentuèrent au XVIIIᵉ siècle : ce fut un principe communément admis que la poésie se distinguait de la prose par une expression plus gracieuce et plus noble, propre à amuser l'imagination, à dérouter les ignorants ; il fallut connaître la mythologie, les antiquités, le blason pour comprendre les énigmes que formulaient certains poètes : un juge était appelé *le prêtre de Thémis,* l'Espagne était *l'Hespérie.* Les figures les plus artificielles (comme l'hypallage, § 37) étaient recherchées. Ceux mêmes qui échappaient à ces excès alourdissaient leur phrase d'épithètes oiseuses :

> *Hélas ! qu'est devenu l'antique presbytère,*
> *Cette croix, ce clocher élancé vers les cieux,*
> *Et du temple sacré l'airain religieux ?* (J. Michaud, 1802)

Victor Hugo (§ 7) et les romantiques rompirent avec certains de ces usages : ceux qui visaient à ennoblir, à déguiser ou atténuer l'expression. Mais ils conservèrent l'hyperbole et l'antithèse, qui donnent la force à l'expression, l'épithète morale (§ 37), qui lui donne l'imprécision du rêve et anime les choses :

> *Assis aux bords déserts des lacs mélancoliques.* (Lamartine)

> *Le crépuscule ami.* (Vigny)

Surtout, la métaphore eut, pendant tout le XIXᵉ s. et le XXᵉ siècle, un développement que Jean Cohen (§ 10) explique par le fait qu'elle enfreint plus que toute autre figure le code de la prose, en créant une incohérence apparente : Henri de Régnier parle de *feuilles* qui *chuchotent*, Verlaine d'un *vent* matinal *crispé*, Lamartine de *tresses d'ébène*, Mallarmé de *bleus angélus*, Valéry d'un *ruisseau scrupuleux*, Audiberti de *carrés courbes*. De plus en plus les poètes ont recherché la non-pertinence dans la complémentation et même d'une proposition à l'autre :

> *Des crépuscules blancs tiédissent sur mon crâne*
> *Qu'un cercle de fer serre ainsi qu'un vieux tombeau*
> *Et triste, j'erre après un rêve vague et beau,*
> *Par les champs où la sève immense se pavane.*
>
> (Stéphane Mallarmé)

Un article paru dans les *Études de linguistique appliquée* (4, 1966) rapporte une expérience fort curieuse par sa technique et par ses conclusions. Un ingénieur avait construit une machine électronique capable de fabriquer des phrases grammaticalement correctes avec un contingent quelconque de mots ; la machine fabriqua 9 phrases, dont voici quelques extraits :

> *Un doute agréable couleur de lotus endormi entretient la joie sur cette île montagneuse.*
>
> *Ainsi la vie est fluide, la grêle de mai arrache le lierre pour commander un nouveau décor.*
>
> *Le morse essoufflé arrive devant la forteresse ; et l'amphioxus voit le soleil chaque jour du mois.*
>
> *Tous aiment peindre la terre.*

Les 9 phrases du texte complet ont été présentées dans plusieurs réunions d'hommes cultivés, ainsi qu'un autre texte, œuvre d'un poète contemporain. Sollicités de comparer la valeur des deux textes, 40 % des sujets (au nombre total de 180) ont jugé le premier plus poétique. L'auteur de l'article en conclut que « la sémantique d'un texte destiné à un effet esthétique est fournie par le lecteur plus que par l'auteur ». En d'autres termes, les poèmes de type surréaliste (où l'incohérence culmine) sont comparables aux auberges espagnoles où la légende prétend qu'on ne consomme que ce qu'on apporte.

Quelques poètes fameux comme Mallarmé et Valéry, qui ne sont d'ailleurs pas surréalistes, ne niaient pas que le décodage de leur poème pût conduire chaque lecteur à un signifié différent ; ils affectaient même d'y trouver un avantage.

124 GRAMMAIRE POÉTIQUE

Toute langue poétique se distingue de la prose par des traits qui, dans la plupart des cas, sont archaïques. On l'a vu pour la prononciation (§ 122) ; ce fut aussi vrai pour la grammaire jusqu'au milieu du XIXᵉ s.

L'ancien français inversait le sujet du verbe quand la phrase commençait par un adverbe, un complément, un pronom relatif, quelquefois par la simple conjonction *et*; l'usage poétique perpétue ces tournures, non seulement pour bénéficier de leur charme désuet, mais souvent pour la commodité du mètre et de la rime :

> *Quelques hameaux flambaient ; au loin brûlaient les chaumes.* (Hugo)
>
> *Le piano que baise une main frêle* (Verlaine)
>
> *Et bourdonnent autour mille insectes ardents*
> (Leconte de Lisle)

Archaïque est l'antéposition de l'attribut :

> *Fière est cette forêt.* (Musset)

et du subjonctif optatif :

> *Vienne, vienne la mort, que la mort me délivre.* (Chénier)

L'antéposition de l'adjectif épithète est rare dans la prose scientifique (2 % selon Jean Cohen), elle est fréquente en vers où abondent les épithètes à sens impliqué (C.F.C. § 232) ; J. Laforgue va jusqu'à antéposer un groupe nominal de sens qualificatif :

> *C'était un très au vent d'octobre paysage.*

L'inversion du nom complément de relation est un fait exclusivement poétique, n'ayant de modèle qu'en latin, et dont la faveur fut grande au XVIIe s. :

> *Je sais que de Néarque il doit voir le supplice.* (Corneille)

L'usage (commode) s'en est conservé jusqu'aux romantiques

> *L'unité, des efforts de l'homme est l'attribut.*

(dans ce vers de V. Hugo, la virgule après *unité* empêche qu'on rapporte à ce mot le nom *efforts* complément d'*attribut*).

Le XIXe s. n'oublie pas les valeurs de connotation de certains temps et de certains tours anciens disparus de l'usage oral :

> *Viens-tu pas voir mes Ondines ?* (Hugo)
>
> *Nous fûmes dupes, vous et moi...* (Verlaine, *Fêtes galantes*)
>
> *...il faudrait que mon cœur en panne naviguât.*
> (Verlaine, *Sagesse*)

Le XIXe siècle introduisit et développa considérablement dans la langue poétique le style **périodique** (§ 69). Chez J.-J. Rousseau et Chateaubriand, les poètes avaient appris quel élan peut être imprimé à la pensée par le mouvement de la phrase. La **phrase** et le **motif** devinrent, selon Paul Claudel, les éléments de la poésie :

« La phrase a pour objet... d'entraîner l'auditeur en créant un courant puissamment nourri d'images qui va (...) vers une résolution que le cœur appelle. » Exemple

> Alors, levant la tête,
> Se dressant tout debout sur ses grands étriers,
> Tirant sa large épée aux éclairs meurtriers,
> Avec un âpre accent plein de sourdes huées,
> Pâle, effrayant, pareil à l'aigle des nuées,
> Terrassant du regard son camp épouvanté,
> L'invincible empereur s'écria : Lâcheté !
>
> (Victor Hugo, cité par P. Claudel, *Positions et propositions*)

« J'appelle motif cette espèce de patron dynamique qui impose sa forme et son impulsion à tout un poème » (P. Claudel). Par exemple, dans la pièce 38 des *Feuilles d'Automne*, Victor Hugo lance au vers 13 le motif *Partout où...*, repris ensuite par *Où* (vers 14), *Où...* (v. 15), *Où...* (16), *Où...* (17), *Partout où...* (19), *Partout où...* (25), *Partout où...* (26), *Partout où...* (27), *Partout où...* (28), *Partout où...* (29) ; le vers 30 *(Allez, voyez, chantez !)* met fin au motif.

Mallarmé projetait d'écrire un grand poème dont le motif, répété, serait : *Si tu...*

Une tendance inverse a poussé les poètes, dans la seconde moitié du XIXᵉ siècle, à créer une syntaxe poétique affranchie des enchaînements normaux, allégée des mots de liaison abstraits et logiques ; dans des « romances sans paroles », Verlaine use du style substantif (déjà pratiqué par Victor Hugo dans des pièces familières) :

> Le château tout blanc
> Avec, à son flanc,
> Le soleil couché.
> Les champs à l'entour...

et donne l'exemple du laisser-aller et de l'incorrection :

> Parfums sinistres !
> Qu'est-ce que c'est ?
> Quoi bruissait
> Comme des sistres ?

Chez lui, la langue rejoint l'expression enfantine ; Laforgue, lui, cherche dans la langue populaire une expressivité plus simple, plus largement humaine :

> Voyons, qu'est-ce que je veux ?
> Rien. Je suis-t-il malhûreux !
>
> Lors, ce jeune homme aux tels ennuis
> Alla décrocher une lame,
> Qu'on lui avait fait cadeau avec l'étui.

Chez Mallarmé, la syntaxe est alambiquée ; il se veut « syntaxier » et respecte les règles à sa manière, voulant que la phrase soit longue, cartésienne, fortement assise sur une ossature révélée le plus tard possible (pour la beauté de l'énigme), enrichie de cristallisations tout au long déposées, comme le traduit visuellement la disposition graphique qu'il a donnée à son poème *Coup de dés* (sur 2 pages, autour des mots : JAMAIS UN COUP DE

DÉS N'ABOLIRA LE HASARD). Voici un spécimen de cette laborieuse syntaxe :

> Aile tout bas la courrière
> Cet éventail si c'est lui
> Le même par qui derrière
> Toi quelque miroir a lui
>
> Limpide (où va redescendre
> Pourchassée en chaque grain
> Un peu d'invisible cendre
> Seule à me rendre chagrin)
>
> Toujours tel il apparaisse
> Entre tes mains sans paresse.
>
> (L'éventail de Madame Mallarmé)

Toutes les audaces sont justifiées par Paul Claudel : « Les grands écrivains n'ont pas été faits pour subir la loi des grammairiens, mais pour imposer la leur, et non pas seulement leur volonté, mais leur caprice. » (Positions et propositions) et par Tristan Tzara : « Mettez tous les mots dans un chapeau, tirez au sort, voilà le poème dada » ; exemple :

> **Verre traverser paisible**
>
> la joie des lignes vent autour de toi calorifère de l'âme
> fumée vitesse fumée d'acier
> géographie des broderies en soie
> colonisée en floraison d'éponges
> la chanson cristallisée
> dans le
> vase du corps avec la fleur de fumée. (Tristan Tzara)

A la limite des audaces, citons l'école « lettriste » qui, sacrifiant totalement le sens à la sonorité, crée une langue de toutes pièces :

> Agouassarnime japouricaï ouï aria paiva
> Agouassapoure janélé quaïss arica mélé, etc.
>
> (Claude Hirsch, La rive du Capricorne)

125 LA PONCTUATION

Mallarmé, après avoir attaché une grande importance à la ponctuation, jalon du rythme et de la pensée, l'a supprimée dans certaines de ses pièces, estimant que la véritable unité en poésie, le vers, est suffisamment délimitée par l'alinéa et les blancs de la typographie. Beaucoup de poètes l'ont imité au XXᵉ siècle, qu'ils aient adopté ou non la syntaxe inorganique :

> On tangue on tangue sur le bateau
> La lune la lune fait des cercles dans l'eau
> Dans le ciel c'est le mât qui fait des cercles
> Et désigne toutes les étoiles du doigt (Blaise Cendrars)

Comme on le voit dans cet exemple, le sort des majuscules n'a pas été lié à celui de la ponctuation ; pourtant, dès le XIXe siècle, des poètes ont supprimé la majuscule marquant le début du vers :

> Les anémones d'octobre aux pelouses dorées
> dorment. Des champignons troués par les limaces
> sont gluants dans la boue où des sangliers passèrent.
>
> (Francis Jammes)

126 VERS ICONIQUES

De tout temps des poètes se sont amusés à disposer leurs vers de manière à évoquer la forme d'un objet : une bouteille (idée de l'imprimeur dans l'édition de 1605 des œuvres de Rabelais), un verre (poème de Charles-François Panard, XVIIIe s.). Cette langue poétique de type iconique (§ 13) ne mériterait pas une mention si Apollinaire ne l'avait abondamment pratiquée, dans *Calligrammes* (1918) et les *Poèmes à Lou*, pour tromper l'ennui des longues attentes au front. La *Colombe poignardée* et le *Jet d'eau* reproduits ci-contre rassemblent les noms des femmes qu'il a aimées, et de ses amis éloignés.

Chapitre 4
La chanson

127 RYTHME LINGUISTIQUE ET RYTHME MUSICAL

On parle de chansons comme on parle de poèmes, et l'on dit que les couplets, comme les strophes, sont faits de vers.

Il est vrai qu'on a souvent mis en musique des suites de vers réguliers, et l'on fait souvent état d'un *mariage* heureux des vers et de la musique. On prête cependant à Victor Hugo une formule dont la connotation n'est pas idyllique :

« Défense de déposer de la musique le long de mes vers. »

Que l'auteur des *Chansons des rues et des bois* ait prononcé ou non cette interdiction, on ne s'est pas privé, au début du siècle, de plaquer des mélodies sur ses vers, simple retour aux sources puisque toute poésie, à l'aurore de la littérature française, était chantée (§ 91). Baudelaire, Verlaine, sans s'en plaindre, ont été mis en musique. Le poème *D'une prison* a inspiré Reynaldo Hahn, et plus récemment la *Chanson d'automne* Charles Trenet ; les *Saltimbanques* d'Apollinaire ont reçu de Louis Bessière une belle mélodie, et Léo Ferré, dans *Pauvre Rutebeuf*, a mis en notes l'immortel *Que sont mes amis devenus ?* Brassens a rendu un pieux et scrupuleux hommage à Villon *(Ballade des dames du temps jadis)* et a doté de la mélodie qu'elle appelle la poignante *Prière* de Francis Jammes *(Par le petit garçon qui meurt près de sa mère, ... Je vous salue Marie).* Des poètes se sont mis à la chanson, comme Jean Richepin *(Mon cœur est un violon),* voire au piano pour chanter leurs œuvres, comme Maurice Rollinat.

Mais on met aussi bien en chanson des vers libres, ce qu'a fait J. Kosma pour l'*Inventaire* de Jacques Prévert :

> *une pierre*
> *deux maisons*
> *trois ruines*
> *quatre fossoyeurs*
> *un jardin*
> *des fleurs*
> *un raton laveur*
> *une douzaine d'huîtres un citron un pain*
> etc.

Autant dire qu'on met en musique n'importe quelle prose : l'hétérométrie (l'inégalité des membres de phrase) n'est pas une gêne pour le musicien, et seule la rime apporte dans la chanson un élément non négligeable de succès. En l'absence de rime, il vaut mieux, pour les textes de chanson, ne plus parler de vers, mais de lignes.

Un exemple permettra de constater que le rythme musical est loin de recouvrir exactement celui de la poésie. Voici les quatre premières lignes d'un couplet de *la Sabotière* (texte et musique de Botrel) :

Amis, choquons en cadence	(7 syllabes)
Nos sabots, petits et gros,	(7 syllabes)
Car voici que je commence	(7 syllabes)
La chanson des vieux sabots.	(7 syllabes)

Et voici les mesures musicales correspondant aux deux premières lignes (les deux suivantes sont numériquement identiques) :

Huit notes répondent aux sept syllabes de la première ligne, la muette finale étant comptée comme les autres. Du rythme des accents, qui était (2 + 2 + 3), (3 + 4), il ne reste rien : chaque mesure est attaquée sur un temps fort, que soulignent les notes pointées sur l'*a* d'*amis* et sur *nos* (syllabes atones dans la parole). L'isométrie des deux lignes (7 syllabes, 7 syllabes) ne se retrouve pas dans les mesures (4 notes, 4 notes, 6 notes, 1 note), ni même dans la durée puisque chacune des deux premières mesures vaut deux temps, chacune des deux dernières trois temps. Le seul point commun entre les deux rythmes est le temps fort sur le monosyllabe *gros*, tonique dans la phrase et dans la chanson (où l'accompagne un coup de sabot).

Ainsi, la dernière syllabe des groupes rythmiques de la prose n'est pas forcément plus forte ni plus longue en musique : la 2e syllabe d'*amis*, tonique devant la virgule, n'a que la durée d'une demi-croche, la 2e syllabe de *sabots* celle d'une croche ; elles ne sont pas au temps fort, non plus que la syllabe tonique de *cadence*, qui dure une croche comme la première (*ca-*) et la dernière, muette (*-ce*). On peut seulement dire que globalement la terminaison féminine *-ence*, valant une syllabe tonique en poésie, vaut ici deux croches, c'est-à-dire une noire, dans sa traduction musicale.

On observe dans l'ensemble une tendance des compositeurs à allonger musicalement toute finale tonique de groupe, tendance manifeste dans cette strophe d'une autre chanson de Botrel, dont on reproduit ici le texte en indiquant entre parenthèses la durée musicale des deux dernières syllabes (en gras) de chaque ligne — les autres syllabes ayant la durée d'une croche :

*Quand tu revenais de **classe***	(2 croches)
*Tout le long du grand **chemin***	(1 croche, 1 noire)
*Dès que je te voyais **lasse***	(2 croches)
*Vers toi je tendais **la main***	(1 croche, 1 noire)
*Et je te ramenais **chez toi***	(1 croche, 1 noire)
*En te tenant bien gen**timent***	(1 croche, 2 noires liées)
*Par le pe**tit doigt***	(1/2 croche, 1 croche)
*Lonla lon**laire***	(2 croches)
*Par le pe**tit doigt***	(1/2 croche, 1 noire)
***Lonla** !*	(1 croche + 2 demi-croches liées, 1 blanche)

Mais ailleurs l'allongement et le temps fort tombent sur une syllabe atone dans le discours non chanté ; aux exemples de Botrel donnés plus haut, ajoutons, d'après Jules Combarieu (*Les rapports de la musique et de la poésie,* 1894) celui-ci, pris au *Chant du départ* :

*Et du Nord au Midi, la **trom**-pette guerrière...*

Botrel représentant assez bien la norme classique de la chanson, on peut poser que :

1° le rythme des phrases musicales n'est lié par aucune obligation au rythme de la parole (et de la poésie) ;

2° le caractère tonique d'un mot à la fin d'un groupe rythmique favorise en musique un allongement de durée :

— si le mot est de terminaison masculine, la note est plus longue *(gros, chemin, main, toi, gentiment, doigt, lonla)* ;

— s'il est de terminaison féminine, l'allongement peut consister dans la prononciation de l'*e* muet (sur ce point, la chanson est plus conservatrice que la poésie).

Dans le dernier cas, la voyelle tonique peut également être prolongée, et même articulée plusieurs fois. Dans la chanson de J. Larue et Louiguy *Cerisier rose et pommier blanc* (éd. Hortensia), le premier vers, de 8 syllabes, est chanté sur dix notes :

Quand nous jou-ions à la ma-re-e-lle...

Dans l'hymne célèbre de Pothier et Degeyter, la voyelle avant-dernière tonique est même articulée jusqu'à 4 fois par les chanteurs professionnels et autres :

L'In-ter-na-tio-na-a-a-a-le

Le maintien de la syllabe finale muette s'observe dans les cas même où l'*e* muet intérieur est négligé depuis longtemps, par exemple dans la chansonnette comique du début du siècle, comme ce refrain de Christiné que chantait Fragson en 1910 :

*Je m'dis : Puisqu'ell' rigo**le***
*Ça va, ça va, ça co-o-**lle**.*

Aujourd'hui, l'*e* muet est sacrifié à la fin du vers comme au milieu, et dans la chanson lyrique comme dans le couplet satirique des cabarets ou la comédie musicale, mais il est toujours disponible si le rythme l'appelle, comme dans ce refrain qui doit la fortune à son rythme et à l'interprétation dynamique d'Annie Cordy :

> *C'est point commo**de***
> *D'être à la mo**de**,*
> *Quand on est bonn' du curé.*

Il arrive en revanche qu'une note réclamée par le rythme musical et n'ayant pas le support d'une syllabe tire un *e* fictif d'une finale en *r* ou *l* comme il arrive en français parlé, sans inconvénient pour la majorité des auditeurs ; Brel chante :

> *Avec des cathédral' pour uniques montagnes*
> *Et de noi**res** clochers comme mâts de cocagne...*
> (Le plat pays)

En somme, l'*e* muet a eu dans la chanson le même sort qu'en poésie au cours des derniers cent ans, à cela près qu'il peut toujours être chanté à la finale muette d'un mot en fin de vers, place où il n'a jamais été compté dans le mètre poétique.

La diérèse et la synérèse sont pratiquées dans la chanson comme en poésie (§ 96).

Quelle que soit la prononciation sous le rapport des *e* et de la synérèse, on peut classer les chansons selon la plus ou moins grande harmonie entre le rythme de la parole et celui de la musique.

1° HARMONIE PAROLE/MUSIQUE

Une harmonie totale peut exister entre le temps fort musical et la tonique de la parole. Elle est à peu près réalisée dans la chanson de Françoise Hardy qui commence ainsi (éd. Alpha, 1962) :

> *Tous les garçons et les fill' de mon âg'*
> *Se promèn' dans la rue deux par deux*

Les syllabes soulignées sont celles qui reçoivent l'accent tonique dans la parole. Le temps fort musical frappe la première syllabe du texte, et retombe ensuite toutes les trois syllabes, comme il est représenté ci-dessous :

> ´ — — ´ — — ´ — — ´
> — — ´ — — ´ — — ´

La musique (de Fr. Hardy et R. Samyn) épouse donc rigoureusement le rythme uniforme du texte, lequel paraît bien avoir été rédigé à cet effet. Tout le reste de la chanson est écrit pareillement avec un accent toutes les trois syllabes, et l'uniformité n'est rompue que par un allongement (sous forme d'itération) de la syllabe finale du mot *lendemain* au moment où le propos lyrique de la parolière la fait passer de son prochain à elle-même :

> *Sans peur du lendemain ain ain*
> *Oui mais moi, je vais seul(e), par les rues, l'âme en pein(e),*
> *Oui mais moi, je vais seul(e), car personne ne m'aim(e).*

La cadence uniforme (associée à une mélodie blanche) s'harmonise au sens de ce texte (monotonie de l'existence), mais conviendrait moins bien à d'autres sujets, et, de toute façon, ne tarderait pas à produire l'effet d'une berceuse.

Un autre exemple, bien connu, d'accord des paroles avec la connotation du rythme et de la mélodie est le *Chant des partisans* écrit en 1942 par M. Druon et J. Kessel sur une magnifique marche d'Anna Marly :

> *Ami, entends-tu le vol noir des corbeaux*
> *Sur nos plaines ?*
> *Ami, entends-tu ces cris sourds du pays*
> *Qu'on enchaîne ?*

S'il est probable qu'ici le rythme musical a conditionné la rédaction du texte, l'inverse se produit plus souvent : les chansonniers montmartrois choisissent le mètre octosyllabique (§ 93) pour écrire des couplets d'actualité aussi hâtifs qu'éphémères, ou des bouts-rimés instantanés ; ce mètre leur impose certains airs — toujours les mêmes à moins qu'ils ne trouvent mesures à leurs pieds parmi les succès du moment.

Une chanson réalise un effacement presque complet des deux rythmes, c'est *Ma mie*, de Jamblan et Herpin, couplets en 16 vers de 8 syllabes chantés chacun sur une seule note, en montant du do à l'octave puis en redescendant pour finir par le refrain (le 16e vers) :

> (...)
> (MI) *J'espère êtr' bientôt raugmenté*
> (RÉ) *Car ell' voudrait qu'on se marie*
> (DO) *Et c'est pour ça qu'elle est ma mie.*

2° DYSHARMONIE PAROLE/MUSIQUE

Voici les 6 premières mesures du couplet de la chanson *Cerisier rose et pommier blanc* :

Paroles de J. Larue
Musique de Louiguy
Ed. Hortensia

Le monosyllabe *non*, prononcé deux fois, occupe quatre mesures à quatre temps, alors que les 16 syllabes de la phrase n'en occupent que deux ! Autre point notable : chacune de ces syllabes dure le temps d'une croche, alors que la prononciation parlée accentuerait sensiblement les mots *pas*, *âg(e)*, *pas*, *volag(e)*. Une indication donnée au début de la partition, *T°* (tempo) *di rumba modérée*, explique ce rythme vif et saccadé : l'allure et la cadence sont celles d'une rumba.

Dans un tel cas, le signifié musical apparaît totalement indépendant du signifié linguistique. Le parolier et le musicien sont deux, le premier invente une idylle horticologique qui ne serait pas indigne de Victor Hugo (même si les fleurs des cerisiers ne sont pas roses) ; le second invente une mélodie à laquelle il donne le rythme de la danse à la mode (en 1950), connotant Cuba et les fêtes des travailleurs noirs, ou simplement l'ambiance joyeuse des « boîtes » européennes.

Il n'est pas nécessaire que le musicien soit distinct du parolier pour que le génie du rythme musical se manifeste indépendamment de l'imagination et du talent littéraires. Au contraire, cette conjonction a fait le triomphe de Charles Trenet avec *Y a d'la joie, Je chante* (1937), *l'Ame des poètes,* etc., de Brel avec *les Flamandes* où le mot éclate sous le rythme :

> *Et c'est pour ça et c'est pour ça qu'elles dansent*
> *Les Flamandes*
> *Les Flamandes*
> *Les Fla*
> *Les Fla*
> *Les Flamandes*

avec *Rosa* qui fait danser la déclinaison latine :

> *C'est le tango des promenades*
> *Deux par seul sous les arcades...*
> *Rosa rosa rosam*
> *Rosae rosae rosa...*

de Guy Béart avec *Carthagène* :

> *Je vais*
> *Je vais à pied*
> *A pied jusqu'à*
> *Carthagène*
> *Errant*
> *Comme un corps en*
> *Comme un corps en*
> *core en peine*

de Brassens avec *Au bois de mon cœur* :

> *Au bois d'Clamart y a des petit' fleurs,*
> *Y a des petit' fleurs,*
> *Y a des copains au, au bois d'mon cœur,*
> *Au, au bois d'mon cœur.*

avec *Les copains d'abord* :

> *Non ce n'était pas le radeau*
> *De la Méduse ce bateau*
> *Qu'on se le dise au fond des ports*
> *Dise au fond des ports...*

Remarque :
Il y a des désaccords entre le rythme musical et celui de la parole qui choquent les oreilles délicates. Voici, parmi des centaines, un exemple emprunté à une chanson

d'ailleurs charmante par son rythme et par ses allusions littéraires, *Du côté de chez Swann* (paroles de Patrick Loiseau, musique de Michel Cywie, éd. X Music, 1975) :

> *J'irais bien refaire un tour*
> *Du côté de chez Swann*
> *Revoir mon premier amour*
> *Qui me donnait rendez-vous*
> > *Sous le chêne.*

Le malheur est que le temps fort tombe sur la finale muette de *chêne* qu'il faut prolonger autant que les trois précédentes syllabes à la fois : ce *chêne* (que n'était-ce un *tilleul* ou un *sapin* !) devient un bizarre *chêneux* dans la bouche de l'interprète qui n'en peut mais.

Beaucoup de musiciens, comme Boris Vian dans son pamphlet *En avant la zizique, et par ici les gros sous*, ou Charles Trenet au cours d'une interview télévisée, ont déploré que les règles élémentaires de la correspondance parole/musique soient trop souvent ignorées des auteurs-compositeurs ou des équipes parolier-musicien.

128 PROCÉDÉS ANNEXES DE L'EXPRESSION CHANTÉE

A la différence de l'auteur dramatique, le chanteur peut n'avoir besoin de personne pour communiquer son message au public. Nombreux sont les auteurs-compositeurs-interprètes, hommes-orchestres complets lorsqu'ils s'accompagnent à la guitare. Mais nombreux aussi ceux qui n'ont qu'un de ces talents. Pour comprendre le succès de certaines chansons, il n'est pas inutile d'analyser les différents facteurs pouvant y contribuer, indépendamment de la qualité du texte.

1° La composition musicale

La mélodie et le rythme ont autant d'importance que le texte. Si le rythme peut être affaire de technique (des appareils électroniques le produisent et le transforment automatiquement), la trouvaille d'une mélodie relève d'un don personnel qui va du talent au génie.

Une des difficultés majeures est d'éviter les sentiers battus. Des procès sont continuellement intentés par des compositeurs à d'autres qui leur ont pris quelques notes dans un certain ordre. Boris Vian (rarement sérieux) demande à son lecteur : « Est-ce que vous ne trouvez pas aussi que *Parlez-moi d'amour* ressemble singulièrement, pour le départ, au *Roi Dagobert* ? »

Le rôle du rythme est capital dans la vente d'un disque, puisque les trois quarts de la clientèle sont motivés par le goût de la danse. Ce goût les porte d'ailleurs vers les productions étrangères dont ils ne comprennent pas le texte ou qui n'en ont pas, et de ce fait ne relèvent plus de notre étude.

2° La voix et l'art de s'en servir

Au XXe s., l'avènement de la radio, le cinéma parlant, l'industrie du disque, la télévision ont radicalement modifié le statut de la chanson en permettant à un public illimité d'entendre chaque création nouvelle dans sa plus parfaite réalisation.

C'est un bonheur de pouvoir écouter au moment choisi, dans l'intimité, les grands interprètes, la voix profondément et puissamment arrachée d'Edith Piaf dans son répertoire réaliste et lyrique *(La vie en rose, Hymne à l'amour, Non je ne regrette rien)* ; la voix diamantine de Mireille Mathieu dans *Jézébel, Mon Credo, Qu'elle est belle* ! et tant d'œuvrettes dont elle a fait le succès ; la voix brûlante de Dalida *(Les enfants du Pirée, Avec le temps, le Par-*

rain) ; la voix somptueuse de Frida Boccara (Un jour un enfant, l'Arbre d'amour, Valdemosa) ; la voix rauque et dure de Nicoletta (la Solitude, Il est mort le soleil) ; la voix d'or de Nicole Rieu (Je suis) ; d'autres moins généreusement accordées par la nature, mais si parfaitement adaptées aux textes choisis, comme celles de Michèle Arnaud dans Julie, de Cora Vaucaire dans la nostalgique Complainte de la butte de Jean Renoir :

> La lune trop blême
> Pose un diadème
> Sur tes cheveux roux...

Du côté masculin, la voix grave et tendre de Jean Ferrat (Nuit et brouillard, Aimer à perdre la raison), la voix d'airain de Serge Lama, la voix virile et paternelle de Johnny Hallyday chantant aux délinquants le Noël interdit, et tant de timbres qui nous sont familiers et chers comme ceux de nos proches : Georges Brassens, Gilbert Bécaud, Jacques Brel, Charles Trenet, Yves Montand, Claude Nougaro, les Québécois Félix Leclerc, Gilles Vigneault... Il suffit qu'on ait l'occasion d'entendre leur répertoire chanté par d'autres pour que s'en dissipe la moitié du pouvoir magique. Et cela vaut même pour ceux que la nature dota d'un enrouement dont ils sont les premiers à souffrir ; on ne voudrait pas d'un autre qu'Aznavour pour chanter :

> Sur ma vie
> Je t'ai juré un jour
> De t'aimer jusqu'au dernier jour de mes jours...

ni d'un autre que Guy Béart pour chanter :

> Qui suis-je ?
> Qu'y puis-je
> Dans ce monde en litige...

Pour avoir dit l'essentiel sur le rôle de l'interprète, il faut avoir rappelé quel secours lui est apporté par le micro dont Jean Sablon, selon Pascal Sevran (Le Music-Hall français de Mayol à Julien Clerc, éd. Olivier Orban), aurait été le premier à se servir en 1936. Grâce au micro, le charme a remplacé le « coffre », les chanteurs « à voix » eux-mêmes ont pu s'affiner, et du moins ménager leur précieux organe. Arme à double tranchant, le micro, s'il demande moins de puissance vocale, exige plus de perfection.

3° Les chœurs

La Mer, de Charles Trenet, n'avait eu aucun succès quand les circonstances amenèrent à faire doubler l'auteur d'une chorale (1945) : le résultat fut ce qu'on sait. En 1947, Edith Piaf enthousiasmait les foules en chantant les Trois Cloches de J. Villard avec les Compagnons de la Chanson. Il n'est guère aujourd'hui de vedette qui ne se fasse accompagner par un chœur dans les récitals.

4° Le jeu de l'interprète

Une grande importance doit être accordée à la mimique, aux gestes, aux jeux de physionomie de l'interprète. Quelques-uns, comme Dranem, Yvette Guilbert, ont laissé un souvenir impérissable, malheureusement dans la seule mémoire de ceux qui les ont vus. L'enregistrement au magnétoscope permet aujourd'hui de capter et de ressusciter pour l'œil et l'oreille à la fois les interprétations prestigieuses d'Yves Montand, de Gilbert Bécaud, de Philippe Clay, d'Annie Cordy, les danses de Sheila, Sylvie Vartan, Dalida, et les bouffonneries spectaculaires de Carlos.

Le charme physique opère sur un large public, avec des modes qui firent jadis porter aux nues le « chanteur de charme » gominé, et font ovationner aujourd'hui le « crooner » frisé au sourire plein de dents. Auteur et interprète, s'ils sont deux, forment alors équipe à la façon de Cyrano et Christian.

5° L'orchestre

Heureux le chanteur qui a les moyens d'entretenir un orchestre, dont il paie les musiciens. Heureux aussi celui qui n'en a pas besoin pour déchaîner les applaudissements — mais ce n'est pas une raison pour qu'il prive les spectateurs de ce plaisir supplémentaire, s'il est généreux.

Toutes les maisons d'enregistrement fournissent l'orchestre à leurs chanteurs quand on fait le disque, et le *mixage* orchestre et voix fait l'objet de délicats dosages. Le résultat en vaut la peine quand on obtient le disque des *Saltimbanques* d'Apollinaire chanté par Montand, le *Noël blanc* de Francis Blanche chanté par Jacqueline François, les *Marchés de Provence* chantés par Gilbert Bécaud.

6° La poudre aux yeux

Appelons ainsi les paillettes du costume de scène, les projecteurs multicolores, le décor, les danseurs. A la différence de tous les facteurs précédemment nommés, celui-ci fait de la chanson un simple prétexte. Il constitue un spectacle en lui-même, qui fait oublier le texte — ou qui le fait passer comme la sauce noie le poisson.

Remarque :
Les noms cités dans ce paragraphe comme dans le précédent et les suivants ne sont en aucune mesure un palmarès complet de la chanson moderne. L'auteur n'a pas la compétence requise, et l'entreprise dépasserait son propos théorique. Beaucoup de noms, et des plus estimables, ont été omis sans intention critique. Un tableau de la chanson française au XXe s. se trouve dans l'ouvrage cité de Pascal Sevran, dans le panorama de *la Chanson* de Simone et Jacques Charpentreau, et surtout dans la très riche encyclopédie *La Chanson française des origines à nos jours*, de Pierre Saka, joliment préfacée par Yves Montand (Nathan 1980).

129 STATUT SOCIAL DE LA CHANSON

On chante depuis toujours, principalement
— pour le divertissement des auditeurs (seigneurs, bourgeois, peuple) ;
— pour le divertissement des exécutants (chorales, groupes musicaux) ;
— pour honorer Dieu et les grands de ce monde ;
— pour attaquer, par la satire, les puissances politiques, militaires ou religieuses.

Cette activité, jusqu'au XXe siècle, était gratuite, sauf pour quelques professionnels, et pour les chanteurs des rues et des cours.

Au XXe siècle, la chanson est devenue un moyen de conquérir la fortune avec la gloire, soit en chantant dans des tournées (souvent publicitaires) ou des galas (de plus en plus rares), soit en enregistrant des disques qui passeront à la radio (officielle ou libre), concourront au « Hit-parade », puis se vendront au public. La recette est coquette quand une chanson est primée dans une compétition nationale ou européenne comme le Prix Eurovision de la chanson.

Le double appât du succès (allant jusqu'à l'idolâtrie) et du pactole possible a suscité d'innombrables vocations : on compte actuellement 50 000 paroliers en France. Aux jeunes gens que l'une de ces deux raisons pousserait à se joindre à eux, il faut dire que :

— sur les 50 000, une centaine tout au plus vivent de leur métier ;

— un pourcentage très faible du prix de chaque disque est partagé entre l'interprète, le parolier et le compositeur, qui touchent ces droits plus d'un an après la vente ;

— les droits pour chaque passage d'un disque dans un établissement public leur sont versés, avec autant de retard, par un organisme de contrôle, la S.A.C.E.M. (Société des Auteurs et Compositeurs de Musique), qui les perçoit sur la foi des déclarations des directeurs de ces établissements (contrôlées par sondages) ;

— le parolier et le compositeur ne sont pratiquement jamais nommés en public ; l'interprète passe souvent pour l'auteur ;

— 80 % des chansons exploitées sur les antennes françaises étaient anglo-américaines en février 1981.

Le succès est fait par le public, dont on ne force pas le goût. En définitive, la clientèle commande, l'auteur s'exécute ou s'efface. Quelques-uns s'imposent. Beaucoup sont contents d'écrire pour eux-mêmes et pour une élite d'amis.

La création d'une Ecole nationale de la chanson de variétés a été décidée en février 1981, décision salutaire pour la formation des artistes, voire pour la subvention de certains maîtres et d'élèves boursiers. Mais la réforme du goût public appellerait des mesures qui ne peuvent être qu'un dirigisme — dont l'orientation est toujours douteuse (art officiel ?).

130 TRAITS DISTINCTIFS DU TEXTE CHANTÉ

La musique a toujours animé les fêtes et les danses. Après la fête, une fois l'orchestre emballé et les musiciens envolés, il reste la chanson. Tout comme l'intonation est un signe « supra-segmental » ayant besoin du support de la phrase (C.F.C. § 38), la mélodie et le rythme demandent le support de la voix humaine.

Cette voix peut se manifester en vocalises, en **onomatopées**, comme font les enfants, émules des lettristes, dans leurs comptines *(am stram gram...)*. Le plus souvent, les onomatopées sont mêlées à des paroles dont elles sont comme le prolongement ou la variation :

> *Quand ce chant si d***oux ou ou ou ou ou ou***
> *Volera vers v***ous ou ou ou ou ou ou...***
> *(Chant indien de Rose-Marie)*

> *Se promenant un matin*
> *Dans un bois à l'aven***ture***
> ***Ture***lure ***ture***lure*
> *Il rencontre en son chemin*
> *Terlintintin tintin terlintintin*
> *Un tendron dans la verdure...*
> (Vieille chanson chantée par Nana Mouskouri,
> éd. Chappel)

Ce vieux procédé conserve sa place dans tous les tons :

> *La belle de Cadix ne veut pas d'un amant.*
> *Chica ! chica ! chic ! ay ay ay*
> *Chica ! chica ! chic ! ay ay ay.*
> (paroles de M. Vandair)

Le « tube » de l'été 63 fut l'éloquent *Da dou ron ron*, de G. Aber, chanté par Johnny Hallyday :

> *Quand l'amour s'en va adieu tout est fini*
> *Da dou ron ron, Da dou ron ron*
> *Ne pleurez pas, laissez tomber tant pis*
> *Da dou,* etc.

Le succès du film de Lelouch *Un homme et une femme* est dû pour moitié aux onomatopées de P. Barouh sur la mélodie obsédante de Francis Lai :

> *Comme nos voix*
> *Da ba da ba da. Da ba da ba da*
> *Nos cœurs y croient*
> *Da ba da,* etc.

Charles Aznavour, Michel Legrand (après Louis Armstrong) se sont amusés à chanter des textes intégralement onomatopéiques, performance vocale admirable, mais vite lassante pour l'auditeur, qui désespérerait de retenir et de reproduire pour son compte ces arabesques phonétiques s'il ne soupçonnait l'auteur-interprète de les inventer chaque fois.

En fait, le choix des onomatopées n'est pas entièrement libre. Certaines ont traversé les siècles, comme la suite *ô gué*, usitée par Brassens et Pierre Perret entre autres dans des chansons lestes, mais déjà présente dans la chanson d'Alceste :

> *J'aime mieux ma mie, oh gay !*

et remontant peut-être à l'interjection médiévale *guai* ou *wai* qui compte des parentes dans toute l'Europe. Dans les années 1960, une interjection argotique américaine, *yeah*, a eu les faveurs de la « jeune vague » qui en a truffé des chansons composées sur le rythme de rock n'roll ; d'où le terme *yéyé* résumant cette époque.

Un autre trait particulier au texte chanté est la pratique intensive de la **répétition**.

Répétition d'un vers, sur une mélodie modifiée comme dans le grand succès de Richard Anthony :

> *Et j'entends siffler le train*
> *Et j'entends siffler le train*
> *Que c'est triste un train qui siffle dans le soir...*

Répétition de deux vers dans le *Testament* de Brassens :

> *En effeuillant le chrysanthème*
> *Qui est la marguerite des morts* bis

La première mélodie est suspensive, la seconde conclusive (sur une note plus basse), manière de souligner ou de nuancer le sens du texte répété.

Ailleurs, la répétition n'est qu'un palliatif de l'indigence. Un succès yéyé avait pour titre *C'est ma première surprise partie*, titre jugé si riche de connotations qu'il était répété 17 fois dans le « texte », sur les mêmes notes — ce qui assurait au disque la durée minimum requise.

La répétition à plusieurs vers d'intervalle prend le nom de refrain et constitue l'élément structural de base du genre chanson. Les couplets s'en distinguent en ce qu'ils répètent la mélodie sur des paroles différentes.

La reprise de quelques vers (et de quelques mesures) est plus justifiée dans la chanson que dans la poésie écrite : l'auditeur apprécie d'autant mieux l'air et les paroles qu'il les entend plusieurs fois, et souvent le refrain est tout ce qu'il retiendra de la chanson. Et puis, la répétition est un élément de rythme (à l'origine associé à différents mouvements de danse). Enfin, l'insertion, à intervalles réguliers, d'une phrase ou d'un groupe de phrases identique chaque fois justifié par le nouveau contexte est goûtée comme un tour de force verbal.

Il y a des chansons sans refrain, et même des chansons sans répétitions mélodiques (telles les adaptations musicales par J. Kosma des poèmes non strophiques de Prévert). La répétition n'est pas abandonnée pour autant, ni sur le point de l'être. Les paroliers d'aujourd'hui disposent des reprises avec plus de liberté, mais non moins d'art que leurs prédécesseurs. Qu'on en juge par ce texte (d'un lyrisme follement romantique) écrit par Étienne Roda-Gil, mis en musique et interprété par Julien Clerc :

Carthage

Elle a les yeux couleur d'ardoise
Le teint clair-obscur du lilas
Mon étrange Carthaginoise
Plus belle que la reine de Saba

A {
Et si contrairement
A tout ce que l'on croit
Tous les chemins ne menaient pas
A Rome (bis)

B {
Moi je tomberais dans ses bras
Moi je tomberais dans ses bras, dans ses bras, dans ses bras
Et tous les faubourgs de Carthage
Résonnent du son de ma voix
Je l'ai connue comme un orage
Dont la pluie ne viendrait pas...

Toutes les capitales de l'Europe
Se rendraient bientôt sans combat
Devant sa beauté triomphante
Si seulement elle était là

Reprise de A
Reprise de B
Reprise de A

Moi je tomberais dans tes bras
Moi je tomberais dans tes bras...

131 QUALITÉ LITTÉRAIRE

Avec ou sans onomatopée, la chanson proprement dite comporte un texte, et par-là ressemble à la poésie. Mais il faut prendre garde que le texte est souvent tenu pour secondaire, ce qui entraîne une possibilité de **faiblesse** ou de grande **fantaisie**.

Il est banal de remarquer que les partitions d'opéra et d'opéra comique tirent plutôt leurs effets de la beauté des musiques et des voix que de la qualité des textes ; les auteurs, s'ils ont du génie, le tiennent en bride, sachant bien que le signe musical et le signe vocal primeront le signe textuel — à supposer qu'ils ne le rendent pas inintelligible.

Il n'en est pas autrement dans la chanson quand l'auteur sait que l'interprète et l'orchestre donneront un sens à n'importe quoi. C'est ainsi qu'on a pu écrire :

> *Notre tango*
> *Est un tango*
> *Un tango, un vrai tango*
> *Comm' tous les tangos*
> *Pour qu'un tango*
> *Soit un tango*
> *Il suffit que ce soit un tango*
> *Un tango c'est un tango*
> (Paroles de G. Brevard, éd. Beuscher, 1944)

Texte évidemment humoristique où le mot répété n'est qu'un prétexte à chanter et danser.

En 1901, le parolier Mortreuil, comme s'il voulût prouver que le talent de Dranem suppléait à tout, écrivit pour lui un texte nul :

> *Ah ! les p'tits pois, les p'tits pois, les p'tits pois,*
> *C'est un légum' bien tendre !*
> *Ah ! les p'tits pois, les p'tits pois, les p'tits pois,*
> *Ça n'se mang' pas avec les doigts !*

Et tout Paris venait s'extasier à ce rien.

En 1958, le sourire de Sacha Distel, et son talent de guitariste, firent applaudir le refrain de Maurice Tézé :

> *Je vends des pommes, des poires,*
> *Et des scoubidoubidous ah !*

On ne compte pas les fantaisistes, amuseurs populaires, qui ont misé sur le besoin (supposé) du spectateur de se détendre l'esprit ; au moins ne peut-on leur reprocher aucune prétention :

> *Moi j'aime mieux les glaces au chocolat*
> *Poil au bras,*
> *Mais chez mon pâtissier il n'y en a plus,*
> *C'est vendu,*
> *C'est pourquoi je n'en ai pas pris...*
> (Boby Lapointe, *Aragon et Castille*, éd. Beuscher)

On ne sort pas là du répertoire qu'illustrèrent les Dranem, les Polin, les Mayol, les Georgius, et s'il n'y avait pas autre chose, la chanson n'aurait évidemment pas sa place dans une étude de Poétique.

Il s'écrit en France et dans les pays francophones quantité d'excellents textes de chanson qui ne parviennent pas jusqu'aux ondes faute d'avoir rencontré une bonne musique ou un bon interprète. Il en est même beaucoup qui, réunissant ces trois conditions, n'ont pas rencontré ou su provoquer la faveur *sine qua non* des aiguilleurs de la diffusion radiophonique.

La chanson politique a toujours existé, dirigée contre les puissances régnantes (à défaut de quoi elle n'est guère chantée, à moins d'être promue hymne national). Elle fut jadis très courageuse. Pierre Barbier et France Vernillat (*Histoire de France par les chansons,* Gallimard) font état de nombreuses ordonnances répressives frappant au Moyen Age quiconque ferait entendre en public ou en privé une chanson parlant du pape, du roi ou des seigneurs. En 1774, la marquise de Pompadour, offensée par des vers en même temps que le roi, peupla la Bastille des responsables du pamphlet et enferma l'un d'eux dans la cage de fer du Mont-Saint-Michel. Pour quelques rimes sur Napoléon, le chansonnier bossu Desorgues finit ses jours en prison.

De nos jours, les chansonniers, sauf en période de troubles, n'ont plus à craindre (en France) de pareilles sanctions de la part du pouvoir élu par le peuple. Des chansons politiques engagées éclosent à tout moment, mais n'ont de chances de réussir que si elles plaisent à la majorité, non pas celle du suffrage universel (puissance régnante), mais à une élite culturelle dont les sanctions sont sans appel.

Les chansonniers qui veulent vivre de leur art traitent des sujets « racoleurs » ou anodins. Les plus adroits recherchent les titres ou les refrains passe-partout, qui ont des chances de se voir (ou de s'entendre ?) appliquer à toute occasion :

> *Le sam'di soir après l'turbin...*
> *Dans la vie faut pas s'en faire...*
> *C'est jeune et ça n'sait pas...*
> *Est-ce que je te demande...*
> *Ça vaut mieux que d'attraper la scarlatine...*
> *Tout va très bien, madame la marquise...*
> *Comme de bien entendu...*
> *Besoin de personne...*

Cette habileté n'est payante que lorsqu'elle s'appuie sur le talent. Ce fut le cas pour *Y a d'la joie* (1937). « Oui, écrit Pierre Saka, Trenet est fou, ne faut-il pas avoir perdu la tête pour écrire et chanter :

> *Miracle sans nom, à la station Javel*
> *On voit le métro qui sort de son tunnel !* »

Trenet a conservé cette folie (ou cette sagesse), à l'opposé d'un style « rive gauche » qui cultive la psychose de frustration (dans la bourgeoisie).

Classer les chansons par thèmes, par motivations ou selon la situation sociale de l'auteur et du public n'est pas de la compétence de ce livre. Mais il convient, dans une optique rhétoricienne, de cerner en terminant la notion de « chanson carrée », expression ordinairement employée à propos de Brassens.

Carré signifie, d'une manière générale, « solide », « équilibré », « symétrique ».

Débarrassons-nous d'une condition négative : la chanson carrée ne contient pas d'**incongruités de langue**.

Il n'est pas question de proscrire le registre familier, voire argotique, du moment qu'il est cohérent (Renaud : *Laisse béton, Ma gonzesse*). On ne tiendra pas non plus rigueur de certains relâchements grammaticaux poursuivis par les puristes, mais admis dans l'usage oral. Ainsi, l'emploi du verbe *indifférer* fait sur l'adjectif *indifférent* pris pour un participe présent est suffisamment répandu pour qu'on puisse admirer sans réserve la chanson de Pierre Delanoë mise en musique et interprétée par Bécaud (éd. Rideau Rouge) :

> *Et maintenant, que vais-je faire*
> *De tout ce temps que sera ma vie,*
> *De tous ces gens qui m'indiffèrent,*
> *Maintenant que tu es partie ?*

Ce qui est moins admissible, c'est par exemple, dans un discours lyrique de l'époque yéyé, une phrase comme :

> *C'est à l'amour auquel je pense.*

Le besoin d'un rythme binaire ne suffit pas ici à justifier le remplacement de *que* par *auquel*, étranger à tous les registres de la langue française. L'auteur, bachelière, veut-elle parler la langue de Célimène *(Et que c'est à sa table à qui l'on rend visite)* ? Mais Célimène devait partager le goût de son siècle, et aurait laissé au Palais l'usage du pronom *lequel*.

La chanson carrée classique se compose de plusieurs couplets à mélodie unique et d'un refrain (non indispensable) ; l'idée du thème trouve dans les couplets une application toujours renouvelée, avec une progression de l'intérêt, et si possible une « chute » amusante, satisfaisante, ingénieuse, voire dramatique. Les poètes-chansonniers du XIXᵉ s. ont laissé d'innombrables exemples, parmi lesquels on se contentera de citer — sans la donner en exemple ! — *La glu* de Jean Richepin (1880, reproduite in extenso par J. Saka) :

1ᵉʳ couplet : *Y avait un' fois un pauv' gars... Qu'aimait cell' qui n'l'aimait pas ;* elle lui dit : *« Apport' moi d'main/L'cœur de ta mère pour mon chien. »*

2ᵉ couplet : Le pauvre jeune homme tue sa mère dont il emporte le cœur si précipitamment qu'il fait une chute.

3ᵉ couplet : Le cœur se met à parler : *Et l'cœur disait, en pleurant : « T'es-tu fait mal, mon enfant ? »*

On n'écrirait pas aujourd'hui un texte aussi « mélo » ; Richepin poète ne l'aurait pas fait ; Richepin chansonnier le pouvait, grâce à l'étonnante Thérésa, « la Patti de la clope ». Il serait d'ailleurs bien injuste d'en rire sans penser que ce symbole excessif exprime des sentiments vrais, et que la chanson a toujours répandu ou transmis une morale populaire naïve.

Plus récemment et dans un autre style, les 10 couplets de la *Messe en mer* de Botrel sont un exemple sans faille de force et d'équilibre :

> « Mais comment ferez-vous, l'abbé,
>   Ma Doué !
> Mais comment ferez-vous, l'abbé,
> Sans nappe en fine toile ?
> — Notre Doux Seigneur poserai
> Sur un morceau de voile ! »

> « Mais comment ferez-vous, l'abbé,
>   Ma Doué !
> Mais comment ferez-vous, l'abbé,
> Sans chandelles, sans'cierge ?
> — Les Astres seront allumés
> Par Madame la Vierge ! »

> « Mais comment ferez-vous, l'abbé,
>   Ma Doué !
> Mais comment ferez-vous, l'abbé,
> Si l'ennemi vous trouble ?
> — Une fois je vous bénirai,
> Les Bleus bénirai double ! »

Tout au long du XXᵉ s. s'est conservée la tradition de la chanson carrée, illustrée par Jean Nohain, Charles Trenet, Léo Ferré, Guy Béart, Anne Sylvestre, Georges Brassens pour citer quelques-uns des plus scrupuleux.

Le scrupule est en effet une des conditions. La « cheville », le remplissage, la brusque chute de niveau sont à proscrire. On ne relève pas de faiblesses dans les pièces de Brassens comme *le Parapluie* (1953), modèle de chanson carrée, ni dans *l'Auvergnat, le Testament* :

> Je serai triste comme un saule
> Quand le Dieu qui partout me suit
> Me dira, la main sur l'épaule :
> « Va-t'en voir là-haut si j'y suis. »
> Alors, du ciel et de la terre
> Il me faudra faire mon deuil...
> Est-il encor debout le chêne
> Ou le sapin de mon cercueil ?   bis

suivi plus tard de la *Supplique pour être enterré à la plage de Sète* :

> La Camarde, qui ne m'a jamais pardonné
> D'avoir semé des fleurs dans les trous de son nez,
>   Me poursuit d'un zèle imbécile.
> Alors, cerné de près par les enterrements,
> J'ai cru bon de remettre à jour mon testament,
>   De me payer un codicille.
>
> (Edit. Musicales 57, 1966)

Souhaitons-lui que ces testaments restent dans la mémoire des hommes plus longtemps que le *Testament de Pierrot* du chansonnier lyonnais Xavier Privas, qui n'était pas inférieur par l'idée, par le mot et par la mélodie :

Aux rimeurs errants
Je lègue et confie
Mon arme : ironie
Pour cingler les grands ;
Au frère qui traîne
Et misère et peine
Par villes et champs,
Je donne mes chants
Dont les airs touchants
Calment des méchants
            La haine.

Je laisse mon cœur
A Colombinette,
Tant que la pauvrette
N'aura cœur meilleur.
J'approuve et je signe :
« Pierrot » — Et très digne,
Le mourant pâlot,
A ce dernier mot,
Renvoie au Très-Haut
Son âme et son lot
            De guigne.

(*Chansons chimériques,* Ollendorff, 1897)

Pour ne pas clore cette étude par l'évocation nostalgique et paralysante d'une perfection formelle présente ou passée dont la règle d'or serait un carré immuable, disons que la Chanson, par ses possibilités infinies de renouvellement rythmique et mélodique, autorise toutes les innovations et que les moins bonnes ne sont pas celles qui s'affranchissent le plus du rythme poétique. A preuve cette chanson (encore) d'Étienne Roda-Gil, renouvelant de façon originale le vieux thème de la séparation et remplaçant les sifflets geignards de train dans la nuit par une exhortation juvénile (et sans effet) à mettre un terme aux grosses larmes :

(…)
Hey ! Niagara
Tes sanglots sont si longs
Que je m'y noie
Hey ! Hey ! Hey !
Tu inondes mon destin
De ton chagrin

Demain matin je vais prendre le train
Je t'en prie ne pleure pas
Après-demain j'aimerais que les gazettes
Ne me parlent pas de toi

Les dentelles fraîches, la, la, la,
De tes grands mouchoirs lilas
Ont vu plus d'écume, la, la, la,
Que les chutes du Niagara

Hey ! Niagara
Je t'en prie entre nous
Retiens-toi...
Hey ! Hey ! Hey !
Une montagne qui pleure
Oui c'est bien toi

Niagara
Tu m'oublies, je t'oublie
Restons-en là...
Hey ! Hey ! Hey !
Ne va pas faire une baignoire
D'un petit rien

Demain matin si c'était mon dernier train
Je t'en prie ne t'affole pas
Après-demain, n'achète pas les gazettes
Même si elles parlaient de moi.
        (*Niagara,* paroles d'É. Roda-Gil, mus. de Julien Clerc,
                                        éd. Rideau Rouge)

INDEX DES NOTIONS

(Les numéros renvoient aux pages)

D

E

(Les numéros renvoient aux pages)

F

G

H

(Les numéros renvoient aux pages)

I

J

K

L

(Les numéros renvoient aux pages)

M

N

O

P

(Les numéros renvoient aux pages)

Q

R

S

(Les numéros renvoient aux pages)

(Les numéros renvoient aux pages)

TABLE DES MATIÈRES

Ire PARTIE : A CÔTÉ ET AU-DELÀ DU CODE DE LA PHRASE

IIe PARTIE : STYLISTIQUE

CHAPITRE I : LES SONS ET L'ÉCRITURE

CHAPITRE II : LES MOTS

CHAPITRE III : LA PHRASE

IIIe PARTIE : RHÉTORIQUE

CHAPITRE I : RHÉTORIQUE CLASSIQUE

CHAPITRE II : RHÉTORIQUE MODERNE

IVᵉ PARTIE : POÉTIQUE

CHAPITRE I : LE VERS RÉGULIER

CHAPITRE II : LE VERS LIBRE

CHAPITRE III : LA LANGUE POÉTIQUE

CHAPITRE IV : LA CHANSON

N° d'Éditeur : 6177 — Dépôt légal : Juin 1983

Imprimerie Mont-Louis Clermont-Ferrand - N° Imprimeur : 816

De nombreux professeurs ont manifesté l'intérêt qu'ils portaient à l'élaboration de cet ouvrage, en répondant aux questionnaires-enquêtes qui leur ont été soumis, et en adressant leurs suggestions. Nous donnons ici les noms de la majorité d'entre eux, classés par département et par ordre alphabétique.

02. Rouillère — 03. Antigny — 05. Alphand — 07. Duvert — 08. Godin - Lepolard - Verillard — 09. Jordy - Vandenbrouck — 10. Boucraut - Dupuy - Gaussot - Ricoux — 11. Lamolinerie — 13. Delfino - Lemot - Milhaud - Tuffery - Vallet — 14. Fleury - Larsonneur - Muris — 15. Miquel - Vaurie — 16. Claveyrolas - Pacton - Peltier - Perez — 17. Baro - Liot — 21. Aubry - Raffin - Vaillon — 24. Levrier — 25. Couranjou — 29. Cadoret - Clivio - Le Menn - Moal - Quiniou — 31. Pelisson — 33. Franc — 34. Bontant - Haitaian - Lutz - Moreno — 35. Brière - Henri — 36. Henault — 38. Baltinger - Bouvat - Jiguet - Mathon - Molinatti - Peurière — 39. Cauquil - De Mattia - Klur — 44. Pacteau - Savariau — 45. Jamet — 46. Roland - Vigier — 47. Petillot — 49. Poirier - Gramain — 51. Dewez - Miroux — 53. Delahaie — 54. Blanpied - Chevrier - Frindel - Gallet - Martinez - Valois — 55. Gillet — 56. Videlo — 57. Dillengcheider - Lebrun - Lespin — 58. Lefaure - Mongin - Pignault — 59. Aulas - Carrier - Casail - Deswarte - Fagart - Flipo - Friscourt - Loubier - Ouillon - Pique - Plichon - Plouviez - Rouzet - Soules - Thery - Thomas — 60. Hedouin — 61. Bisson — 62. Ducrocq - Meluc - Morzewski - Tancre — 63. Chastang - Desfougères - Desrumaux - Gaulon - Gilbert — 66. Py — 67. Grenier — 68. Maurel — 69. Belhomme - Brinnel - Dufourt - Durand - Finand - Joatton — 70. Paillet — 71. Cazal — 72. Buchmanw - Coulmeau - Malbernard — 74. Bruel - Huguet — 75. Choisnard - Gaunin - Malzac - Rollin - Stac — 76. Leduc - Wellen — 77. Perrin - Tournery — 78. Descoules - Toulemonde — 79. Bonnard - Briand - Hervé — 80. Gascon — 81. Palaprat - Protet — 83. Abril - Brizio - Guenot — 87. Lardieg - Pirault - Portalier — 88. Blaise — 90. Glasson — 91. Briand - Heriveaux - Kennedy — 92. Calais - Meurice — 93. Govère - Raisky - Rey — 94. Arnau - Fleischl - Lagrange - Michaux — 95. Manceau.